M O B I L E W E B

모바일웹

HTML · CSS · 자바스크립트에서 캔버스 게임 · NODEJS · ANGULARJS까지

김병호 지음

홍릉과학출판사

사용설명서

들어가는 말

“인터넷과 웹은 다른 것인가?”, “웹이 인터넷 아닌가?” 컴퓨터를 웬만큼 안다는 사람도 이 질문에 선뜻 답하기가 만만치 않다. 스마트폰 웹브라우저에서 “웹으로 인터넷을 하는” 시간이 점점 더 많아지면서 인터넷 통신은 마치 웹이 전부인 것처럼 보인다. 하지만 웹은 인터넷을 통해 데이터를 주고받는 여러 통신 방법들 중의 하나일 뿐이다. 인터넷은 컴퓨터들이 유무선 통신선로를 통해 데이터를 주고받는 통신 방법에 대한 표준 규약, 즉 통신 프로토콜들의 집합이다. 인터넷의 근간이 되는 핵심 프로토콜은 TCP/IP 이다. 인터넷이란 용어도 IP(Internet Protocol) 프로토콜의 명칭에서 나온 것이다. 많이 알려진 인터넷 프로토콜로는 메일 송수신 표준인 SMTP 프로토콜, 파일 전송 표준인 FTP 프로토콜, 인터넷 전화를 위한 SIP 프로토콜이 있고 Wi-Fi 또한 무선통신을 위한 인터넷 프로토콜의 하나다.

수많은 인터넷 프로토콜과 응용 프로그램들 가운데 가장 널리 쓰이는 것이 웹이라는 점은 분명한 사실이다. 다른 통신 프로그램도 많은데 왜 웹일까? 여러 가지 이유가 있겠지만 그 핵심은, 다른 컴퓨터에 있는 정보를 불특정 다수가 쉽게 볼 수 있는 있다는 점, 마찬가지로 내 컴퓨터에 있는 정보를 불특정 다수에게 쉽게 전파할 수 있다는 점이 아닐까.

그렇다면 웹에 대하여 좀 더 알고 싶다면 어디서부터, 무엇을, 어떻게 공부하면 될까? 이 책은 바로 그 질문에서 출발한다. 웹에 대한 책이나 정보는 수도 없이 많다. 제목도 다양해서 이제 웬만한 웹 용어들은 한번쯤 들어보았을 것이다. HTML은 기본, HTML5, 자바스크립트, HTTP도 익숙하고, 하이퍼텍스트, CSS, 제이쿼리, PHP까지. 하지만 웹을 직접 만들어본 적이 있는가? 없다. 왜 그럴까? 막상 제대로 배워보려고 하면 양도 많을 뿐더러 내용도 만만치 않다

이 책은 단순히 홈페이지 만드는 기술이 아니라 웹을 둘러싼 컴퓨터과학의 이해를 바탕으로 웹의 변천과정을 살펴보고 웹의 3대 주제인 HTML, CSS, 자바스크립트부터 HTML 캔버스 게임, 제이쿼리, 웹 개발의 최신 동향이라 할 수 있는 NodeJS와 AngularJS까지 섭렵해본다.

컴퓨터과학 관련 분야를 전공하는 학생은 그 동안 배운 컴퓨터과학의 다양한 내용을 체계적으로 정리해 볼 수 있을 것이고 다른 전공 학생도 단순히 HTML이나 자바스크립트 프로그래밍을 넘어 컴퓨터과학 전반을 폭넓게 이해하는데 도움이 될 수 있을 것이다.

둘러보기

이 책은 모든 내용을 꼼꼼히 다루기보다는 핵심 개념 위주로, 배경지식이 되는 컴퓨터 과학의 다양한 주제들을 다양한 예제와 함께 폭넓게 다룸으로써 마치 소설을 읽듯이 읽기만 해도 기대 이상의 깊은 이해를 얻을 수 있을 것이다.

이 책의 구성은 다음과 같다. 1장 World Wide Web에서는 웹의 등장 배경, 웹의 3 요소인 하이퍼텍스트, HTTP, HTML에 얽힌 생각들을 살펴보고 웹의 등장부터 현재의 온라인 비즈니스 도구로 발전하기까지의 과정과 본격적으로 웹을 배운다면 편집은 어떻게 할지, 어떤 도구가 필요한지 등을 알아본다.

2장은 HTML이다. HTML은 분명히 쉬운 언어이다. 쉬운 만큼 당연히 짧은 시간 안에 익힐 수 있다. 읽어보시라, 얼마나 걸리는지.

3장은 CSS이다. HTML이 문서의 틀을 만드는 언어라면 CSS는 각 틀의 세부 장식을 하는 언어이다. 당연히 HTML보다 쉽다, 핵심만 파악하면.

4장은 자바스크립트이다. HTML로 문서의 구조를 정했고 CSS로 보기 좋게 장식을 했다면 자바스크립트는 그 웹페이지에 동적인 작업을 부여한다. C 언어나 자바를 배울 때 힘들었는가? 아니 프로그래밍 언어를 배워 본 적이 없다고? 걱정하지 말자, 웹에서 필요한 프로그래밍은 쉽다. 역시 핵심 개념만 이해하면.

5장과 6장은 HTML DOM과 브라우저 BOM이다. 자바스크립트가 어떻게 웹페이지에 접근하는지 어떤 일들을 할 수 있는지를 다룬다.

웹으로 무언가를 해 볼 준비운동은 여기까지이다. 이제 본 게임을 시작해보자. 7장의 주제는 HTML 캔버스이다. 웹페이지에 그림을 그리는 방법을 알아보고 8장에서 그래픽 게임도 만들어볼 것이다.

9장은 제이쿼리이다. 제이쿼리는 웹 프로그래밍에 최적화된 자바스크립트 라이브러리이다. 당연히 자바스크립트보다 열배 쉽다.

10장은 NodeJS이다. NodeJS를 통해 웹 사이트 전체가 어떻게 돌아가는지, 비즈니스 플랫폼으로써의 웹은 어떠한 것인지 이해할 수 있을 것이다.

끝으로 11장은 AngularJS이다. 대표적인 웹 애플리케이션 개발 프레임워크인 AngularJS를 알아보고 간단한 웹 사이트도 만들어 본다.

교안으로써 이 책의 활용방안

이 책의 주안점은 웹의 전체적인 윤곽과 웹을 둘러싼 컴퓨터과학의 여러 주제들을 폭넓게 이해하는데 있다. 웹 기술의 3대 요소인 HTML, CSS, 자바스크립트부터 최근의 웹 애플리케이션 개발 플랫폼이라 할 수 있는 NodeJS와 AngularJS까지, 비즈니스 도구로써의 웹이란 무엇인지, 웹 기술의 최근 동향도 놓치지 않았다.

따라서 컴퓨터과학 관련 전공 2, 3학년의 한 학기 과정은 물론 타전공의 웹 입문서로도 유용하다. 특히 HTML 캔버스 게임 만들기, NodeJS 웹 서버 만들기, AngularJS 웹 애플리케이션 만들기와 같이 간단하지만 각 분야의 핵심 요소를 갖춘 개발 예제를 통해 이론에 대한 이해는 물론 개발 실무에서도 자신감을 얻을 수 있도록 배려하였다.

HTML 실습은 w3chools.com 활용을 권장한다. w3schools.com은 웹에 관한 모든 내용을 주제별로 간단명료한 설명과 함께 다양한 예제 중심으로 설명한 최고의 온라인 학습 사이트라 할 수 있다.

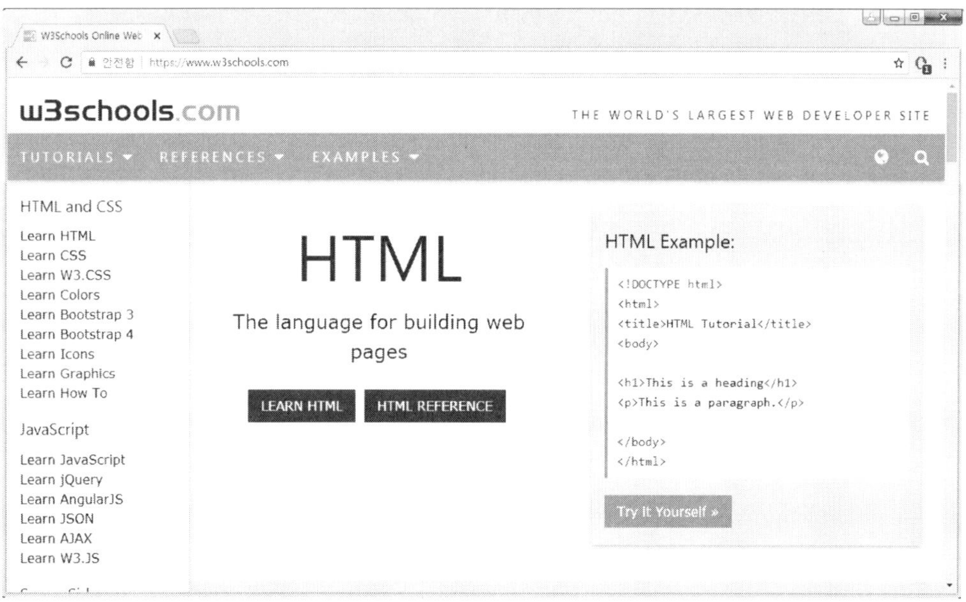

출처: W3schools, http://w3schools.com

후반부의 자바스크립트, HTML 캔버스, NodeJS, AngularJS 실습은 코드펜이나 플렁커 같은 보다 전문적인 개발도구를 사용함으로써 실제 개발현장의 분위기도 체험해 볼 수 있다.

차 례

제2장 HTML

제3장 CSS

제4장 자바스크립트

제9장 jQuery

제10장 NodeJS

제11장 AngularJS

제1장

World Wide Web

01 웹의 시작

1989년 팀 버너스 리는 웹을 만들었다. 발명이란 것이 세상에 없던 전혀 새로운 생각이기보다는 주로 기존에 있던 것의 불편함을 개선하려는 고민에서 탄생하듯이 웹도 마찬가지다. 1980년대는 이제 막 인터넷이 대중에 알려지기 시작한 시기로써 당시에 주로 사용하던 인터넷 응용 프로그램으로는 텔넷, FTP[1], 이메일이 있었다. 텔넷은 원격으로 다른 컴퓨터에 접속하는 프로그램으로써 로그인 절차를 거쳐야만 접속할 수 있다. 즉 그 컴퓨터에 나의 계정이 있어야 한다. FTP는 컴퓨터 간에 파일을 주고받을 때 사용하는 프로그램인데 이 또한 다른 컴퓨터에 있는 파일을 가져오기 위해서는 기본적으로 그 컴퓨터에 내 계정이 있어야 한다.

위와 같이 당시 인터넷 응용 프로그램들의 공통된 특징은 서로 확인된 사용자간의 일대일 통신 위주라는 점이다. 아마도 팀 버너스 리가 필요로 했던 것은 서로 모르는 사람들 사이에도 로그인 절차 없이, 즉 미리 계정을 만들지 않고도 정보를 주고받는 방법이 아니었을까. 예를 들면, 내 이력서를 인터넷에 공개하여 관심 있는 사람이라면 누구나 볼 수 있게 하고 싶다든가, 나의 논문을 보다 많은 사람들이 읽어 볼 수 있게 하고 싶다든가 말이다.

이런 요구를 충족할 수 있는 방법이 당시에도 없지는 않았다. 바로 Anonymous[2] FTP, 즉 익명 FTP이다. FTP도 원칙적으로는 파일이 들어 있는 원격 컴퓨터에 내 계정이 있어야만 그 파일을 가져올 수 있다. 하지만 리눅스 같은 오픈소스 파일을 널리 공유하고 싶을 때, 원하는 사람마다 계정을 새로 만들어주기보다는 공용 계정을 만들어 공개하는 것이 편리할 것이다. 그 공개된 아이디가 바로 별도의 패스워드 확인이 없는 anonymous이다.[3] 팀 버너스 리의 생각은 Anonymous FTP를 좀 더 쉽고 편리하게 바꾸어보자는 것이었다. 그럼 어떤 점이 불편했을까?

다시 이력서 예로 돌아가 보자. 여러분은 이력서를 작성할 때 어떤 프로그램을 사용하는가. 웹에서 바로 작성한다고? 아니, 아직 웹이 없다면 말이다. 아래아한글? MS 워드? 아니면 파워포인트? 심지어 엑셀? 만일 내가 읽어보고 싶은 어떤 사람의 이력서가 엑셀

1) File Transfer Protocol의 약자

2) "Knowledge is free.(지식은 모두의 것이다.)"로 유명한 단체의 이름, "어나니모스"와 어원이 같음

3) 로그인 ID로 anonymous를 입력해도 패스워드 질문은 나온다. 아무 글자나 넣어도 되지만 당시 문화는 자신의 이메일 주소를 입력하는 것이었다.

파일인데 내 컴퓨터에 엑셀 프로그램이 없다면 어떻게 할까. 아마도 안볼 가능성이 높지 않을까.

잠깐 **인터넷이란?4)**

인터넷은 TCP/IP(Transmission Control Protocol/Internet Protocol) 통신 프로토콜을 통해 정보를 주고받는 컴퓨터 네트워크이다.

인터넷이란 이름의 어원은 1973년 TCP/IP를 만든 빈튼 서프와 밥 간이 '네트워크의 네트워크'를 만들어 모든 컴퓨터를 하나의 통신망 안에 연결(International Network)하자는 말에 기원한다.

1980년대 말, 팀 버너스 리 시대에는 MS 워드가 있기는 했지만 엑셀은 1987년에, 아래아한글은 1989년에, 파워포인트는 1990년에 처음으로 나왔고 그 외에 잘 알려지지 않은 여러 문서편집 프로그램들이 있었다. 즉 대다수가 공통으로 사용하는 편집기가 있던 상황이 아니란 의미이다. 다시 말하면 내가 어떤 특정 편집기로 이력서를 작성했을 때 상대방도 나와 똑같은 편집기를 갖고 있지 않으면 나의 이력서를 볼 수 없다는 것이다. 편집 프로그램 종류에 상관없이 나의 이력서를 누구나 볼 수 있게 할 수는 없을까, 아마도 팀 버너스 리의 고민은 여기서 시작되지 않았을까싶다.

해결책은? 아래아한글 같은 특정 편집 프로그램 하나를 열심히 퍼뜨려서 누구나 아래아한글을 사용하도록 하면 어떨까. 편집 프로그램 없이 이력서 파일을 그럴듯하게 만들기는 쉽지 않은 일이고, 그래서 그 편집 프로그램을 사용하면 상대방도 똑같은 편집 프로그램이 있어야 읽을 수 있기 때문이다. 하지만 사람들에게 강제로 특정 프로그램 사용을 강요할 수는 없으니 사람들이 스스로 그 프로그램을 사용하고 싶도록 만들어야 한다.

문제는 분명해졌다. 바로 "어떻게 사람들이 그 프로그램을 원하도록 만들까"이다. 첫째, 유료보다는 무료로, 둘째, 사람들이 내 이력서를 읽을 수만 있으면 되니 읽는 기능만, 셋째, 역시 사람들이 내 이력서를 보기만 하면 되니 파일을 컴퓨터에 저장하는 번거로움도 없애고, 넷째, 사람들이 내 이력서가 내 컴퓨터 어디에 있는지 몰라도 가져갈 수 있어야 하고.5)

4) 출처: 위키피디어, https://ko.wikipedia.org/wiki/인터넷

5) 물론 팀 버너스 리에게 들은 답은 아니다.

아마도 이보다 더 많은 요구사항들이 있겠지만 이만큼만 해도 anonymous FTP말고 좀 더 새로운 프로그램을 만들어 볼 이유는 충분하지 않은가.

자 이제 본론으로 들어가자. 그렇게 해서 탄생한 것이 바로 웹의 3대 구성요소인 하이퍼텍스트, HTML, HTTP이다.

02 하이퍼텍스트

먼저 하이퍼텍스트의 사전적 의미부터 살펴보자. 하이퍼텍스트(Hypertext)란 참조(하이퍼링크)를 통해 독자가 한 문서에서 다른 문서로 즉시 접근할 수 있는 텍스트이다.[6] 하이퍼텍스트라는 말은 1960년대 테드 넬슨이 처음 고안하여 사용했다. 기존의 문서가 순차적 구조라면 하이퍼텍스트는 링크에 따라 그 차례가 임의적으로 바뀔 수 있는 구조라 할 수 있다. 즉, 책처럼 사용자가 책의 순서대로 따라가는 것이 아니라 하이퍼링크로 연결된 문서들을 그 링크를 따라 자유롭게 이동할 수 있다.

아래 그림은 하이퍼텍스트의 여러 문서들이 하이퍼링크로 서로 연결되는 것을 보여준다.

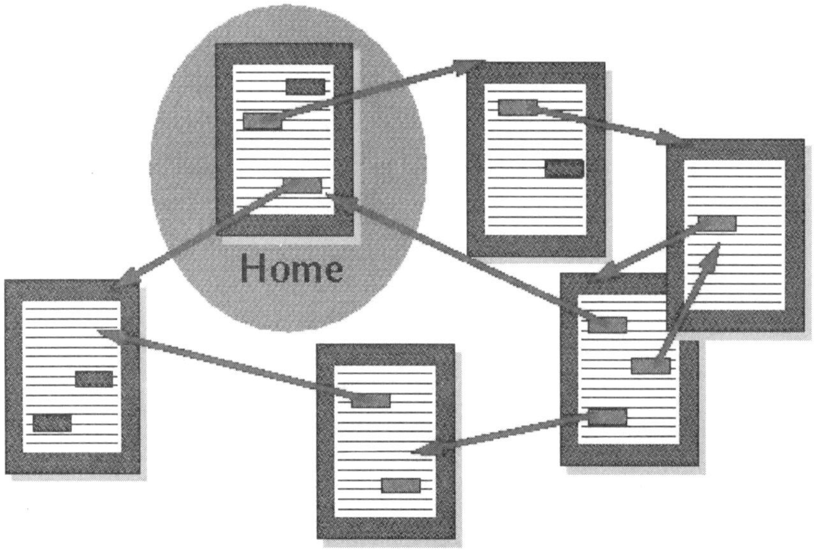

출처: 위키피디아, https://en.wikipedia.org/wiki/Hypertext

사실 웹의 문서들이 반드시 하이퍼텍스트 형식이어야 하는 것은 아니다. 이력서든 책이든 링크 하나 없이 한 웹페이지에 모두 넣고 마우스로 스크롤해가면서 순차적으로 읽어도 안 될 것은 없다. 하이퍼텍스트가 있어서 웹이 유명해진 것인지, 웹이 유명해져서 하이퍼텍스트도 유명해진 것인지, 알 수는 없지만 분명한 것은 팀 버너스 리가 웹 문서에 하이퍼텍스트 형식을 사용하기로 생각했다는 점이다.

6) 출처: 위키피디어, https://ko.wikipedia.org/wiki/하이퍼텍스트

03 HTML

두 번째 주제는 주고받을 문서를 어떻게 작성하고 무엇으로 볼 것인가이다.

일단 문서를 만드는 사람(또는 컴퓨터)과 그 문서를 볼 다수의 사람들(또는 컴퓨터들)로 구분하여 생각해보자. 양측은 당연히 인터넷으로 연결되어 있다. 손님이 우선이니 보는 쪽 입장을 먼저 생각해보면, 복잡하고 무겁고 어쩌면 비쌀 수도 있는 고급 문서편집기에서 문서를 보라고 하면 앞서 설명한 바와 같이 설득이 쉽지 않다. 단순하고 가볍고 편집할 필요도 없고 저장할 필요도 없는 읽을 수만 있으면 되는 게다가 무료로 배포할 수 있는 프로그램, 바로 뷰어(viewer)의 일종이다. 여러분도 아래아한글 뷰어, 파워포인트 뷰어 프로그램을 무료로 사용해 본 경험이 한번쯤 있을 것이다.

보는 쪽 프로그램은 일종의 뷰어로 일단락되었으니 다음 차례로 문서를 만드는 쪽 입장을 살펴볼 차례다. 문서를 만들려면 문서 편집기가 필요할듯하니 후보의 하나로 아래아한글 프로그램을 한번 검토해보자. 아래아한글 프로그램을 열어 "가"라고 한 글자만 쓰고 "가.hwp"로 저장하자. 그리고 파일을 선택하여 마우스 오른쪽 버튼을 눌러 "속성"을 선택하면 아래 그림처럼 문서의 상세 정보를 볼 수 있다. 여러 정보 중에 "크기"를 한번 보라, 얼마인가? 16,384바이트!

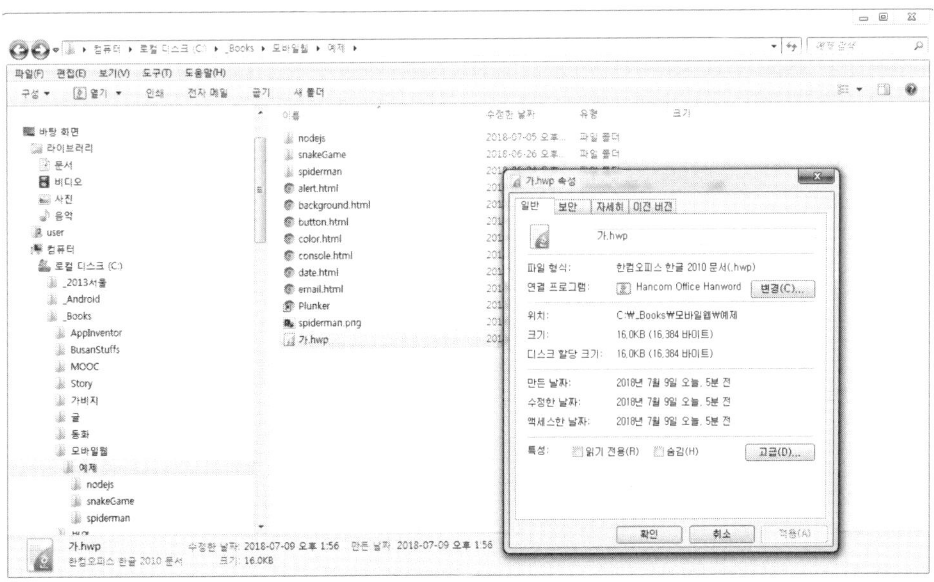

크기가 작은가? 큰가? 한글 글자 하나를 인코딩하여 저장하는데 필요한 크기는 2 바이트면 된다. 그런데, 16,384 바이트는 도대체 어떻게 된 것인가. 물론 이 문서의 내용인 "가"라는 글자 외에 파일에 기록해야할 정보는 적지 않다, 문서의 작성자, 만든 날짜, 문서 제목 등의 내용 외적인 정보뿐만 아니라 내용에 있어서도 글자의 크기, 색깔, 위치, 줄맞춤 등. 그렇다 하더라도 16,384 바이트는 여전히 커 보인다. 결론적으로 말하자면 내용과 내용의 정보들, 그리고 내용 외적인 정보들을 웬만큼 기록해도 16,384 바이트는 여전히 과다해 보인다. 아래아한글 파일에는 우리는 잘 모르지만 뭔가 더 많은 정보와 데이터를 담고 있기 때문일 것이다. 아래아한글 편집기만 그러할까? 아니다, 대부분의 문서 편집기들도 대동소이하다. 결과적으로 복잡한 문서편집기 형식이 아닌 가볍고 단순한 문서 형식이 필요해 보인다.[7]

전문 문서 편집기 이외의 대안 #1, 그림 파일

그러면 어떤 대안이 있을까. 이력서를 jpg 파일이나 pdf 파일로 변환하여 보내기도 하듯이 문서를 사진으로 찍어 그림 파일로 만드는 것은 어떨까. 장점은, 적어도 내용에 관한 정보를 별도로 기록할 필요가 없다, 사진이니까. 하지만 문제는 파일 크기이다. 앞서 예를 든 "가.hwp" 파일을 열고 아래 그림과 같이 사진을 찍어 "a.jpg"로 저장해 보자.

7) 파일 크기가 크면 왜 안 될까? 1990년 전후의 인터넷 속도는 최대 수십 Kbps 정도였다. 1Mbps 파일을 전송하려면 수십 초가 걸린다. 따라서 당시 통신 프로그램의 핵심 관건은 주고받는 데이터의 크기를 최대한 줄이는 일이다(출처: 위키피디어, https://ko.wikipedia.org/wiki/대한민국의_인터넷).

앞에서와 마찬가지로 파일 속성을 열어 파일 크기를 보자, 얼마인가. 17,021바이트! 당연히 예상했겠지만 아래아한글 파일보다 크다. 일반적으로도 그림 파일은 문서 파일보다 크기가 클 수밖에 없다. 문서 파일은 그나마 글자들을 인코딩하여 글자 당 2 바이트 정도면 되지만 그림 파일은 문서의 모든 것을 화소 단위로 일일이 저장하기 때문이다.

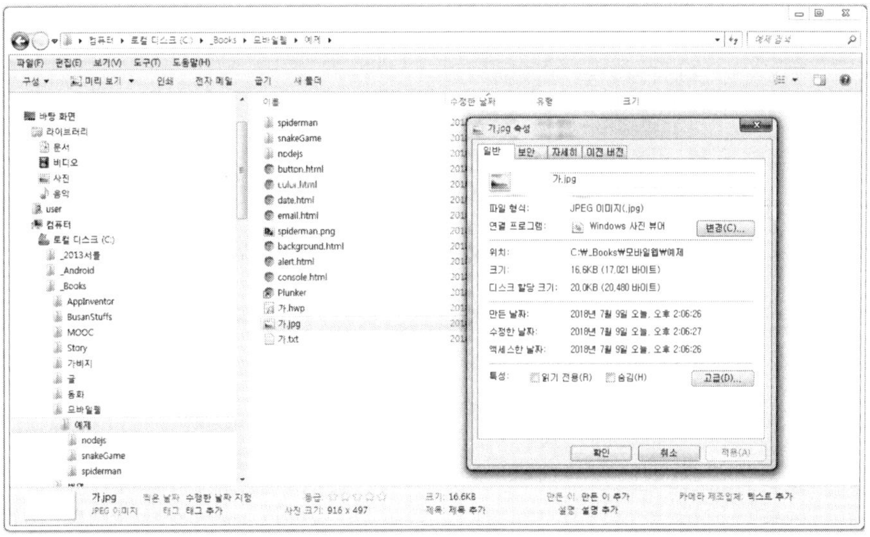

전문 문서 편집기 이외의 대안 #2, 메모장

또 다른 대안으로 메모장 프로그램은 어떨까. 메모장을 열어 "가"라고 쓰고 "m.txt"로 저장했다. 현재 우리의 관심은 파일 크기이니 바로 크기부터 확인해보자, 2바이트!

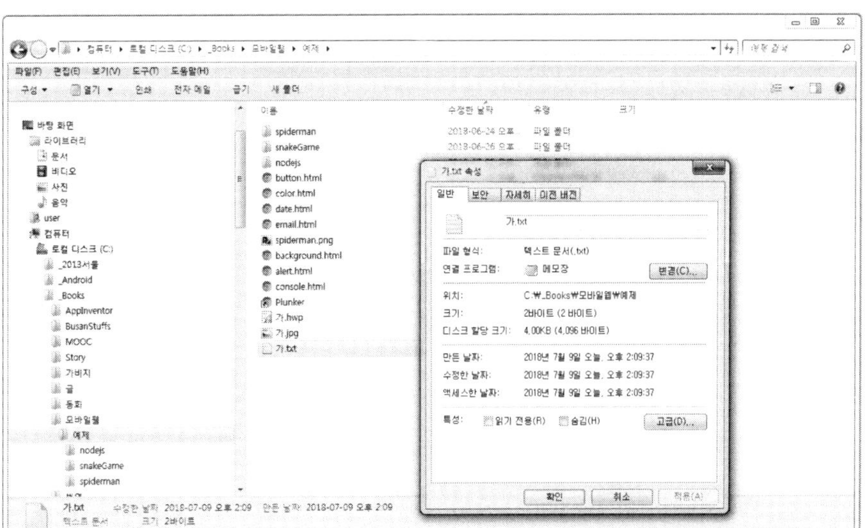

오로지 2바이트라니! 우리가 찾던 최적의 편집기다. 과연 그럴까? 그럼 이제 메모장으로 이력서를 작성해보자. 증명사진은 어떻게 넣지? 표도 좀 그려야하는데. 메모장 프로그램 메뉴들을 아무리 들여다봐도 사진 넣기, 표 그리기 같은 것은 없다. 메모장은 텍스트만 저장하는 프로그램이기 때문이다.

마크업 언어

이제 거의 답에 접근한 것 같다. 메모장에 글자 크기, 색깔, 줄맞춤, 그림 넣기, 표 그리기 등을 할 수 있게 하면 될 것이다. 메모장은 오로지 텍스트만 입력할 수 있는 편집기이니 이러한 부가정보를 표현할 방법 또한 텍스트이어야 한다. 이처럼 본문 내용과 그 부가정보를 텍스트로만 기술하는 형식을 마크업 언어(Markup Language)라 한다.8)

마크업은 아래아한글의 조판부호와 비교할 수 있다. 아래아한글에서는 글자 크기, 색깔, 표 등을 메뉴에서 선택하여 설정하지만 마크업 언어에서는 텍스트로, 즉 본문 내용이 아니라 조판을 지시하는 텍스트로 설정한다. 예를 한 번 보자.

아래 그림은 LaTeX이라는 마크업 언어로 작성한 파일이다. 얼핏 보아도 "\"로 시작한 단어들은 본문 내용이 아니라 무언가 조판을 지시하는, 즉 마크업 지시어임을 짐작할 수 있다.

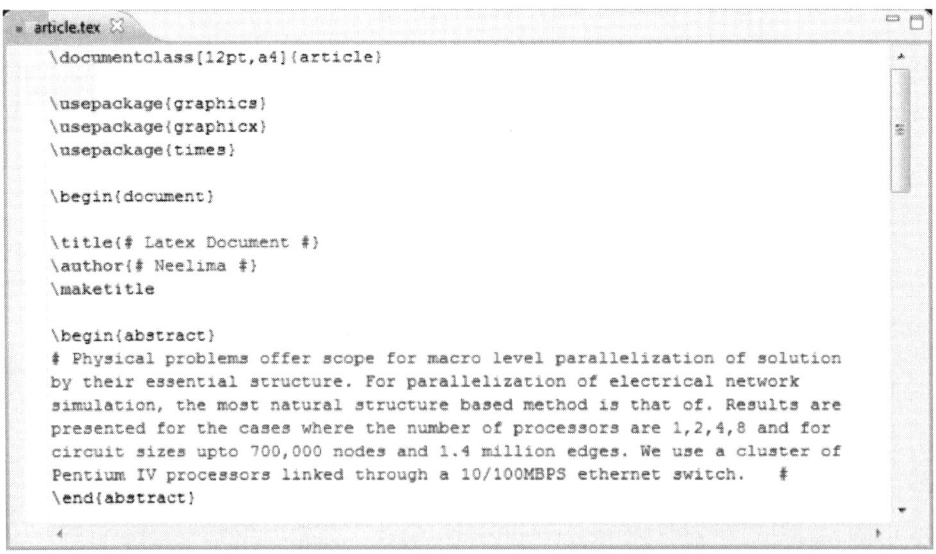

출처: Rosacor, Timetoast timelines, https://www.timetoast.com/timelines/markup-languages-evolution

8) HTML 등장 이전에도 이미 다양한 마크업 언어들이 있었다. 예를 들면 GenCode, troff, nroff, TeX, LaTeX, Scribe, GML, SGML이다(출처: 위키피디어, https://en.wikipedia.org/wiki/Markup_language).

이제 고지가 보인다. 이 절의 첫 문장에서 던졌던 질문을 다시 보자. 즉 주고받을 문서를 어떻게 작성하고 무엇으로 볼 것인가. 정답은, 작성은 메모장에서 마크업 언어로, 문서 보기는 뷰어로 보면 된다.

마지막으로 뷰어는 무엇인가. 위 LaTeX 파일 예와 같이 약속된 마크업 지시에 따라 문서를 장식하여 보여주는 일이 뷰어의 역할이다.

HTML

HTML은 Hypertext Markup Language의 약자이다. 문자 그대로 마크업 언어의 일종인데 마크업 대상이 하이퍼텍스트라는 의미이다. 결론적으로 팀 버너스 리가 실제로 한 일은 마크업 규칙들, 즉 어떤 마크업 지시어[9]들이 있고 각각은 어떻게 장식하라는 것인지를 규정한 것이다. 그 규정집이 곧 HTML이다.

아래 그림은 HTML 파일과 그 파일을 HTML 뷰어가 해석한 결과의 예이다.

<HTML>처럼 화살표 괄호로 둘러싸인 것들이 마크업 지시어, 즉 태그이고 본문 내용은 “Hello World!”이다.

```
<HTML>
  <HEAD>
    <TITLE> JSP Hello World Example </TITLE>
  </HEAD>

  <BODY>
    <H1> Hello World! </H1>
  </BODY>
</HTML>
```

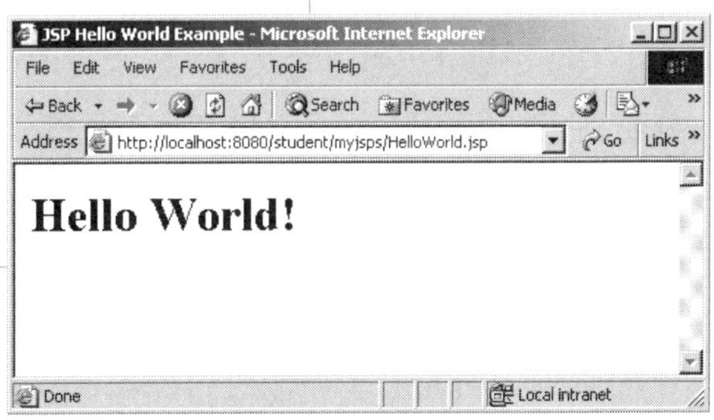

아래는 HTML 표준을 제정하는 월드와이드웹 컨소시움(World Wide Web Consortium, W3C)의 최신 HTML 표준인 HTML 5.2 문서의 웹페이지이다. 표준은 누구나 볼 수 있도록 W3C 홈페이지에 공개되어 있다.

---

9) 마크업 지시어를 태그(tag)라 한다.

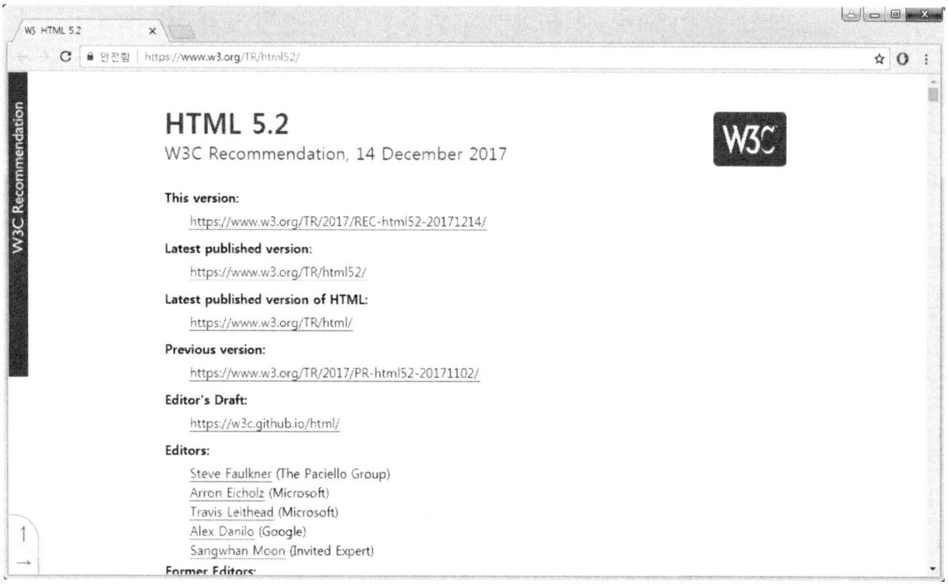

출처: w3c, https://www.w3.org/TR/html52

마크다운

오늘날 세상의 모든 문서가 웹으로 빨려 들어가고 있다 해도 과언이 아니다. 물론 문서를 MS 워드나 아래아한글로 작성하여 보관하는 일도 여전히 많지만 수많은 블로그, 게시판, 신문 심지어 책까지, 온라인에서 문서를 작성하고 배포할 때 그 문서의 형식은 거의 대부분 HTML이기 때문이다. 블로그에 맛집 소개 글을 하나 올리는 것을 생각해 보자. 글을 쓰면서 사진도 넣고 때로는 김이 모락모락 나는 짧은 동영상을 넣기도 한다. 사진 위치가 마음에 들지 않으면 마우스로 여기저기로 옮겨놓는다. 저장을 하고 게시를 하면 멋진 글이 만들어진다. 우리는 단지 글을 쓰고 마우스를 굴렸을 뿐인데 브라우저에 그럴듯한 문서가 보인다.

브라우저를 통해 보이는 모든 문서의 형식은 HTML이다. 바꾸어 말하면 어떤 콘텐츠를 브라우저에 보이려면 그 콘텐츠는 HTML로 작성되어야 한다는 뜻이다. 나의 맛집 기행 블로그를 브라우저로 볼 수 있는 이유는 내가 하지는 않았지만 그 블로그 회사의 소프트웨어가 내가 쓴 글을 자동으로 HTML 문서로 변환했기 때문이다.

하지만 블로그 회사의 도움 없이 내가 직접 웹 사이트를 만들고 웹페이지를 만든다고 생각해보자. 모든 내용을 HTML로 작성해야 한다. 문제는 아무리 쉬워 보이는 HTML도 어느 정도는 익혀야 쓸 수 있다.

최근 HTML보다 훨씬 쉬운, 거의 메모장에 글만 쓸 수 있다면 배울 수 있는 마크업 언어가 급부상하고 있다. 바로 마크다운(Markdown)[10]이다. 내가 직접 웹페이지를 만들 때 HTML로 문서를 작성하는 것이 아니라 이보다 훨씬 간단한 마크다운으로 작성하고, 마크다운 문서를 HTML 문서로 바꾸어주는 무료 소프트웨어나 변환 서비스를 제공해주는 웹 사이트를 통해 작성된 마크다운 문서를 HTML 문서로 변환하면 된다.

아래 표는 제일 오른쪽의 웹페이지를 생성하는 마크다운 문서와 HTML 문서의 예이다.

마크다운 문서	HTML 문서	웹페이지

Heading
=======
 	
## Sub-heading 	
 	
Paragraphs are separated
by a blank line.
 	
Two spaces at the end of a line
leave a line break.
 	
Text attributes _italic_,
bold, `monospace`.
Horizontal rule:
Bullet list:
 	
  * apples
  * oranges
  * pears
 	
Numbered list:
 	
  1. wash
  2. rinse
  3. repeat
 	
A [link](http://example.com).
 	
`![Image](Image_icon.png)`
 	
> Markdown uses email-style
> characters for blockquoting.
	<h1>Heading</h1>
	<h2>Sub-heading</h2>
	
	<p>Paragraphs are separated by a blank line.</p>
	<p>Two spaces at the end of a line
	
	leave a line break.</p>
	<p>Text attributes <em>italic</em>,
	<strong>bold</strong>, <code>monospace</code>.</p>
	<p>Horizontal rule:</p>
	<hr />
	<p>Bullet list:</p>
	<ul>
	<li>apples</li>
	<li>oranges</li>
	<li>pears</li>
	</ul>
	<p>Numbered list:</p>
	<ol>
	<li>wash</li>
	<li>rinse</li>
	<li>repeat</li>
	</ol>
	<p>A <a href="http://example.com">link</a>.</p>
	<p><img alt="Image" src="Image_icon.png" /></p>
	<blockquote>Markdown uses email-style > characters for blockquoting.</blockquote>
		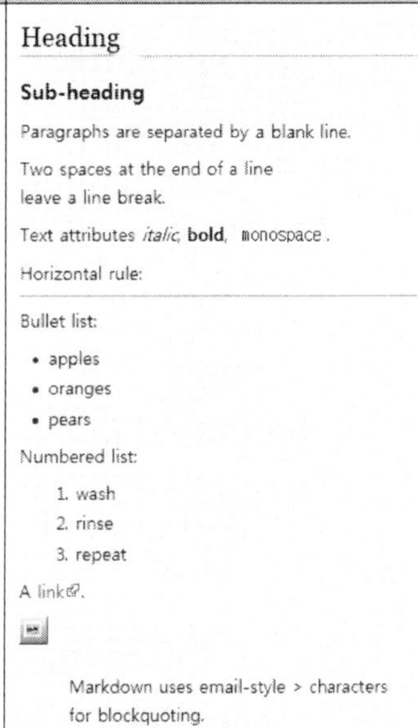

출처: 위키피디어, https://en.wikipedia.org/wiki/Markdown

10) 마크다운의 반대말을 생각해보라, 마크업! 마크다운도 당연히 마크업 언어의 하나이지만 마크업(조판 지시) 태그들을 배울 필요도 없을 정도로 쉽다는 의미에서 "마크다운"이라고 지은 것은 아닐까.

04 HTTP

웹의 세 번째 요소는 HTTP이다. 앞에서 "웹이란 하이퍼텍스트 문서를, HTML로 작성하여, 불특정 다수가 HTML 뷰어로 보는 것"까지 알아보았다. 이제 남은 일은 인터넷을 통해 이 문서를 서로 주고받는 규칙[11)]을 정하는 일이다. 바로 프로토콜이다.

인터넷은 곧 수많은 프로토콜들의 집합이다. 그 중 핵심 프로토콜이 TCP[12)]와 IP[13)]이다. 프로토콜들은 서비스 목적이나 형식에 따라 그 세부 규칙들이 다를 수 있다. 이메일 표준 프로토콜인 SMTP는 받는 사람, 보내는 사람, 제목, 내용 등을 어떻게 어떤 순서로 주고받을지, 파일 전송 프로토콜인 FTP는 주고받을 파일 이름, 파일 경로 등을 어떻게 요청할지, 인터넷 전화 프로토콜인 SIP는 받는 사람 전화번호, 거는 사람 전화번호, 과금 등을 어떻게 처리할지 등 서비스의 종류에 따라 다름을 알 수 있다.

웹에서의 통신 흐름은 주로 문서를 받아보고 싶은 쪽(HTML 뷰어, 즉 브라우저)이 문서를 만든 쪽(서버, 즉 웹 서버)에게 요청하는 형태[14)]일 것이니 HTTP 프로토콜이 규정해야할 주요 내용은 문서를 보관하고 있는 상대방 컴퓨터 주소, 폴더 위치, 문서 파일 이름 등을 어떤 순서로 어떻게 주고받을지가 될 것이다.

웹 브라우저가 웹 서버에게 보내는 요청을 요청 메시지라 하며 그 종류는 아래 표와 같다.

요청 메시지	설명
GET	문서[15)]를 요청
POST	GET과 같으나 첨부 파일이 있음
PUT	웹 서버에 문서를 생성
DELETE	웹 서버에 문서를 삭제
OPTIONS	응답 가능한 메소드 목록 요청
HEAD	헤더 정보만 수신
TRACE	메소드 테스트
CONNECT	터널링 연결 요청

11) 컴퓨터들이 인터넷을 통해 데이터를 주고받는 약속된 절차를 프로토콜(protocol)이라 한다.

12) Transmission Control Protocol의 약자

13) Internet Protocol의 약자

14) 이처럼 요청을 하는 쪽과 요청을 받는 쪽이 정해져있는 통신 방식을 클라이언트-서버 통신(Client-Server Communication)이라 한다. HTTP 프로토콜에서, 클라이언트는 웹 브라우저 프로그램이고 서버는 웹 서버 프로그램이다. 이와 다른 방식, 즉 요청을 하는 쪽과 받는 쪽이 정해져있지 않은 통신 방식을 P2P 통신(Peer to Peer Communication)이라 한다. P2P 통신에서는 누구든 먼저 요청할 수 있고 요청을 받을 수도 있다.

웹 서버는 브라우저의 요청에 응답한다. 예를 들어 가장 많이 사용되는 요청인 GET 메시지를 받으면 해당 문서를 브라우저에게 보낸다. 보통은 요청이 정상적으로 처리되지만 해당 문서가 없거나 다른 오류가 발생하는 등 여러 가지 경우가 있을 수 있다. 따라서 웹 서버도 브라우저에게 응답을 할 때 처리 결과를 나타내는 응답 코드를 함께 보낸다. 응답 코드는 세 자리 숫자로써 종류별로 크게 다섯 가지로 나누어 각각을 100번대에서 500번대에 배치하였다. 다섯 가지 종류를 보면 아래 표와 같다.

응답 코드	설명
1xx	정보 제공용
2xx	정상적으로 처리됨
3xx	다른 서버로 전달함
4xx	오류 발생 - 클라이언트 오류
5xx	오류 발생 - 서버 오류

예를 들어 200 코드는 정상적으로 처리된 경우의 응답이고 404 코드는 요청한 문서가 없는 경우의 응답이다. 아래 그림은 "nothing"이라는 없는 문서를 요청했을 때의 결과로써 "404 File not found"라고 표시된 것을 볼 수 있다.

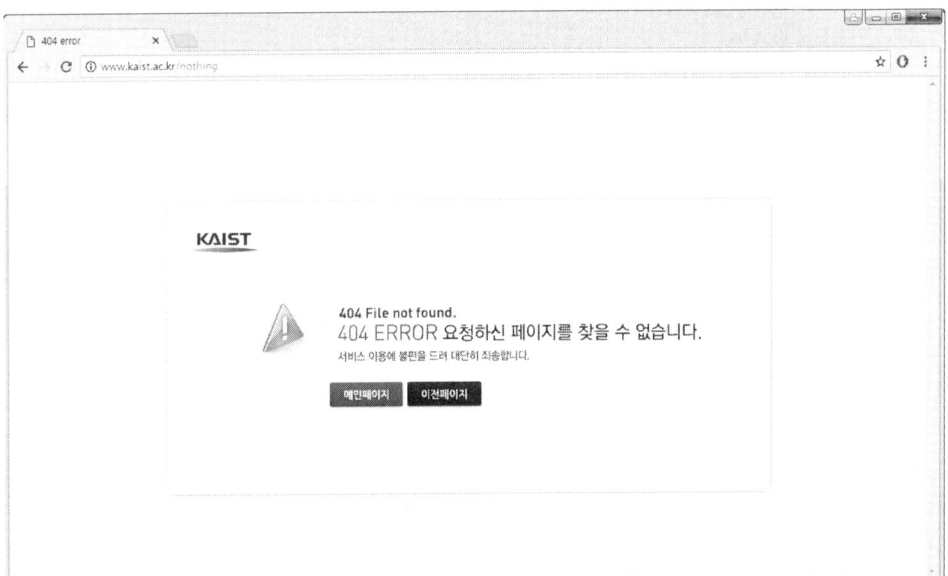

15) 보다 정확한 표현은 자원(resources)이다. HTML 문서뿐만 아니라 그림, 코드 등 임의의 파일을 요청할 수 있다. 여기서는 설명의 일관성을 위해 "문서"라고 쓴다.

메시지 형식

브라우저가 웹 서버에게 보내는 요청 메시지(request messages)의 형식은 아래와 같다.

```
요청 메시지(예: GET /logo.gif HTTP/1.1) 또는 응답 메시지(예: HTTP/1.1 200 OK)
헤더
한 줄 띄우기
메시지 본문 데이터(선택 사항)
```

아래는 헤더나 메시지 본문 데이터가 없는 간단한 요청 메시지의 예로써 도메인 이름이 www.hongpub.co.kr인 서버에 book.html 문서를 요청하는 것이다. 사용하는 통신 프로토콜은 HTTP 버전 1.1이다.

```
GET /book.html HTTP/1.1
Host: www.hongpub.co.kr
```

아래는 정상 처리된 응답 메시지(response messages)의 예이다. 첫 줄이 응답 메시지 줄, 다음 아홉 줄이 헤더, 그리고 한 줄 띄고 메시지 본문 데이터인 book.html의 내용이다.

```
HTTP/1.1 200 OK
Date: Mon, 5 May 2018 12:34:56 GMT
Content-Type: text/html; charset=UTF-8
Content-Encoding: UTF-8
Content-Length: 138
Last-Modified: Sun, 4 May 2018 12:34:56 GMT
Server: Apache/1.3.3.7 (Unix) (Red-Hat/Linux)
ETag: "3f80f-1b6-3e1cb03b"
Accept-Ranges: bytes
Connection: close

<html>
<head>
  <title>홍릉과학출판사</title>
</head>
<body>
  책입니다.
</body>
</html>
```

05 웹의 서막

아래는 팀 버너스 리가 처음으로 만든 웹페이지와 1994년의 팀 버너스 리의 모습이다.

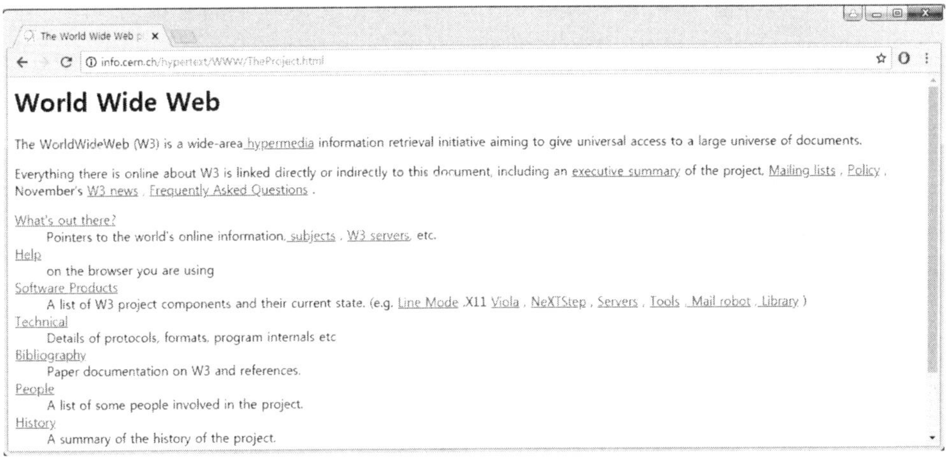
The World Wide Web p ×

info.cern.ch/hypertext/WWW/TheProject.html

World Wide Web

The WorldWideWeb (W3) is a wide-area hypermedia information retrieval initiative aiming to give universal access to a large universe of documents.

Everything there is online about W3 is linked directly or indirectly to this document, including an executive summary of the project, Mailing lists , Policy , November's W3 news , Frequently Asked Questions .

What's out there?
Pointers to the world's online information, subjects , W3 servers, etc.
Help
on the browser you are using
Software Products
A list of W3 project components and their current state. (e.g. Line Mode ,X11 Viola , NeXTStep , Servers , Tools , Mail robot , Library)
Technical
Details of protocols, formats, program internals etc
Bibliography
Paper documentation on W3 and references.
People
A list of some people involved in the project.
History
A summary of the history of the project.

출처: CERN, http://info.cern.ch/hypertext/WWW/TheProject.html

출처: https://home.cern/sites/home.web.cern.ch/files/image/featured/2013/12/berners-lee.jpg

06 웹의 진화

초기 웹은 브라우저의 요청에 이력서와 같이 미리 준비된 문서를 보내주는, 데이터 흐름 관점에서 보면 웹 서버에서 브라우저로의 일방통행 방식이라 할 수 있다. 반면 오늘날의 웹은 게시판이나 블로그처럼 양방향 데이터 흐름은 물론 인터넷 뱅킹, 온라인 쇼핑몰, 인터넷 게임, 실시간 동영상 스트리밍까지 상상할 수 있는 모든 비즈니스가 일어나는 거대한 플랫폼이 되었다. 이 절에서는 웹의 변천 과정을 간략히 살펴본다.

정적 웹과 동적 웹

현재의 웹이 동적 웹(dynamic web)이라면 초기 웹은 정적 웹(static web)이다. 웹이 동적이라는 것은 웹페이지의 내용이 동적으로 바뀌는, 즉 웹페이지가 실시간 정보를 반영한다는 의미이다. 먼저 정적 웹에서는 아래 그림처럼 사람이 직접 편집하고 저장한 내용만, 있는 그대로 표시된다.

출처: CERN, http://info.cern.ch

반면에 동적 웹은 아래 웹페이지처럼 온도나 습도 같은 실시간으로 변하는 내용을 포함하고 있다.

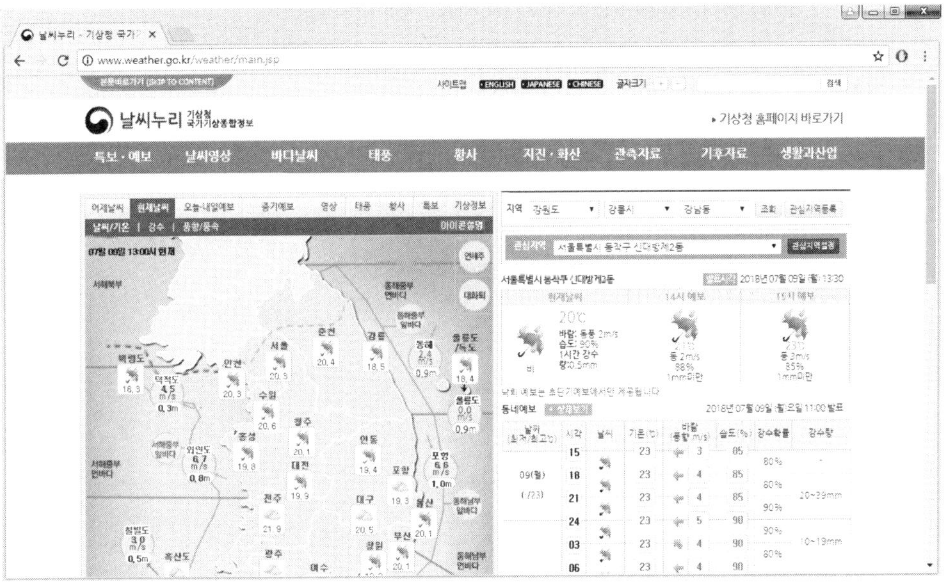

출처: 기상청, http://www.weather.go.kr

웹페이지를 보는 측면에서는 동적 웹이나 정적 웹이나 외형적으로는 차이가 없어 보이지만 웹페이지를 만드는 입장에서는 차이가 크다. 동적 웹은 위 그림의 온도와 습도처럼 동적으로, 즉 실시간으로 변화하는 정보를 담고 있는데 문제는 이 실시간 정보를 어떻게 HTML 문서에 표현하는가이다. 웹 서버의 역할이 브라우저의 요청이 있을 때 해당 HTML 문서를 브라우저에게 보내는 일이므로 실시간 정보는 바로 브라우저 요청 시점에 즉석에서 HTML 문서에 포함되어야 한다. 따라서 HTML 자체로는 이와 같은 일을 할 수 없기 때문에 아래 그림처럼 별도의 웹 애플리케이션 프로그램이 HTML 문서를 동적으로 생성 내지는 갱신하도록 해야 한다.

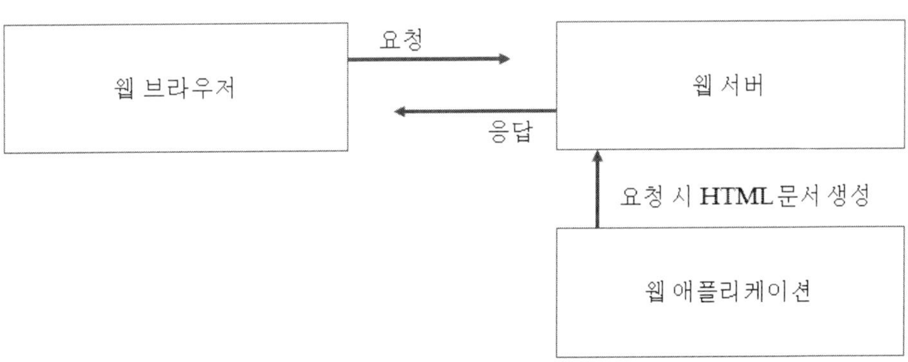

아래는 PHP로 동적 HTML 문서를 생성하는 예이다. "<?php"와 "?>"로 둘러싸인 곳이 바로 브라우저의 요청이 있을 때 실행되는 코드로써 date()라는 함수(프로그램)가 현재 시각이라는 동적인 정보를 생성하여 HTML 문서에 넣는다.

```
<!DOCTYPE html>
<html>
<body>
<?php
    echo "현재 시각은 " . date("h:i:sa");
?>
</body>
</html>
```

결과는 다음과 같다.

```
현재 시각은 02:19:29am
```

동적 정보 생성을 브라우저에서 할 수도 있다. 아래 예에서 <script>와 </script>로 둘러싸인 곳은 자바스크립트 코드로써 브라우저가 HTML 문서를 웹페이지로 표시할 때 수행된다.

```
<!DOCTYPE html>
<html>
<body>
<p id="demo"></p>

<script>
    document.getElementById("demo").innerHTML = Date();
</script>
</body>
</html>
```

결과는 다음과 같다.

```
Thu Jan 18 2018 16:58:50 GMT+0900 (대한민국 표준시)
```

이와 같이 브라우저 쪽에서 동적 정보를 제공할 때 사용되는 프로그래밍 언어가 바로 자바스크립트이다. 자바스크립트에 대해서는 4장에서 자세히 알아본다.

웹 2.0, 웹 3.0

동적 웹과 정적 웹이 웹 기술 측면에서의 구분이라면 웹의 활용 측면에서 웹을 구분하기도 한다. 아래 표는 초기 웹을 웹 1.0이라 한다면 웹 2.0과 웹 3.0은 어떤 것인지 주요 특징별로 비교한 것이다. 웹 1.0은 위의 정적 웹에 해당하며 미리 준비된 웹 문서를 웹 서버에서 브라우저로, 즉 단방향으로 전달한다. 웹 2.0은 비즈니스 플랫폼으로 사용되기 시작한 웹을 지칭하며 양방향 정보 흐름이 핵심이다. 위의 동적 웹의 시작이다. 웹 3.0에서는 소셜 네트워크처럼 웹이 사람과 사람 사이의 소통의 중심이 된다. 최근 인공지능의 발달로 사람과 사람을 넘어 사람과 웹이 말로 대화를 하고, 사물인터넷처럼 냉장고, 세탁기 같은 주변 가전기기에 웹이 내장되어 사람과 웹이 소동하는 시대를 웹 4.0이라 부르기도 한다.

비교	웹 1.0	웹 2.0	웹 3.0
시기	2000년 이전	2000년 ~ 2010년	2010년 이후
개념	포털로써의 웹, 웹 사이트의 집합체	플랫폼으로써의 웹, 웹 애플리케이션 제공	시맨틱 웹
중심	기술	인간	지능화된 개인
콘텐츠 특성	폐쇄성	개방성(참여와 공유)	맞춤형
실행 환경	종속성	독립성	융합·개방형
정보 교류	단방향	양방향	자유로운 소통
기술	HTML, ActiveX	Ajax, HTML5, CSS3	RDF, 시맨틱웹, USN
사용자 역할	정보소비자	정보생산자/소비자	참여자/의사결정자

웹 브라우저

일반 사용자가 웹을 활용하는 창구는 바로 웹 브라우저 프로그램이다. 전 세계에 수십억 개 이상의 웹 사이트가 있고 각각은 또 여러 웹페이지를 가지고 있는데 이렇게 많은 정보들이 사용자에게 전달되는 창구가 바로 웹 브라우저인 것이다. 그렇다면 웹 브라우저는 어떤 일을 하고 어떻게 구성되는지 한번 살펴보자.

웹 브라우저의 역할은 당연히 HTML 문서를 해석하여 HTML 태그들이 지시하는 대로 브라우저 창에 웹페이지를 그리는 일이다. 이에 덧붙여 3장에서 다룰 CSS를 해석하여 웹페이지를 장식하고 자바스크립트 코드를 해석하여 웹페이지에 동적인 작업을 부여한다. 웹 브라우저의 주요 구성요소를 살펴보면 아래 그림과 같다.

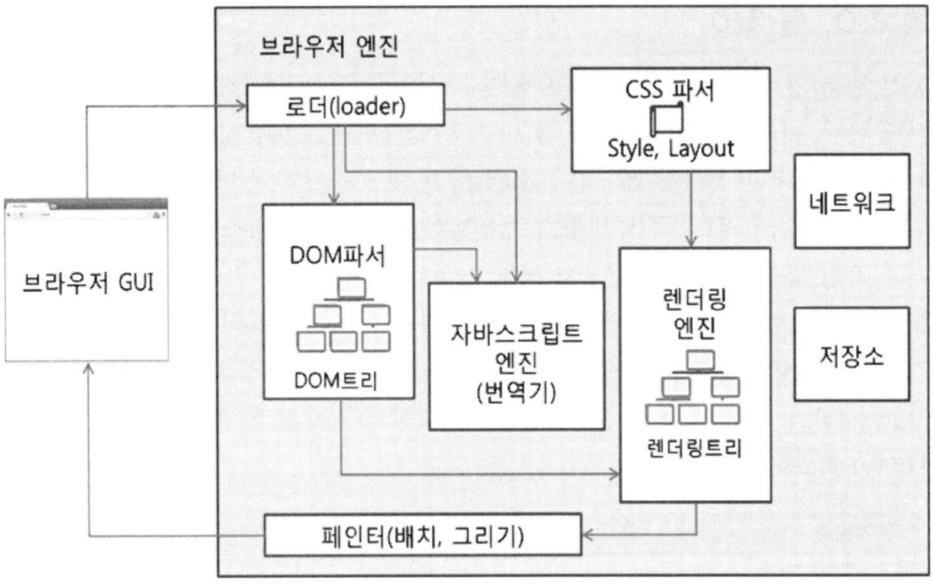

모바일 웹

모바일 웹이란 모바일 기기에서 보는 웹을 말한다. 2007년 스마트폰 등장 이전의 웹페이지는 오로지 PC(데스크톱) 화면용으로 만들어졌다. 스마트폰이 등장하면서 스마트폰에서도 웹페이지를 볼 수 있게 되었는데 문제는 스마트폰의 화면이 작다는 것이다. PC에서 보던 웹페이지를 똑같이 스마트폰 화면으로 본다고 생각해보자. 아래 왼쪽 그림처럼 글자가 너무 작아 보기가 불편하다.

모바일 웹을 위한 별도의 기술이 있을까? 아니다. 1차적인 해결책은 각각 두 개의 HTML 문서를 만드는 것이다. 하나는 PC용 HTML 문서, 다른 하나는 글자 크기를 키우고 내용을 줄인 스마트폰용 HTML 문서이다. 아래 그림은 다음 포털의 첫 화면인데 왼쪽은 PC용이고 오른쪽은 모바일용이다. 브라우저의 주소창을 자세히 보면 주소가 서로 다르다. 스마트폰 등장 초기에는 어떤 HTML 문서를 볼지를 사용자가 선택해야 했지만 현재는 웹 서버가 사용자가 어떤 환경에서 접속했는지를 인지하여 사용자 환경에 적합한 HTML 문서를 자동으로 보내준다.

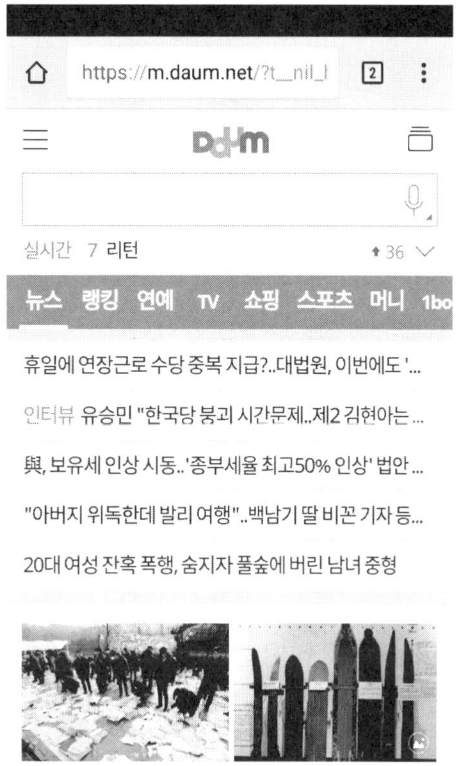

이와 같은 1차적 해결책의 문제점은 모든 웹페이지를 두 개씩 만들어야 한다는 점이다. 즉 웹페이지 수정 작업이 두 배로 늘어난다.

반응형 웹

위 문제에 대한 해결책은 당연히 HTML 문서를 한 개만 만드는 것이다. 대신 화면 크기에 따라 웹페이지가 자동으로 조정되도록 하면 될 것이다. 이를 반응형 웹(Responsive Web)이라 부른다. 웹페이지의 조정, 즉 글자 크기, 그림 크기, 문단의 배치 등은 CSS가 담당하는 일이므로 반응형 웹의 핵심은 하나의 HTML 문서를 두고 화면 크기에 따라 서로 다른 CSS를 적용하는 것이다. 반응형 웹을 위한 CSS에 대해서는 3장에서 보다 자세히 다룬다.

모바일 웹앱

스마트폰 이야기를 했으니 스마트폰 앱[16]에 대해서도 한번 살펴보자. 스마트폰 앱의 개수는 아이폰 앱스토어와 구글 플레이스토어에 등록된 앱만으로도 수백만 개에 달한다. 스마트폰 앱 개발은 운영체제에 따라 다른데 대표적인 두 가지 스마트폰 운영체제, 즉 안드로이드에서는 자바 언어로, 아이폰에서는 Objective-C 언어로 개발한다. 하지만 대부분의 비즈니스가 웹에서 이루어지고 있는데도 스마트폰을 위해 별도의 앱을 만들어야 할까? 아니다. 아래 그림은 페이스북 앱과 웹 브라우저로 본 페이스북 웹페이지이다. 다른 점은 왼쪽의 페이스북 앱에는 주소창이 없고 대신에 화면 밑에 메뉴들이 있다는 정도이다. 즉 페이스북 앱은 페이스북 웹을 앱으로 포장한 것이다.

이와 같이 최근 앱 개발 추세는 자바나 Objective-C 언어로 별도의 앱을 개발하기보다는 웹페이지를 앱으로 포장하는 웹앱이 대세이다.

16) 앱(app.)은 응용 프로그램을 뜻하는 애플리케이션(application)의 약자이다. "앱"이란 명칭은 PC용 애플리케이션과 구별하기 위해 사용되기 시작했다. "어플"이라고도 부르지만 정식 용어는 앱이다.

07 어디서부터 시작할까?

웹페이지 제작의 3 요소는 아래 그림과 같이 HTML, CSS, 자바스크립트이다. HTML로 문서의 구조를 정의하고 CSS로 문서를 장식하고 자바스크립트로 동적인 작업을 부여한다.

편집은 어디에서?

보고서나 책은 아래아한글 프로그램이나 MS 워드를 사용하고 발표용 슬라이드는 MS 파워포인트나 프레지 프로그램을 주로 사용하는 것처럼 웹 문서를 편집할 때는 어떤 프로그램을 사용하면 좋을까? 먼저 HTML 문서 작성의 경우, 어떤 편집 프로그램을 사용해도 무방하지만 아래 그림처럼 윈도우 운영체제에 기본적으로 들어있는 메모장으로도 충분하다.

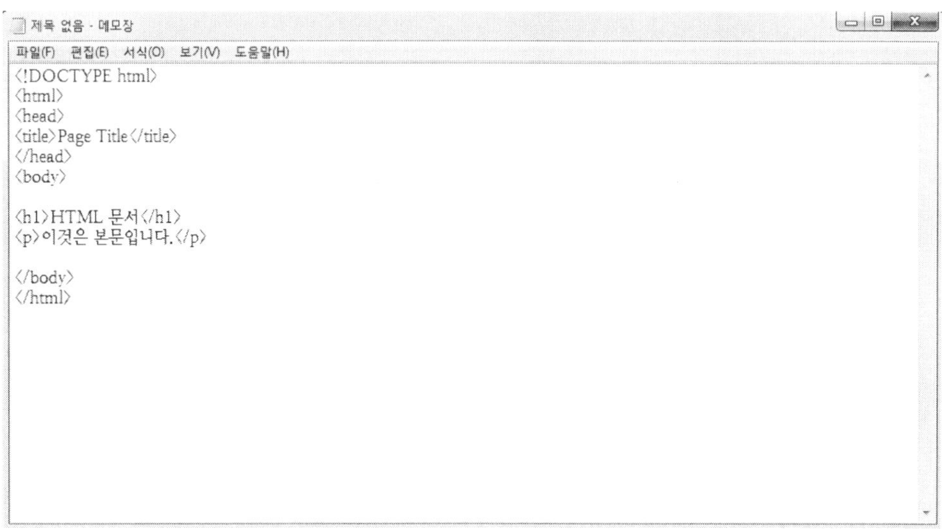


```
<!DOCTYPE html>
<html>
<head>
<title>Page Title</title>
</head>
<body>

<h1>HTML 문서</h1>
<p>이것은 본문입니다.</p>

</body>
</html>
```

자바스크립트 코드 작성의 경우, 자동 들여쓰기나 프로그램 실행해보기와 같은 부가 기능을 제공하는 편집기라면 더 편리하다. 많이 쓰이는 편집 프로그램 10개를 비교한 글[17]이 있는데 10개 프로그램은 Komodo IDE, Eclipse JSDT(JavaScript Development Tools), MS Visual Studio 2013, NetBeans, Sublime Text, JetBrains WebStorm, Alpha Anywhere, Komodo Edit, Notepad++, TextMate이다.

▌개발 도구는?

코딩을 할 때 좋은 편집 프로그램의 선택도 중요하지만 코드를 실행해 볼 환경도 필요하다. 웹페이지를 만들 때도 마찬가지로 자바스크립트 코드의 실행은 물론 HTML 파일 또한 어떤 웹페이지로 표시될지 시험해볼 환경이 필요하다. 웹 개발 환경은 바로 브라우저이다. 대부분의 브라우저 프로그램들은 아래 그림과 같이 개발 도구를 제공한다. 브라우저 상단의 메뉴 중 "도구" 메뉴의 "개발자 도구" 메뉴를 선택하면 된다.[18] HTML 코드는 물론 CSS 편집과 자바스크립트 코드 실행까지 웹과 관련된 거의 모든 작업을 할 수 있다.

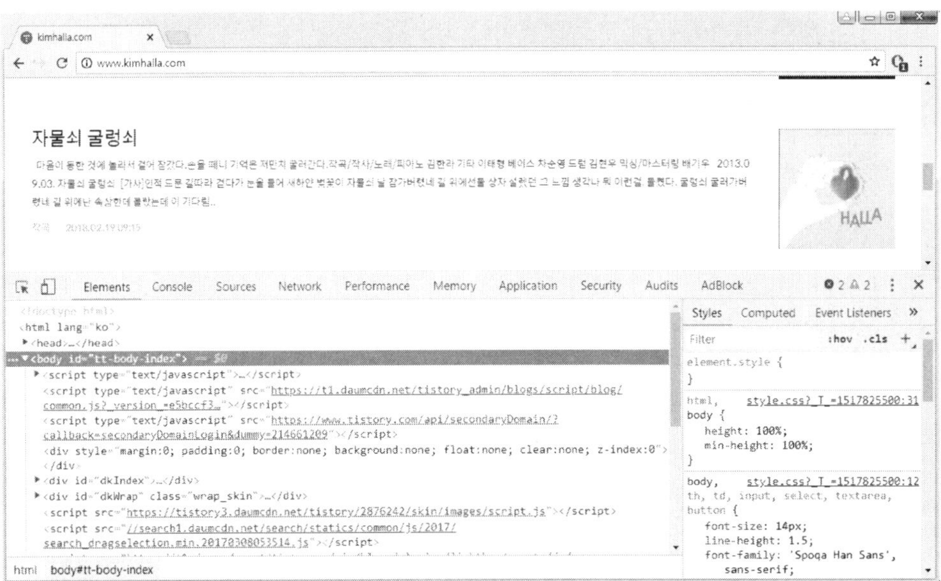

17) 출처: javaworld.com/article/2094847/enterprise-java/review-10-javascript-editors-and-ides-put-to-the-test.html

18) 단축키는 F12이다.

실습 환경은?

HTML, CSS, 자바스크립트 예제들을 즉석에서 편집하고 실행해볼 수 있는 온라인 사이트인 w3schools.com을 추천한다. w3schools.com은 아래 메뉴와 같이 HTML, CSS, 자바스크립트에 대해 체계적이고 간단명료하게 설명하고 있다.

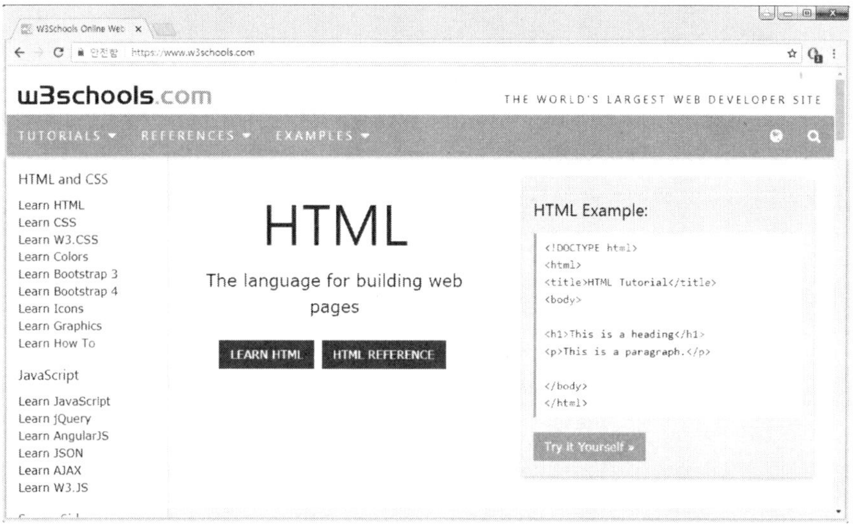

출처: W3schools, http://w3schools.com

W3schools은 또한 다양한 예제들을 직접 실행해볼 수 있도록 아래와 같이 즉석 실행환경을 제공한다. 왼쪽은 코드이고 오른쪽은 실행 결과이다.

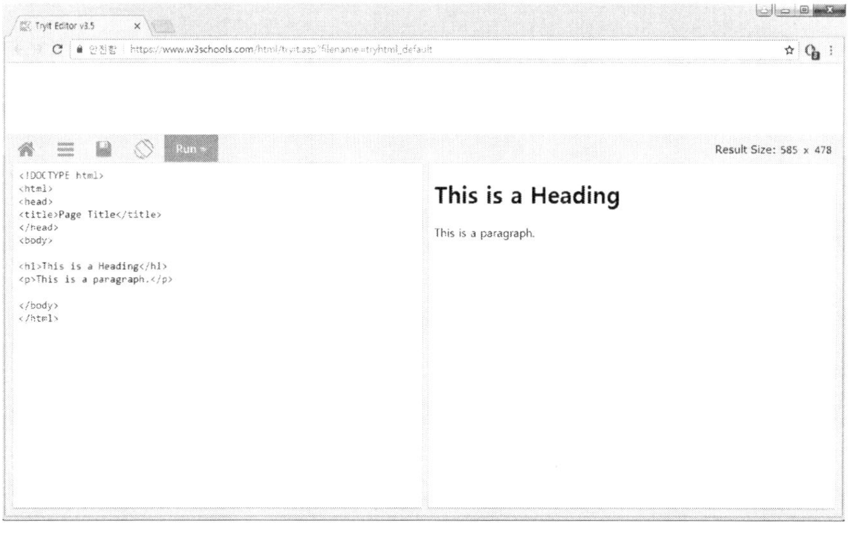

출처: W3schools, http://w3schools.com

제2장

HTML

01 HTML 개요

HTML(Hyper Text Markup Language)은 웹 문서의 구조를 기술하는 언어이다. 먼저 문서의 구조란 무엇인지 살펴보자. 일반적으로 문서는 서로 다른 다양한 구성요소로 이루어진다. 제목, 목차, 본문, 표, 그림 등이 바로 그것이다. 각 요소의 구조가 다르다는 것은 같은 글자라도 제목에 있을 때와 본문에 있을 때 그 의미가 다름을 뜻한다. 따라서 문서의 구조를 기술한다는 것은 바로 문서의 각 부분이 어떤 구성 요소인지를 명시하고 구분하는 일이다.

예를 들어 아래아한글 프로그램을 보자. 프로그램 상단 메뉴 중 <보기> 메뉴의 <표시/숨기기>를 선택하면 조판부호나 문단부호를 표시할 수 있다. 즉 줄 바꿈, 띄어쓰기, 제목, 그림, 표 등이 일일이 표시되는 것을 볼 수 있다. 아래아한글 프로그램이 이러한 표시를 구체적으로 어떻게 저장하고 있는지는 알 수 없지만 분명한 것은 이러한 표시를 어떻게든 기억, 즉 저장하고 있어야 한다는 것이다.

문서의 구성요소를 명시하고 구분하기 위해 무엇이 필요한지 아래 그림을 보면서 생각해 보자. 아래 그림의 문서는 "HTML 개요"라는 제목과 두 줄의 본문 내용으로 구성되어 있다. 제목과 본문 내용은 글자 크기가 다르므로 두 영역을 구분해주어야 한다. 또한 각 영역이 어디서부터 어디까지인지도 명시되어야 한다.

> **HTML 개요**
>
> HTML(Hyper Text Markup Language)은 웹 문서의 구조를 기술하는 언어이다. 먼저 문서의 구조란 무엇인지 살펴보자. 일반적으로 문서는 서로 다른 다양한 구성요소로 이루어진다.

그러면 위 문서의 구조를 HTML은 어떤 방식으로 표시할까? HTML에서 문서의 구성요소를 명시하는 기본 철학은 각 요소의 범위인 시작과 끝, 그리고 어떤 요소인지를 기술하는 것이다. 위 문서를 HTML로 기술하면 아래와 같다. 아래 문서에는 문서 내용 이외에 <h1>과 같은 기호들이 포함되어 있는 것을 볼 수 있는데 <h1>은 제목 요소임을 명시하는 기호이고 그 요소의 범위는 <h1>과 </h1>으로 둘러싸인 영역이다. 마찬가지로 <p>는 문단 요소임을 명시하는 기호이고 그 요소의 범위는 <p>에서부터 </p>까지이다.

```
<h1>HTML 개요</h1>
<p>HTML(Hyper Text Markup Language)은 웹 문서의 구조를 기술하는 언어이다.
먼저 문서의 구조란 무엇인지 살펴보자.</p>
```

결론적으로 HTML을 이해한다는 것은 어떤 요소들이 있는지를 살펴보는 일이다. 위 그림과 같이 요소의 명칭을 나타내는 <h1>이나 <p>를 태그(tag)라 한다. 범위의 시작을 의미하는 태그는 <p>와 같이 화살표 괄호 안에 쓰고 시작 태그(start tag)라 부른다. 범위의 끝을 나타내는 태그는 </p>와 같이 태그 명칭 앞에 "/"를 추가하고 끝 태그(end tag)라 부른다.

그러면 간단하지만 온전한 HTML 문서를 보자.

```
<!DOCTYPE html>
<html>
<head>
<title>Page Title</title>
</head>
<body>
<h1>HTML 문서</h1>
<p>이것은 본문입니다.</p>
</body>
</html>
```

첫 줄의 <!DOCTYPE html>은 이 문서의 형식이 HTML이라는 것을 선언하는 것으로써 모든 HTML 문서는 이 선언으로 시작된다. 둘째 줄의 <html> 태그는 해당 영역이 HTML 문서 요소임을 표시하는 태그로써 모든 HTML 문서는 <html>로 시작해서 </html>로 끝난다.

셋째 줄의 <head> 태그는 문서의 메타 정보, 즉 문서 내용은 아니지만 문서의 작성자, 문서의 주제 등 문서의 부가 정보를 포함하는 영역을 나타낸다.

여섯째 줄의 <body> 태그는 문서의 내용을 담는 요소로써 실제 웹페이지에 보이는 모든 문서 요소들을 포함하는 영역을 나타낸다. 위 HTML 문서를 웹으로 보면 아래와 같다.

HTML 문서의 일반적인 구조를 보면 아래 그림과 같다. 하나의 HTML 문서는 <html> 태그로 둘러싸여 있고 <html> 요소는 오직 두 개의 요소, 즉 <head> 요소와 <body> 요소로 구성된다. 웹페이지에 실제로 보이는 영역은 <body> 요소이다.

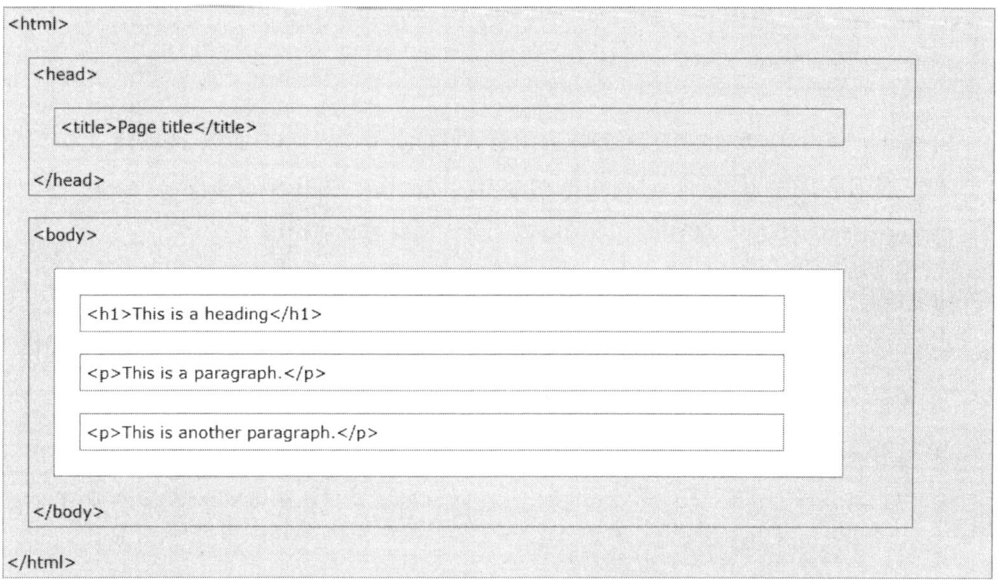

HTML 태그와 엘리먼트

앞에서 설명한 바와 같이 문서의 한 영역이 어떤 요소인지를 나타내는 것은 태그 이름이고 그 요소의 범위는 시작 태그와 끝 태그로 둘러싸인 영역이다. 그러면 그 영역과 시작 태그, 끝 태그를 모두 합친 것은 무엇이라고 할까, 바로 엘리먼트(element)라고 부른다. 예를 들어 <p> 엘리먼트하고 함은 시작 태그와 끝 태그인 <p>와 </p>를 포함하여 그 사이에 들어있는 내용까지를 포함한 것이다.[19]

19) "요소"는 문서 구조의 하나임을 의미하는 일반명사이고 "엘리먼트"는 HTML의 문서 요소를 지칭하는 고유명사로 보고 이 책에서는 "HTML 문서 요소"의 의미로써 용어 번역 없이 엘리먼트로 쓴다.

HTML 엘리먼트를 표기하는 문법을 정리하면 아래와 같다.

```
<태그 이름> 내용은 여기에...... </태그 이름>
```

HTML 애트리뷰트

애트리뷰트는 HTML 엘리먼트의 부가 정보를 표시한다.[20] 예를 들어 <a> 태그를 보자. 태그 명칭은 anchor의 약자로써 즉 해당 영역을 클릭하면 다른 영역으로 연결되는 태그이다. 예를 들면 아래와 같다.

```
<a> 클릭해 주세요! </a>
```

위 예는 "클릭해 주세요"라는 영역을 <a> 태그로 둘러싼 것으로써 <a> 태그의 역할은 해당 영역을 클릭했을 때 어딘가로 연결하는 것이다. 그러면 클릭했을 때 어디로 연결할지에 대한 정보는 어떻게 표시할까? 바로 애트리뷰트이다.

애트리뷰트는 시작 태그의 태그 이름 뒤에 표시하며 문법은 "명칭 = 값"이다. 명칭은 어떤 부가정보인지를 표시하는 애트리뷰트 이름이고 값은 그 부가정보의 값이다. 이때 등호("=")는 둘 사이를 연결하는 문법이다.

자 그러면 위 예로 돌아가 보자. 클릭했을 때 어디로 연결할지를 나타내는 애트리뷰트 명칭은 href이고 값은 연결할 곳의 주소이다. 예를 들어 홍릉과학출판사 홈페이지로 연결하는 링크를 표현하면 아래와 같다.

```
<a href="http://www.hongpub.co.kr"> 홍릉과학출판사 </a>
```

부가정보가 두 개 이상이면 어떻게 할까. "명칭 = 값" 문법으로 여러 개를 나열하면 된다. 각 애트리뷰트 선언 사이는 한 칸을 띄운다. 위의 예는 "홍릉과학출판사"를 클릭했을 때 www.hongpub.co.kr로 연결하는 것인데 연결된 페이지를 현재 창에 띄울지 새 창에 띄울지를 부가정보로 지정할 수 있다. 이에 대한 애트리뷰트 명칭은 target이고 새 창으로 띄우는 값은 "_blank"이다. 이 부가정보를 추가하면 아래와 같다.

```
<a href="http://www.hongpub.co.kr" target="_blank"> 홍릉과학출판사 </a>
```

---

20) 애트리뷰트(attribute)는 "속성"으로 번역할 수 있지만 이 분야에서 통용되는 고유명사이기에 그대로 씀

위에서 href 부가정보와 target 부가정보 사이에 한 칸을 띄어 구분한 것을 볼 수 있다. 일반적으로 등호("=")의 오른쪽, 즉 값은 따옴표로 묶는다. 따옴표는 홑 따옴표나 겹 따옴표, 어느 것이든 사용할 수 있지만 짝은 맞추어야 한다. 즉 홑 따옴표로 시작했으면 홑 따옴표로 마치고 겹 따옴표로 시작했으면 겹 따옴표로 마쳐야 한다.

그러면 이제부터 HTML에는 어떤 태그들이 있는지 살펴보자.

02 HTML 제목

제목을 나타내는 태그는 <h1>에서 <h6>까지, 제목의 크기별로 6단계로 구분한 여섯 개이다. 태그 명칭은 제목을 뜻하는 단어인 heading의 첫 글자이다.[21] <h1>은 가장 큰 제목을 나타내고 <h6>은 가장 작은 제목을 나타낸다.

```
<!DOCTYPE html>
<html>
<body>
<h1>제목 1</h1>
<h2>제목 2</h2>
<h3>제목 3</h3>
<h4>제목 4</h4>
<h5>제목 5</h5>
<h6>제목 6</h6>
</body>
</html>
```

위 HTML 문서의 웹페이지는 아래와 같다.

제목 1

제목 2

제목 3

제목 4

제목 5

제목 6

21) 태그 이름은 왜 약자를 쓸까? 웹이 등장한 1990년대는 통신 환경이 오늘날처럼 좋지 않았다. 통신 속도가 수 Kbps 정도로써 요즘의 수십 Mbps와 비교하면 수만 분의 1 수준이었다. 즉 당시의 컴퓨터 통신에서는 전송할 데이터의 크기를 줄이는 것이 매우 중요한 일이었고 HTML 태그 명칭 또한 데이터 크기를 줄이기 위해 가능하면 줄임말로 정했다.

잠깐, 위 웹페이지는 크롬 브라우저에서 실행한 페이지인데 다른 브라우저에서는 어떻게 보일까. 인터넷 익스플로러에서 실행한 페이지를 한번 보자.

어떤가? 동일한 HTML 코드인데 결과는 서로 조금 다르지 않은가. 그 이유는 표준에 있다.

HTML 표준

HTML 표준은 W3C(World Wide Web Consortium, www.w3c.org)에서 만든다. 가장 최신 표준은 2017년 12월에 개정된 HTML 5.2이다. 표준 문서는 W3C에 공개되어 있어 누구나 열람할 수 있다(www.w3.org/TR/html52/).

그러면 표준에서 규정하는 것은 무엇일까? HTML 표준의 핵심 내용은 어떤 HTML 엘리먼트들이 있는지, 각 엘리먼트의 태그 이름과 의미는 무엇인지를 설명하는 것이다. 중요한 점은 그 의미를 어떻게 구현하는지에 대해서는 언급하지 않는다는 것이다. 예를 들어 앞 절에서 살펴본 제목 엘리먼트들, <h1>에서 <h6>에 대한 표준을 보자. 표준 문서에 담긴 설명은 아래 내용이 전부이다.

> 이 엘리먼트들은 문서의 섹션에 대한 제목을 나타낸다.
> 이름에 따라 제목의 순위를 조절할 수 있는데 <h1> 엘리먼트가 가장 높은 순위이고 <h6> 엘리먼트가 가장 낮은 순위이다. 같은 이름의 두 엘리먼트는 동일한 순위를 갖는다.
> 제목 엘리먼트들의 순위 매김을 통해 문서의 개략적인 구조를 표현할 수 있다.

출처: https://www.w3.org/TR/html51/sections.html#the-h1-h2-h3-h4-h5-and-h6-elements

예를 들어 <h1> 엘리먼트가 가장 높은 순위의 제목이라고 하는데 어떻게 표시해야 가장 순위가 높은 제목처럼 보일까? 글자의 크기는 얼마나 커야 하며, 어떤 폰트가 좋을지, 굵은 글씨가 나을지 등 결정해야 할 일은 수도 없이 많다. 결론은 브라우저 마음대로이다. 표준은 엘리먼트의 의미만을 규정할 뿐 그 의미를 어떻게 구현할지는 브라우저를 만드는 회사의 몫이다. 위의 제목들에 대한 웹페이지가 크롬 브라우저와 인터넷 익스플로러에서 서로 조금 다르게 보이는 이유가 바로 이 때문이다.

HTML 표준의 변화과정을 요약하면 아래 표와 같다.

HTML 표준	개정 연도
HTML	1991
HTML 2.0	1995
HTML 3.2	1997
HTML 4.01	1999
XHTML	2000
HTML 5.0	2014

위 표에서 주목할 만한 특이한 점은 최근 버전인 HTML 5.0과 그 이전 버전인 HTML 4.0 사이의 무려 15년의 공백이다. 특히 이 기간은 웹 사용이 급격히 증가한 시기이기도 하다.

03 HTML 문단

일반적으로 문서의 본문은 하나 이상의 문단으로 구성된다. HTML에서 문단을 표시하는 태그는 <p> 태그이다. 태그 명칭은 paragraph의 줄임말이다. 아래는 3개의 <p> 엘리먼트로 구성된 HTML 문서이다.

```
<!DOCTYPE html>
<html>
<body>
<p> 아무 것도 보이지 않는 어둠같은 세상 속에 나 혼자 못가고 마네킹처럼 바보가 됐어
곧 봄이 오면은 이유도 없이 외로워지고 말도 없어질 때가 되서야 누군가 찾아오겠지 </p>
<p> 좀만 기다려봐 내가 너무 오랫동안 혼자 앓다보니까 그런거야
니가 너무 늦게 내 맘을 열려고 하니까 속으로만 삭이고 힘들잖아 </p>
<p> 두근거리는 이런 느낌이 낯설지 않고 왠지 좋아 내 맘을 휩쓰는 떨림이 지나간 자린 어떡하지
푸른 느낌의 오솔길을 따라 자전걸 타고 부는 바람과 입을 맞추면 난 되살아나 </p>
</body>
</html>
```

결과는 아래와 같이 3개의 문단으로 표시된다.

```
아무 것도 보이지 않는 어둠같은 세상 속에 나 혼자 못가고 마네킹처럼 바보가 됐어 곧 봄이
오면은 이유도 없이 외로워지고 말도 없어질 때가 되서야 누군가 찾아오겠지

좀만 기다려봐 내가 너무 오랫동안 혼자 앓다보니까 그런거야 니가 너무 늦게 내 맘을 열려고
하니까 속으로만 삭이고 힘들잖아

두근거리는 이런 느낌이 낯설지 않고 왠지 좋아 내 맘을 휩쓰는 떨림이 지나간 자린 어떡하지
푸른 느낌의 오솔길을 따라 자전걸 타고 부는 바람과 입을 맞추면 난 되살아나
```

잠깐, 우리가 알고 있는 문단(단락)과 조금 다르지 않은가? 주변에 보이는 아무 책을 집어 한번 펼쳐보자. 새 문단은 들여쓰기로 시작한다. 위 그림처럼 한 줄을 띄우지도 않는다. 왜 다를까? 답은 역시 HTML 표준에 있다. 앞 절, HTML 표준에서 설명했듯이 HTML 표준에서는 <p> 엘리먼트가 문단이라는 것만 규정할 뿐 문단이 어떻게 구현되어야 하는지에 대해서는 상관하지 않는다. 문단의 모습을 구현하는 것은 브라우저를 만드는 회사의 몫이다. 이제 눈치를 챘는가, 주로 사용하는 크롬, 인터넷 익스플로러, 사파리, 파이어폭스 등의 브라우저들은 모두 국산이 아니다. 또한 대부분 영어권이다.

즉 영어 글쓰기에서 문단은 들여쓰기 없이 문단과 문단 사이를 한 줄 띄우는 것이므로 브라우저 프로그램에서도 그렇게 구현한 것이다.

다른 예를 보자. 아래 HTML 문서는 노래 가사를 시처럼 쓴 것이고 편의상 3개의 <p> 엘리먼트로 구성했다.

```
<!DOCTYPE html>
<html>
<body>
<p> 인적 드문 길따라 걷다가 눈을 들어 새하얀 벚꽃이
자물쇠 날 잠가버렸네 길 위에
선물 상자 설렜던 그 느낌 생각나
뭐 이런걸, 들켰다. 굴렁쇠 굴러가버렸네 길 위에
난 속상한데 몰랐는데
이 기다림 언제 끝날지
날 잠가버렸네 굴러가버렸네
언제 다시 올지 몰라                                   보고싶었어 </p>
<p> 다가설까 한 발 물러설까 김칫국
종일 만든 초콜릿 자물쇠
날 잠가버렸네 너 맘에
차 마시는 틈마다 너한테 들릴 법한
설레는 얘기들 굴렁쇠 굴러가버렸네 스르르
난 속상한데 몰랐는데
이 기다림 언제 끝날지
날 잠가버렸네 굴러가버렸네
언제 다시 올지 몰라 </p>
<p> 날 잠가버렸네 굴러가버렸네
어디로 가는지 몰라
날 잠가버렸네 굴러가버렸네
이 기다림 언제 끝날까                                 보고싶었어 </p>
</body>
</html>
```

위 HTML 코드의 웹페이지는 아래와 같다. HTML 코드에 있던 여러 줄 바꿈과 마지막 줄의 “보고싶었어” 앞에 있는 긴 공백이 아래 결과에서는 모두 사라진 것을 볼 수 있다.

인적 드문 길따라 걷다가 눈을 들어 새하얀 벚꽃이 자물쇠 날 잠가버렸네 길 위에 선물 상자 설렜던 그 느낌 생각나 뭐 이런걸, 들켰다. 굴렁쇠 굴러가버렸네 길 위에 난 속상한데 몰랐는데 이 기다림 언제 끝날지 날 잠가버렸네 굴러가버렸네 언제 다시 올지 몰라 보고싶었어

다가 설까 한 발 물러설까 김칫국 종일 만든 초콜릿 자물쇠 날 잠가버렸네 너 맘에 차 마시는 틈마다 너한테 들릴 법한 설레는 얘기들 굴렁쇠 굴러가버렸네 스르르 난 속상한데 몰랐는데 이 기다림 언제 끝날지 날 잠가버렸네 굴러가버렸네 언제 다시 올지 몰라

날 잠가버렸네 굴러가버렸네 어디로 가는지 몰라 날 잠가버렸네 굴러가버렸네 이 기다림 언제 끝날까 보고싶었어

이처럼 HTML에서는 줄 바꿈이나 2개 이상의 공백도 단순히 하나의 공백으로 처리한다. 따라서 줄바꾸기를 하려면 별도의 태그로 표시해주어야 한다. 줄 바꾸기 태그는
이다.

04 HTML Style

앞에서 살펴본 것처럼 HTML 태그의 역할은 서로 다른 문서 요소들을 구분하여 표시하는 것이다. 하지만 같은 태그라도 상세 모습은 서로 다를 수 있다. 예를 들어 같은 <p> 엘리먼트라도 글자 크기, 색깔, 배경색 등을 다르게 설정할 수 있다. 이렇게 서로 다른 모습의 엘리먼트를 구분하기 위해 <큰글자문단>, <파란글자문단>, <파란바탕문단>, <빨간바탕문단>처럼 새로운 태그들을 만들어내는 것은 좋은 해결책이 아닐뿐더러 모든 경우를 담아낼 수도 없다.

HTML에서는 이러한 장식을 태그로 구분하지 않고 style이라는 애트리뷰트로 지정한다. 다른 애트리뷰트와는 달리 style 애트리뷰트는 다양한 속성별로 장식을 선언할 수 있어야하기 때문에 style 애트리뷰트의 값은 장식을 구분하는 속성 명칭과 그 값의 짝으로 선언한다. style 애트리뷰트의 값을 설정하는 문법은 아래와 같다. 각각의 장식은 "속성 명칭과 값"의 짝으로 구성되며 그 사이는 콜론(":")으로 구분한다. 또한 각 장식의 끝에는 세미콜론(";")을 붙인다.

```
<tagname style="property1: value1; property2: value2">
```

배경색

특정 엘리먼트에 관계없이 어떤 엘리먼트든 배경색을 가질 수 있으므로 배경색 지정은 style 애트리뷰트를 이용한 장식의 대표적인 경우라 할 수 있다. 아래 예를 보자.

```
<!DOCTYPE html>
<html>
<body style="background-color: yellow;">
<h1>제목</h1>
<p>본문입니다.</p>
</body>
</html>
```

위 코드의 <body> 엘리먼트에 style 애트리뷰트가 추가되어 있다. style 애트리뷰트의 값을 보면 한 쌍의 장식이 있는데 속성 명칭은 background-color, 말 그대로 배경색이고 값은 노란색이다. <body> 엘리먼트의 범위는 한 웹페이지 내용 전체이므로 위 HTML 문서의 전체 배경은 노란색이 될 것이다. 결과는 아래와 같다.

글자색

글자색은 어떻게 지정할까. 이 또한 특정 엘리먼트에 무관한 장식이므로 style 애트리뷰트를 사용한다. 글자색을 지정하는 속성 명칭은 color이다. 아래 예는 <h1> 엘리먼트의 글자색을 파란색으로, <p> 엘리먼트의 글자색을 빨간색으로 지정한 것이다.

```
<!DOCTYPE html>
<html>
<body style="background-color: yellow;">
<h1 style="color: blue;">제목</h1>
<p style="color: red;">본문입니다.</p>
</body>
</html>
```

결과는 아래와 같다.

폰트

폰트는 어떻게 지정할까. 이 또한 특정 엘리먼트에 무관한 장식이므로 style 애트리뷰트를 사용한다. 폰트를 지정하는 속성 명칭은 font-family이다. 아래 예는 제목인 <h1> 엘리먼트의 폰트를 궁서체로 지정한 것이다.

```
<!DOCTYPE html>
<html>
<body style="background-color: yellow;">
<h1 style="color: blue; font-family: 궁서;">제목</h1>
<p style="color: red;">본문입니다.</p>
</body>
</html>
```

결과는 아래와 같다.

글자 크기

글자 크기를 지정하는 속성 명칭은 font-size이다. 아래는 <p> 엘리먼트의 글자 크기를 300%, 즉 세 배로 키운다.

```
<!DOCTYPE html>
<html>
<body style="background-color: yellow;">
<h1 style="color: blue; font-family: 궁서;">제목</h1>
<p style="color: red; font-size:300%">본문입니다.</p>
</body>
</html>
```

결과는 아래와 같다.

문장 정렬

문장 정렬 방법에는 왼쪽 맞춤, 오른쪽 맞춤, 가운데 맞춤, 양쪽 맞춤이 있다. 이 또한 특정 엘리먼트에 무관한 장식이므로 style 애트리뷰트를 사용한다. 문장 정렬을 지정하는 속성 명칭은 text-align이다. 가능한 값은 위 네 가지 방법대로 left, right, center, justify이다. 아래 예는 제목을 가운데 맞춤으로 설정한 것이다.

```
<!DOCTYPE html>
<html>
<body style="background-color: yellow;">
<h1 style="color: blue; font-family: 궁서; text-align: center;">제목</h1>
<p style="color: red;">본문입니다.</p>
</body>
</html>
```

결과는 아래와 같다.

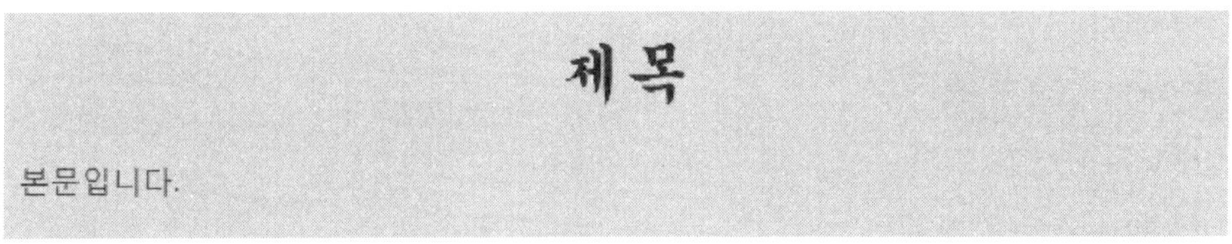

05 텍스트 장식

기울여 쓰기, 굵게 쓰기, 위 첨자, 아래 첨자 등, 글자를 장식하는 방법도 여러 가지이다. 초기 웹은 요즘처럼 사진, 음악, 동영상보다는 텍스트 중심이었기 때문에 글자를 장식한다는 것에 비중을 크게 두었다. 따라서 앞 절의 글자색이나 폰트 지정을 style 애트리뷰트로 지정한 것과 달리 주요 텍스트 장식은 태그로 지정했다. 텍스트 장식용 태그들을 정리하면 아래와 같다.

- <b> - 굵게 쓰기
- <strong> - 중요하게 표시하기
- <i> - 기울여 쓰기
- <em> - 강조하기
- <mark> - 배경색을 추가하여 강조하기
- <small> - 작게 쓰기
- <del> - 삭제 표시
- <ins> - 삽입 표시
- <sub> - 아래 첨자
- <sup> - 위 첨자

아래 예는 몇 가지 텍스트 장식을 적용한 코드이다.

```
<!DOCTYPE html>
<html>
<body>
<p><i>눈을 들어 새하얀 벚꽃이</i></p>
<p><b>인적 드문 길 따라 걷다가</b></p>
<p><del>선물 상자 설렜던 그 느낌</del></p>
<p><ins>생각나 뭐 이런걸, 들켰다.</ins></p>
<p>자물쇠<sub> 날 잠가 버렸네 길 위에</sub> 굴렁쇠 <sup>굴러가 버렸네 길 위에</sup></p>
</body>
</html>
```

결과는 아래와 같다.

눈을 들어 새하얀 벚꽃이

인적 드문 길따라 걷다가

~~선물 상자 설렜던 그 느낌~~

<u>생각나 뭐 이런걸, 들켰다.</u>

자물쇠 날 잠가 버렸네 길 위에 굴렁쇠 굴러가 버렸네 길 위에

❙ 〈b〉 엘리먼트와 〈strong〉 엘리먼트

HTML 표준이 규정하는 것은, 한 번 더 부연하자면 태그의 명칭과 그 의미이다. 구현에 대해서는 언급하지 않는다. 예를 들어 <strong> 태그를 보자. 이 태그의 의미는 "중요하게 표시"하는 것이다. 도대체 어떻게 표시해야 중요해 보일까. 대부분의 브라우저들은 <strong> 엘리먼트를 "굵게 쓰기"인 <b> 엘리먼트와 동일하게 표시한다. 아래 코드와 결과를 보자.

```
<!DOCTYPE html>
<html>
<body>
<p><b>인적 드문 길따라 걷다가</b></p>
<p><strong>인적 드문 길따라 걷다가</strong></p>
</body>
</html>
```

인적 드문 길따라 걷다가

인적 드문 길따라 걷다가

위의 두 <p> 엘리먼트의 내용은 <b> 엘리먼트와 <strong> 엘리먼트로 다르다. 그러나 웹페이지로 나타난 결과는 같다. 그렇다면 왜 굳이 <strong> 태그를 만들었을까. 바로 여기서 HTML의 기본 철학을 엿볼 수 있다. 이 장 첫 문장에 쓴 것처럼 HTML은 "문서의 구조를 정의하는 언어"이다. 덧붙이자면 문서의 모습이나 장식은 HTML의 역할이 아니다. 엘리먼트들의 외양을 어떻게 장식할까보다는 각 엘리먼트에 고유의 의미를 부

여하는 것이 HTML의 역할이다. 위 예에서 <b> 태그로 묶인 첫째 줄은 단순히 굵은 글씨로 표시하라는 것이고, <strong> 태그로 묶인 둘째 줄은 뭔가 중요한 단어임을 암시한다. 이와 같은 의미 부여는 컴퓨터가 웹페이지를 보다 심층적으로 이해하는데 도움을 준다.

06 HTML 주석

컴퓨터 프로그램 소스 코드에서 코드 설명을 주석(comments)이라 한다. HTML에서 주석은 아래와 같이 “<!--”와 “-->” 사이에 넣는다.

```
<!-- 이 코드는 2018년 1월에 나모현이 작성했다. -->
```

07 HTML 이미지

그림이나 사진을 표시하는 태그는 <img>이다. 명칭은 image의 약자이고 사용법은 아래와 같다. <img> 엘리먼트는 텍스트, 즉 내용을 포함하지 않기 때문에 내용의 범위를 지정하기 위한 끝 태그가 필요 없다.

```
<img src="url">
```

<img> 엘리먼트에 어떤 이미지를 넣을지는 애트리뷰트로 표시한다. 명칭은 source를 줄인 src이다. 아래 HTML 코드는 "madchen.jpg"라는 사진을 <img> 엘리먼트로 표시한 것이다.

```
<!DOCTYPE html>
<html>
<body>
<img src="madchen.jpg" alt="madchen" width="600" height="400">
</body>
</html>
```

위 코드를 보면 src 애트리뷰트 외에도 세 개의 애트리뷰트가 더 있는 것을 볼 수 있다. width와 height는 명칭 그대로 이미지가 표시될 크기인 가로와 세로의 길이이다. 단위는 픽셀이다. 두 번째 alt 애트리뷰트는 alternative(대체)를 줄인 말로 만약에 해당 그림 파일이 없거나 다른 문제로 인해 이미지를 표시할 수 없을 때 이미지 대신 표시할 내용이다.

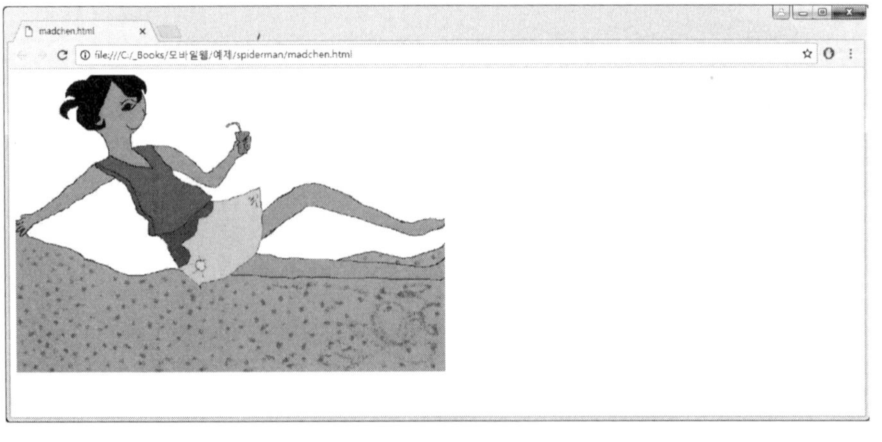

08 HTML 링크

링크는 지정된 다른 위치로 이동하는데 사용된다. 목차나 순서에 상관없이 지정된 곳으로 바로 연결한다는 의미에서 이를 하이퍼링크라고도 부른다. HTML에서 링크를 표시하는 태그는 <a> 태그이다. 태그 명칭은 anchor(닻)의 첫 글자로서 마치 배가 정박을 위해 닻을 내리듯이 특정 페이지에 정박하는 모습을 연상할 수 있다. 사용법은 아래와 같다.

```
<a href="url">link text</a>
```

링크는 어디로 이동할지를 지정하는 부가정보가 필요하다. 앞 절에서 설명한 것처럼 <a> 엘리먼트에서 링크 부가정보를 표시하는 애트리뷰트는 href이다.

<a> 엘리먼트에서 자주 사용되는 다른 애트리뷰트는 target이다. 즉 링크가 클릭되었을 때 현재 창에서 열지 아니면 새 창에서 열지를 지정하는 애트리뷰트이다. target 애트리뷰트에 줄 수 있는 값은 아래 표와 같다. 별도로 지정하지 않으면 현재 창에서 열기인 "_self"이다.

값	설명
_blank	새 창 또는 새 탭으로 열기
_self	현재 창에서 열기
_parent	상위 프레임에서 열기
_top	전체 화면으로 열기
프레임 명칭	지정된 프레임에서 열기

예를 들어 홍릉과학출판사 홈페이지를 새 창에서 여는 링크는 아래와 같다.

```
<a href="http://www.hongpub.co.kr" target="_blank"> 홍릉과학출판사 </a>
```

이미지 링크

텍스트가 아니라 이미지를 클릭해서 이동하는 링크는 어떻게 만들까. 아래 그림처럼 화살표를 클릭하면 홍릉과학출판사 홈페이지로 이동하는 HTML 코드를 만들어보자.

위 그림에 대한 HTML 코드는 아래와 같다. 즉 <a> 엘리먼트의 시작 태그와 끝 태그로 둘러싸인 텍스트 영역에 글자 대신 화살표 그림을 표시하는 <img> 엘리먼트를 넣으면 된다.

```
<a href="http://www.hongpub.co.kr">
   <img src="RedArrow.jpg" alt="홍릉과학출판사">
</a>
```

북마크 링크

다른 웹페이지로의 링크가 아니라 같은 페이지 안에서 이동하는 링크는 어떻게 만들까. 웹페이지 단위의 목적지는 URL로 표시할 수 있지만 같은 페이지 안의 목적지는 별도로 표시해 주어야 할 것이다. 임의의 엘리먼트에 별칭을 붙이는 방법은 id 애트리뷰트이다. id가 부여된 엘리먼트를 외부에서 지칭할 때는 id 명칭 앞에 "#"을 붙인다.

아래 HTML 예제를 보자. 첫 번째 줄, <a> 엘리먼트의 href 애트리뷰트의 값은 "#chapter3"인데 첫 글자가 "#"이므로 "chapter3"은 누군가의 id이다. 여섯 번째 줄의 <h2> 엘리먼트의 id가 "chapter3"이므로 첫 번째 줄의 링크를 클릭하면 바로 3장 제목 위치로 이동된다. 이처럼 같은 웹페이지 내에서 이동하는 링크를 북마크 링크라고 부른다.

```
<a href="#chapter3">3장으로 바로 가기</a>
<h2>1장. 웹의 개요</h2>
<p>웹은 World Wide Web의 줄임말이다.</p>
<h2>2장. HTML 기초</h2>
<p>HTML은 Hypertext Markup Language의 약자이다.</p>
<h2 id="chapter3">3장. CSS 개요</h2>
<p>CSS는 Cascading Style Sheets의 약자이다.</p>
```

09 HTML 표

이 절에서는 표에 대해 알아보자. 아래 그림은 아래아한글 프로그램에서 표를 그리는 모습이다. 왼쪽 위 "표 만들기" 메뉴를 클릭하여 줄의 개수와 칸의 개수만 정하면 된다. 하지만 HTML에서는 문서구조를 기술하는 유일한 방법이 태그를 사용하는 것뿐이므로 이와 같은 입체적인 방법을 사용할 수는 없다.

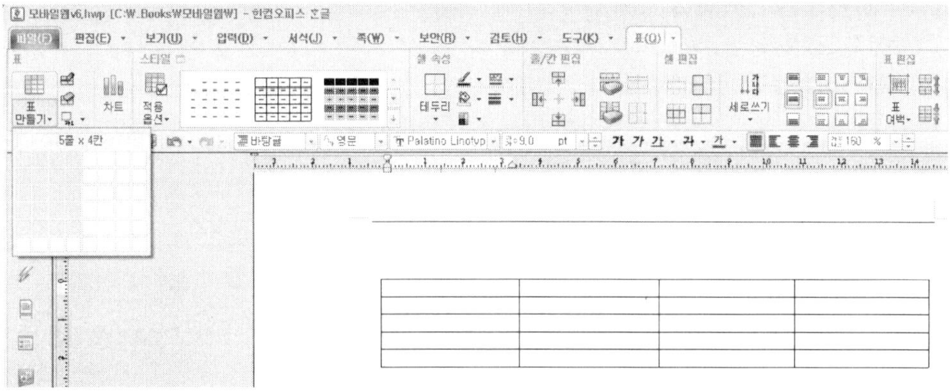

HTML에서 표를 만드는 과정은 2단계이다. 먼저 줄을 만들고 다음 단계로 칸을 만든다. 아래 HTML 코드를 보자.

```
<table>
  <tr>
    <th>학번</th>
    <th>이름</th>
    <th>학점</th>
  </tr>
  <tr>
    <td>20181234</td>
    <td>정말란</td>
    <td>A+</td>
  </tr>
  <tr>
    <td>20185678</td>
    <td>강필주</td>
    <td>B+</td>
  </tr>
</table>
```

먼저 <table> 태그로 표 영역임을 선언한다. 다음 1단계로써 줄을 선언한다. 줄을 만드는 태그는 <tr>로써 "table row"의 약자이다. 2단계는 칸을 채우는 것이다. 칸을 만드는 태그는 <td>이고 "table data"의 약자이다. 즉 <td> 엘리먼트의 내용이 곧 각 칸의 내용이다. 표의 첫째 줄인 첫 번째 <tr> 엘리먼트를 보면 <th> 태그가 있는데 이는 "table header"의 약자로써 칸을 채우는 <td> 엘리먼트와 같으나 제목 칸을 나타낸다는 점만 다르다. 결과는 아래와 같다.

```
   학번     이름  학점
20181234 정말란 A+
20185678 강필주 B+
```

표 장식

위 결과를 보면 표가 맞기는 한데 선도 없고 무언가 볼품이 없다. 글자 색이나 크기도 바꾸고 싶고 표에 배경색도 넣고 싶다면 어떻게 해야 할까. 바로 style 애트리뷰트를 사용하면 된다.

그러면 위 표에 테두리 선을 그리고, 가로 길이를 페이지 넓이에 맞춰보자. 아래와 같이 <table> 엘리먼트에 style 애트리뷰트를 추가하고 그 값으로는 두 가지 장식, 즉 border 속성과 width 속성을 선언해주면 된다.

```
<table style="border: solid; width:100%">
// 이하 동일
```

결과는 아래 그림과 같다.

학번	이름	학점
20181234	정말란	A+
20185678	강필주	B+

아직도 여전히 볼품이 없다. 표라면 각 칸마다 테두리가 있어야 하지 않은가. 바로 위에서는 <table> 엘리먼트에만 style="border: solid;"를 선언했기 때문에 그 엘리먼트의 테두리만 만들어진 것이다. 각 칸에도 테두리를 넣으려면 칸에 해당하는 <td>와 <th> 엘리먼트에도 style 선언을 해 주어야 한다. 추가된 코드는 아래와 같다.

```
<table style="border: solid; width:100%">
  <tr>
    <th style="border: solid;">학번</th>
    <th style="border: solid;">이름</th>
    <th style="border: solid;">학점</th>
  </tr>
  <tr>
    <td style="border: solid;">20181234</td>
    <td style="border: solid;">정말란</td>
    <td style="border: solid;">A+</td>
  </tr>
  <tr>
    <td style="border: solid;">20185678</td>
    <td style="border: solid;">강필주</td>
    <td style="border: solid;">B+</td>
  </tr>
</table>
```

결과는 아래와 같다.

학번	이름	학점
20181234	정말란	A+
20185678	강필주	B+

위의 코드를 보면 겨우 테두리 하나를 그리기 위해 거의 모든 시작 태그에 style="border: solid;"라는 선언이 추가되었다. 만약에 글자 색깔이나 크기, 배경색 등도 바꾸려면 이러한 선언은 더욱 길어질 것이다. 내용은 별로 없는데 스타일 선언만 잔뜩 들어간, 그야말로 배보다 배꼽이 더 큰 경우이다. 이러한 중복 문제를 해결하는 방법이 바로 다음 장에서 다룰 CSS(Cascading Style Sheet)이다. 여기서는 CSS가 이러한 문제를 어떻게 해결하는지 간단히 살펴보자.

〈style〉 태그

문제는, 각 엘리먼트 시작 태그에 들어간 style 애트리뷰트 선언을 어떻게 간략히 줄일 수 있는가이다. 위 예에서 결국 우리가 하려고 하는 일은 <table>, <td>, <th> 엘리먼트에 스타일을 부여하는 것이니 이를 밖으로 빼낼 수는 없을까? 이를 위한 태그가 바로

<style> 태그이다. style 애트리뷰트와 명칭은 같지만 화살표 괄호 안에 있으면 태그 명칭이 된다. 단 <style> 엘리먼트는 본문에 표시되는 내용이 아니므로 <body> 엘리먼트가 아닌 <head> 엘리먼트 안에 기술해야 한다. 아래는 <style> 엘리먼트를 적용한 코드이다.

```
<!DOCTYPE html>
<html>
<head>
<style>
   table, th, td {
         border: 1px solid black;
         border-collapse: collapse;
   }
</style>
</head>
<body>
<table style="width:100%">
  <tr>
    <th>학번</th>
    <th>이름</th>
    <th>학점</th>
  </tr>
  <tr>
    <td>20181234</td>
    <td>정말란</td>
    <td>A+</td>
  </tr>
  <tr>
    <td>20185678</td>
    <td>강필주</td>
    <td>B+</td>
  </tr>
</table>
</body>
</html>
```

위 코드를 보면 <table> 엘리먼트 안에 <td> 엘리먼트나 <th> 엘리먼트의 시작 태그가 다시 깨끗해진 것을 알 수 있다. 대신에 <head> 엘리먼트 영역에 <style> 엘리먼트가 추가된 것을 볼 수 있다. <style> 엘리먼트를 채우는 문법은 다음 장에서 자세히 다루겠지만 여기서의 의미를 살펴보면 <table>, <td>, <th> 엘리먼트들의 테두리(border)를 1픽셀의 검은 실선으로, 중복된 테두리는 한 선으로 표시하라는 것이다. 결과는 아래와 같다.

학번	이름	학점
20181234	정말란	A+
20185678	강필주	B+

텍스트 정렬

CSS를 이용한 스타일 정의 예를 하나 더 살펴보자. 위 표에서 각 칸의 내용을 가운데 정렬로 바꾸려면 어떻게 해야 할까. 아래 코드처럼 <th>와 <td> 엘리먼트의 정렬(text-align)을 가운데(center)로 지정하면 된다.

```
<head>
<style>
table, th, td {
    border: 1px solid black;
    border-collapse: collapse;
}
th, td {
    text-align: center;
}
</style>
</head>
```

결과는 아래와 같다.

학번	이름	학점
20181234	정말란	A+
20185678	강필주	B+

칸 합치기

바로 위의 예에서 강필주의 학번을 모른다고 가정해보자. 칸을 비워놓는 것 보다는 칸을 합치는 것이 더 보기 좋을 수 있다. 이 때 사용하는 애트리뷰트가 colspan이다. 이 명칭은 "column span"의 약자로써 열을 합치는 것이고 반대로 둘 이상의 줄에 걸쳐 칸을 합칠 때 사용하는 애트리뷰트는 rowspan이다. 위 강필주의 학번 칸과 이름 칸을 합치는 코드는 아래와 같다.

```
<table style="width:100%">
  <tr>
    <th>학번</th>
    <th>이름</th>
    <th>학점</th>
  </tr>
  <tr>
    <td>20181234</td>
    <td>정말란</td>
    <td>A+</td>
  </tr>
  <tr>
    <td colspan="2">강필주</td>
    <td>B+</td>
  </tr>
</table>
```

위 코드에서 colspan 애트리뷰트의 값은 합칠 칸의 개수이다. 결과는 아래와 같다.

<table>
<tr><th>학번</th><th>이름</th><th>학점</th></tr>
<tr><td>20181234</td><td>정말란</td><td>A+</td></tr>
<tr><td colspan="2">강필주</td><td>B+</td></tr>
</table>

10 HTML 리스트

HTML에서 목록을 나열하는 방법은 두 가지이다. 즉 순서가 없는 목록과 순서가 있는 목록이다. 순서가 없는 목록은 <ul> 태그를 사용하고 순서가 있는 목록은 <ol> 태그를 사용한다. 각각은 "unordered list"와 "ordered list"의 약자이다. <ul> 태그와 <ol> 태그는 목록 자체를 나타내고 목록에 들어갈 각 항목은 <li> 태그로 표시한다. 태그 명칭은 "list"의 약자이다. 아래 예를 보자.

```
<!DOCTYPE html>
<html>
<body>
<h2>일반 리스트</h2>
<ul>
  <li>된장찌개</li>
  <li>김치찌개</li>
  <li>잔치국수</li>
</ul>
<h2>순서 리스트</h2>
<ol>
  <li>된장찌개</li>
  <li>김치찌개</li>
  <li>잔치국수</li>
</ol>
</body>
</html>
```

위 코드는 <ul> 엘리먼트 하나와 <ol> 엘리먼트로 하나가 있고 각 목록의 항목은 세 개씩이다. 결과는 아래와 같다.

일반 리스트

- 된장찌개
- 김치찌개
- 잔치국수

순서 리스트

1. 된장찌개
2. 김치찌개
3. 잔치국수

항목 마커 설정

각 항목 앞에 표시되는 기호를 마커라 한다. 기본값은 위의 예처럼 <ul>에서는 검은 점, <ol>에서는 숫자이다. 마커를 다르게 지정할 수도 있다. <ul>에서는 style 애트리뷰트에 list-style-type 속성으로 지정할 수 있다. 값의 종류는 아래 표와 같다.

값	설명
disc	검은 점으로 표시
circle	원으로 표시
square	검은 네모로 표시
none	마커 없음

아래는 <ul> 엘리먼트의 마커를 원으로 표시하는 코드이다.

```
<ul style="list-style-type: circle">
  <li>된장찌개</li>
  <li>김치찌개</li>
  <li>잔치국수</li>
</ul>
```

결과는 아래와 같다.

- ○ 된장찌개
- ○ 김치찌개
- ○ 잔치국수

<ol>에서 마커를 지정하는 방법은 type 애트리뷰트를 사용하는 것이다. 가능한 값은 아래 표와 같다.

type 애트리뷰트의 값	설명
“1”	숫자로 표시
“A"	영문 대문자로 표시
"a"	영문 소문자로 표시
"I"	로마 숫자 대문자로 표시
"i"	로마 숫자 소문자로 표시

아래는 <ol> 엘리먼트의 마커를 로마 숫자 대문자로 표시하는 코드이다.

```
<ol type="I">
  <li>된장찌개</li>
  <li>김치찌개</li>
  <li>잔치국수</li>
</ol>
```

결과는 아래와 같다.

I. 된장찌개
II. 김치찌개
III. 잔치국수

설명 리스트

<ul>이나 <ol>과 달리 목록의 항목이 사전처럼 용어와 설명의 짝으로 구성되는 경우도 있다. 이러한 목록을 표시하는 태그는 <dl>이고 “description list”의 약자이다. <dl> 엘리먼트 안에 들어갈 항목은 용어와 설명으로 구성되므로 용어는 <dt> 태그로, 설명은 <dd> 태그로 표시한다. 각각은 “description term”과 “description data”의 약자이다. 아래 코드를 보자.

```
<h2>설명 목록</h2>
<dl>
  <dt>자장면</dt>
  <dd>고기와 채소를 넣어 볶은 중국 된장에 국수를 비벼 먹는다. </dd>
  <dt>짬뽕</dt>
  <dd>국수에 각종 해물이나 야채를 섞어서 볶은 것에 돼지 뼈나 소뼈, 닭 뼈를 우린 국물을 부어 만든다. '초마면'으로 순화. </dd>
</dl>
```

위의 코드는 <dl> 엘리먼트 안에 각각 두 개의 <dt> 엘리먼트와 <dd> 엘리먼트가 있다. <dt> 엘리먼트의 내용인 자장면과 짬뽕은 용어 명칭이고 <dd> 엘리먼트의 내용은 그에 대한 설명이다. 결과는 아래와 같다.

설명 목록

자장면
: 고기와 채소를 넣어 볶은 중국 된장에 국수를 비벼 먹는다.

짬뽕
: 국수에 각종 해물이나 야채를 섞어서 볶은 것에 돼지 뼈나 소뼈, 닭 뼈를 우린 국물을 부어 만든다. '초마면'으로 순화.

중첩 목록

HTML의 모든 엘리먼트들은 또 다른 엘리먼트에 포함될 수 있다. 마찬가지로 목록 엘리먼트들도 서로 중첩으로, 즉 <ul>이나 <ol> 목록에 들어있는 <li> 항목 안에 다시 <ul>이나 <ol> 목록을 넣을 수 있다. 아래 예는 이러한 중첩 목록의 예이다.

```
<h2>중첩 목록</h2>
<ul>
    <li>짬뽕</li>
    <li>짜장면
        <ul>
            <li>간짜장</li>
            <li>삼선짜장</li>
            <li>쟁반짜장</li>
        </ul>
    </li>
    <li>볶음밥</li>
</ul>
```

결과는 아래와 같다.

중첩 목록

- 짬뽕
- 짜장면
    - 간짜장
    - 삼선짜장
    - 쟁반짜장
- 볶음밥

11 HTML 〈head〉

하나의 HTML 문서 전체를 지정하는 태그는 <html>이다. <html> 엘리먼트에는 두 개의 엘리먼트만 들어있다. <head> 엘리먼트와 <body> 엘리먼트이다. 웹페이지에 표시되는 문서 내용과 관련된 요소들은 모두 <body> 엘리먼트로 들어간다. <head> 엘리먼트는 눈에 보이지 않는 문서의 부가정보 요소들, 즉 메타 정보를 담는다. 대표적인 메타데이터로는 문서 제목, 글자 인코딩 정보, 스타일 요소, 스크립트 요소, 외부 문서 연결 등이다.

〈titile〉 엘리먼트

<title> 엘리먼트는 문서의 제목을 나타낸다. <title> 엘리먼트의 용도는 1) 해당 웹페이지를 브라우저에서 열었을 때 제목을 브라우저 창이나 탭에 표시, 2) 검색 엔진에 제공되는 핵심 검색어, 3) 해당 웹페이지를 바로가기로 저장할 때 표시되는 제목 등이다.

사용 예는 아래와 같다.

```
<!DOCTYPE html>
<html>
<head>
  <title>헌법 전문</title>
</head>
<body>
<p> 유구한 역사와 전통에 빛나는 우리 대한국민은 3·1운동으로 건립된 대한민국임시정부의
법통과 불의에 항거한 4·19민주이념을 계승하고, 조국의 민주개혁과 평화적 통일의 사명에
입각하여 정의·인도와 동포애로써 민족의 단결을 공고히 하고, 모든 사회적 폐습과 불의를
타파하며, 자율과 조화를 바탕으로 자유민주적 기본질서를 더욱 확고히 하여 정치·경제·사회·
문화의 모든 영역에 있어서 각인의 기회를 균등히 하고, 능력을 최고도로 발휘하게 하며, 자
유와 권리에 따르는 책임과 의무를 완수하게 하여, 안으로는 국민생활의 균등한 향상을 기하
고 밖으로는 항구적인 세계평화와 인류공영에 이바지함으로써 우리들과 우리들의 자손의 안
전과 자유와 행복을 영원히 확보할 것을 다짐하면서 1948년 7월 12일에 제정되고 8차에 걸
쳐 개정된 헌법을 이제 국회의 의결을 거쳐 국민투표에 의하여 개정한다. </p>
</body>
</html>
```

<style> 엘리먼트

<style> 엘리먼트는 문서 전체에 공통적으로 적용될 스타일 속성들을 지정하는 곳으로써 <title> 엘리먼트와 마찬가지로 반드시 <head> 엘리먼트 안에 있어야 한다. 아래 예에서 각각의 속성들을 지정하는 방법과 문법은 3장 CSS에서 자세히 다룬다.

```
<style>
  body {background-color: green;}
  h1 {color: red;}
  p {color: blue;}
</style>
```

<script> 엘리먼트

<script>는 자바스크립트 코드를 담는 엘리먼트이다. 사용 예는 아래와 같다.

```
<style>
<script>
function myFunction() {
    document.getElementById("demo").innerHTML = "Hello JavaScript!";
}
</script>
```

<meta> 엘리먼트

<meta> 엘리먼트는 인코딩 정보, 문서 소개, 저자 등과 같은 문서의 메타 정보를 기술한다. 아래 예에서 첫째 줄은 인코딩 정보, 둘째 줄은 문서 소개, 셋째 줄은 키워드, 넷째 줄은 저자 정보를 기술하는 <meta> 엘리먼트이다. 특히 문서 소개와 키워드는 검색엔진이 주로 활용하는 정보로써 보다 정확한 검색에 도움이 된다.

```
<meta charset="UTF-8">
<meta name="description" content="윤동주의 서시">
<meta name="keywords" content="윤동주, 시, 서시">
<meta name="author" content="윤동주">
```

<link> 엘리먼트

3장에서 다룰 CSS는 일반적으로 HTML 파일과 분리된 별도의 파일로 저장한다. CSS 파일을 HTML 문서에 알려주는 태그가 <link>이다. 사용 예는 아래와 같다.

```
<link rel="stylesheet" href="mystyle.css">
```

뷰포트 설정

뷰포트(viewport)는 웹페이지가 표시될 브라우저 화면을 의미한다. 브라우저 동작 환경이 PC에서 스마트폰으로 다양해지면서 뷰포트의 크기도 화면 크기에 따라 달라져야 한다. 따라서 모든 웹페이지는 아래와 같이 뷰포트 설정을 반드시 해야 한다.

```
<meta name="viewport" content="width=device-width, initial-scale=1.0">
```

“width=device-width”는 브라우저에게 웹페이지의 크기를 기기 화면에 맞추라는 지시이고 “initial-scale=1.0”은 기본 줌 레벨을 1로 하라는 지시이다.

12 블록 엘리먼트와 인라인 엘리먼트

<body> 엘리먼트 영역 안에 들어가는 모든 엘리먼트들은 두 가지 종류로 나눌 수 있다. 블록 엘리먼트(block elements)와 인라인 엘리먼트(inline elements)이다. 블록 엘리먼트는 문단처럼 새 줄로 시작해서 페이지의 왼쪽 끝에서 오른쪽 끝까지 사각형 형태의 영역을 차지한다. 반면에 인라인 엘리먼트는 링크를 표시하는 <a> 엘리먼트처럼 앞뒤의 다른 엘리먼트들과 줄바꾸기 없이 인접하여 배치된다. 블록 엘리먼트들은 다음과 같다.

```
<address>    <article>    <aside>       <blockquote>  <canvas>       <dd>
<div>        <dl>         <dt>          <fieldset>    <figcaption>   <figure>
<footer>     <form>       <h1>-<h6>     <header>      <hr>           <li>
<main>       <nav>        <noscript>    <ol>          <output>       <p>
<pre>        <section>    <table>       <tfoot>       <ul>           <video>
```

출처: w3schools, https://www.w3schools.com/html/html blocks.asp

인라인 엘리먼트들은 다음과 같다.

```
<a>          <abbr>       <acronym>     <b>           <bdo>          <big>
<br>         <button>     <cite>        <code>        <dfn>          <em>
<i>          <img>        <input>       <kbd>         <label>        <map>
<object>     <q>          <samp>        <script>      <select>       <small>
<span>       <strong>     <sub>         <sup>         <textarea>     <time>
<tt>         <var>
```

출처: w3schools, https://www.w3schools.com/html/html blocks.asp

〈div〉 엘리먼트와 〈span〉 엘리먼트

어떤 영역을 엘리먼트 종류에 관계없이 블록으로 지정하는 태그가 있는데 바로 <div>이다. 명칭은 영역 구분을 뜻하는 "division"의 약자이다. <div> 태그는 일반적인 다른 태그들과 달리 특별한 의미는 없다. 아래아한글에서 두 개 이상의 그림을 하나로 묶을 때 사용하는 "개체 묶기" 기능과 비슷하다.

<span> 엘리먼트 또한 <span> 태그로 둘러싸인 영역을 하나의 그룹으로 묶는 것은 <div> 태그와 같으나 다른 점은 인라인 엘리먼트라는 것이다.

13 HTML 레이아웃

HTML 레이아웃(layout)은 문서 구성요소의 배치를 나타낸다. 아래 그림은 전형적인 웹 페이지 레이아웃이다. 머리글, 주 메뉴, 본문 영역과 측면 메뉴, 바닥글 영역을 자연스럽게 배치한 것을 볼 수 있다.

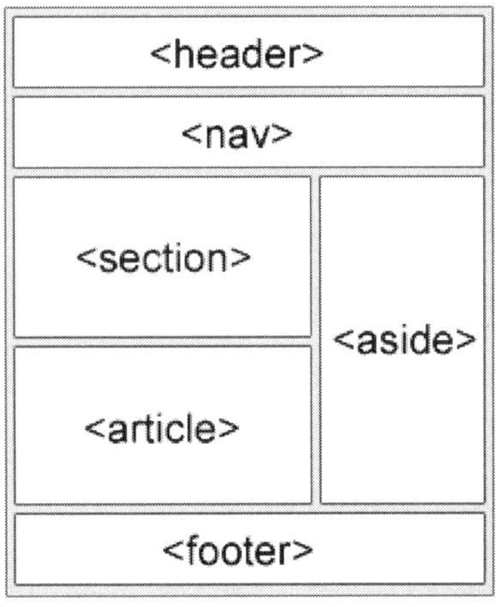

출처: w3schools, https://www.w3schools.com/html/html_layout.asp

각각의 영역은 다수의 엘리먼트들로 이루어질 수 있는데 이들을 한 덩어리로 묶어주는 일이 필요하다. HTML5 이전에는 그 일을 <div> 태그로 처리했지만 HTML5에서는 영역 종류별 태그들이 추가되었다. 이러한 태그를 시맨틱 태그라 한다. 즉 기능적으로는 블록을 지정하는 <div> 태그와 동일하지만 영역의 종류에 따라 명칭을 달리함으로써 문서의 레이아웃과 각 영역의 의미를 보다 명확히 이해할 수 있다. 아래 표는 HTML5에서 새로 추가된 시맨틱 태그들이다.

시맨틱 태그	의미
<header>	머리글 영역
<nav>	메뉴 영역
<section>	본문의 한 영역
<article>	본문 속에 또 다른 작은 문서 영역
<aside>	측면 메뉴 또는 부연 설명 영역
<footer>	바닥글 영역
<details>	세부 설명

14 HTML 폼

<form> 엘리먼트는 사용자 입력을 받는 영역이다. <form> 엘리먼트 영역 안에서 실제 입력 창을 표시하는 태그는 <input>이다. 입력의 종류로는 텍스트(문자열), 체크박스, 라디오 버튼, 제출 버튼 등이 있는데 입력 종류의 구분은 <input> 엘리먼트의 type 애트리뷰트로 선언한다.

텍스트 입력

아래 예를 보자. <form> 엘리먼트 안에 3개의 <input> 엘리먼트가 있다. type이 "text"인 <input> 엘리먼트는 문자열 입력창이고 임의의 문자열을 받아들인다. type이 "submit"인 세 번째 <input> 엘리먼트는 버튼이고 버튼 클릭 입력을 받아들인다. 버튼이 클릭되면 같은 <form> 엘리먼트 안에 있는 모든 <input> 엘리먼트들에 입력된 값들이 웹 서버로 전송된다. 전송된 값들을 받아 처리할 서버 프로그램 지정은 바로 <form> 엘리먼트의 action 애트리뷰트로 지정할 수 있다. 아래 예에서는 "input_page.php"이다.

```
<!DOCTYPE html>
<html>
<body>
<form action="/input_page.php">
  학번:
  <input type="text" name="studentID" value="1234">
  <br>
  이름:
  <input type="text" name="student_name" value="서지안">
  <br><br>
  <input type="submit" value="제출">
</form>
</body>
</html>
```

하나의 <form> 엘리먼트 안에 여러 개의 <input> 엘리먼트가 있으면 서버로 전송될 값들이 어떤 <input> 엘리먼트의 것인지 구분할 필요가 있다. 바로 name 애트리뷰트로 명칭을 지정할 수 있다. 위의 예에서 첫 번째 <input> 엘리먼트의 입력값은 name 애트리뷰트로 설정한 studentID로 저장되고 두 번째 <input> 엘리먼트의 입력값은 student_name으로 저장된다. <input> 엘리먼트의 value 애트리뷰트로 초기값을 지정할 수 있다. 특히 type이 “submit”인 <input> 엘리먼트에서는 value 애트리뷰트에 설정한 값이 곧 버튼의 이름이 된다. 위 <form> 코드의 결과는 아래와 같다.[22]

라디오 버튼 입력

<input type="radio"> 엘리먼트는 여러 개의 보기 중에 하나를 선택할 때 사용한다. 아래 예를 보자. 선택된 값을 저장할 변수는 name 애트리뷰트로 지정한 gender이고 선택되었을 때 gender에 저장되는 값은 각각 “male”과 “female”이다. 첫 번째 <input> 엘리먼트의 마지막 애트리뷰트인 checked는 해당 라디오 버튼의 초기값을 체크된 상태로 표시하라는 것이다.

```
<!DOCTYPE html>
<html>
<body>
<form>
  <input type="radio" name="gender" value="male" checked> 남자<br>
  <input type="radio" name="gender" value="female"> 여자<br>
</form>
</body>
</html>
```

결과는 아래와 같다.

22) HTML 코드에서
 태그는 줄바꾸기 태그이다.

〈textarea〉 엘리먼트

앞에서 설명한 <input type="text"> 엘리먼트는 한 줄의 문자열을 입력할 때 사용한다. 여러 줄의 문자열을 입력하는 태그는 <textarea>이다. <textarea> 엘리먼트의 입력창의 크기는 rows와 cols 애트리뷰트로 설정한다. 아래 예는 입력창의 크기를 8줄에 가로 45 자로 설정한 것이다.

```
<!DOCTYPE html>
<html>
<body>
<form action="/input_page.php">
    <textarea name="message" rows="8" cols="45"> 아무 것도 보이지 않는 어둠같은 세상 속에 나 혼자 못가고 마네킹처럼 바보가 됐어 곧 봄이 오면은 이유도 없이 외로워지고 말도 없어질 때가 되서야 누군가 찾아오겠지. </textarea>
    <br>
    <input type="submit">
</form>
</body>
</html>
```

결과는 아래와 같다.

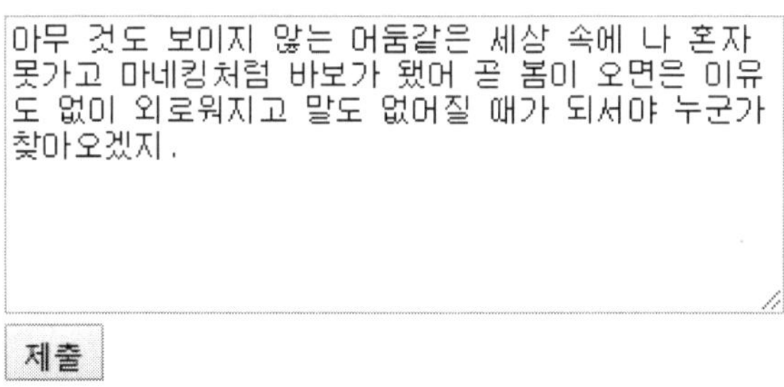

〈button〉 엘리먼트

클릭할 수 있는 버튼을 표시하는 태그로 <button>이 있다. <button> 엘리먼트 대신에 <input type="button"> 엘리먼트를 사용해도 된다. 차이점은, <input> 엘리먼트는 내용이 없는 엘리먼트이기 때문에 시작 태그 안에 value 애트리뷰트로 버튼에 표시될 내용을 표시하는 반면 <button> 엘리먼트는 시작 태그와 끝 태그 사이의 내용이 버튼에 표시된다.

```
<!DOCTYPE html>
<html>
<body>
<button type="button">클릭?</button>
<input type="button" value="클릭!">
</body>
</html>
```

결과는 아래와 같다.

▌<select> 엘리먼트

<select> 엘리먼트는 펼침 목록(drop-down list)이다. 클릭했을 때 펼쳐지는 보기 항목은 <option> 엘리먼트로 지정한다. 아래는 3개의 보기를 펼침 목록으로 보여주는 예이다.

```
<!DOCTYPE html>
<html>
<body>
<form action="/input_page.php">
    <select name="vehicles">
        <option value="bus">버스</option>
        <option value="subway">지하철</option>
        <option value="taxi">택시</option>
    </select>
    <input type="submit">
</form>
</body>
</html>
```

결과는 아래와 같다.

위의 예는 보기 항목을 클릭했을 때 나머지 항목들이 펼쳐지는데 처음부터 펼쳐보이도록 설정할 수 있다. <select> 엘리먼트에 size 애트리뷰트로 몇 개 항목을 미리 펼칠지를 정할 수 있다. 아래 예는 4개의 보기 중 3개를 미리 펼쳐 보인 것이다.

```
<!DOCTYPE html>
<html>
<body>
<form action="/input_page.php">
    <select name="vehicles" size="3">
        <option value="bus">버스</option>
        <option value="subway">지하철</option>
        <option value="taxi">택시</option>
        <option value="bicycle">자전거</option>
    </select>
    <input type="submit">
</form>
</body>
</html>
```

결과는 아래와 같다. 아래 그림은 3개의 보기가 미리 펼쳐진 상태에서 스크롤바를 클릭하여 네 번째 “자전거” 항목이 보이도록 한 것이다.

❙ 〈datalist〉 엘리먼트

펼침 목록을 제시하는 또 다른 방법은 <datalist> 엘리먼트를 사용하는 것이다. <datalist> 엘리먼트에는 <input> 엘리먼트를 클릭했을 때 나타나는 보기 항목들을 <option> 엘리먼트로 지정한다.

<input> 엘리먼트에서는 list 애트리뷰트로 어떤 <datalist> 엘리먼트를 사용할지를 지정한다. list 애트리뷰트의 값은 <datalist> 엘리먼트에서 id 애트리뷰트로 설정한 값이다.

아래는 id가 “browsers”인 <datalist> 엘리먼트의 항목들을 <input> 엘리먼트의 펼침 목록으로 보여주는 예이다. <input> 엘리먼트와 <datalist> 엘리먼트를 연결하기 위해 <input> 엘리먼트의 list 애트리뷰트에 <datalist> 엘리먼트의 id인 “browsers”를 지정했다.

```
<!DOCTYPE html>
<html>
<body>
<form action="/input_page.php">
    <input list="browsers" name="browser">
    <datalist id="browsers">
        <option value="Firefox">
        <option value="Chrome">
        <option value="Opera">
        <option value="Safari">
        <option value="Internet Explorer">
    </datalist>
    <input type="submit">
</form>
</body>
</html>
```

결과는 아래와 같다. 입력창을 클릭했을 때 <datalist> 엘리먼트에 <option> 엘리먼트로 설정한 보기 항목들이 펼쳐지는 것을 볼 수 있다.

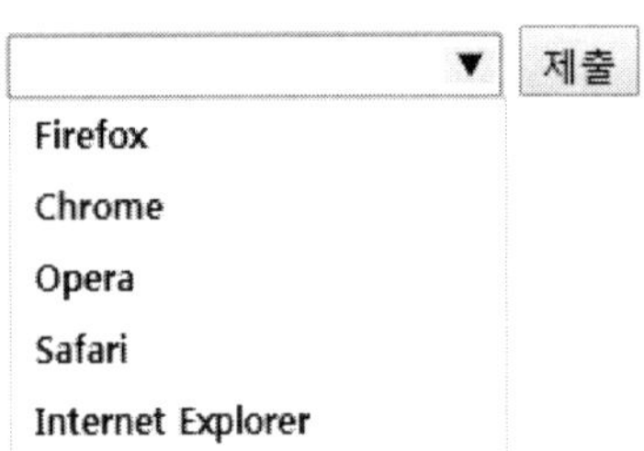

15 HTML 입력

이번 장에서는 다양한 입력 방식들에 대해 알아보자. 입력의 종류는 <input> 엘리먼트의 type 애트리뷰트로 설정한다.

〈input type="text"〉

앞 장에서 설명한 바와 같이 문자열 입력창은 type이 "text"인 <input type="text"> 엘리먼트이다.

```
<!DOCTYPE html>
<html>
<body>
<form action="">
   학번: <input type="text" name="studentID" value="5678">
   <br>
   이름: <input type="text" name="student_name" value="최도경">
</form>
</body>
</html>
```

위 코드의 결과는 아래와 같다.

〈input type="password"〉

암호를 입력하는 입력창은 type이 "password"인 <input type="password"> 엘리먼트이다. 입력창의 모양은 <input type="text"> 엘리먼트와 같지만 다른 점은 입력한 암호가 점으로 표시된다는 것이다.

```
<!DOCTYPE html>
<html>
<body>
<form action="">
   사용자 이름: <input type="text" name="userid">
   <br>
   암호: <input type="password" name="pass">
</form>
</body>
</html>
```

결과는 아래와 같다.

〈input type="submit"〉

입력한 내용을 서버로 전송하는 버튼은 type이 "submit"인 <input type="submit"> 엘리먼트이고 버튼으로 표시된다. 버튼을 클릭했을 때 서버로 보내진 입력 데이터들을 받아서 처리할 서버 쪽의 프로그램은 해당 <input type="submit"> 엘리먼트가 속한 <form> 엘리먼트의 action 애트리뷰트로 설정한다. 아래 예에서 <input type="submit"> 버튼을 클릭했을 때 서버로 전송되는 데이터를 처리할 프로그램은 <form> 엘리먼트의 action 애트리뷰트에 설정한 "input_page.php"이다.

```
<!DOCTYPE html>
<html>
<body>
<form action="/input_page.php">
  학번: <input type="text" name="studentID" value="1234"> <br>
  이름: <input type="text" name="student_name" value="서지안"> <br><br>
  <input type="submit" value="제출">
</form>
</body>
</html>
```

결과는 아래와 같다.

〈input type="reset"〉

입력창들의 내용을 초기화하는 입력은 type이 “reset”인 <input type="reset"> 엘리먼트이고 버튼으로 표시된다. 버튼을 클릭하면 미리 설정된 초기값으로 바뀐다.

```
<html>
<body>
<form action="/input_page.php">
    학번: <input type="text" name="studentID" value="1235">
    <br>
    이름: <input type="text" name="student_name" value="서지수">
    <br><br>
    <input type="submit" value="제출">
    <input type="reset">
</form>
</body>
</html>
```

아래 그림에서 “초기화” 버튼은 위의 <input type="reset">에 의해 만들어진 것이다.

〈input type="radio"〉

type이 “radio”인 <input type="radio"> 엘리먼트는 여러 항목 중 하나를 선택할 때 사용한다. 라디오 버튼은 여러 버튼 중에 하나만 선택할 수 있기 때문에 각 <input type="radio"> 엘리먼트의 name 애트리뷰트를 동일하게 지정할 수 있다. 아래 예와 같이 모든 <input type="radio"> 엘리먼트의 name 애트리뷰트의 값이 address로 동일하지만 어떤 순간이라도 address에 저장되는 값은 하나밖에 없다.

```
<!DOCTYPE html>
<html>
<body>
<form>
   <input type="radio" name="address" value="seoul">서울<br>
   <input type="radio" name="address" value="busan">부산<br>
   <input type="radio" name="address" value="sockcho" checked>속초<br>
   <input type="radio" name="address" value="chulwon">철원<br>
</form>
</body>
</html>
```

결과는 아래와 같다. 아래 그림에서 속초 라디오 버튼에 체크가 되어 있는 것은 위의 세 번째 <input type="radio"> 엘리먼트에 checked라는 애트리뷰트를 추가했기 때문이다.

⟨input type="checkbox"⟩

개수에 관계없이 여러 개를 체크하는 입력은 type이 "checkbox"인 <input type="checkbox"> 엘리먼트이다. 라디오 버튼과 달리 체크박스는 여러 개를 동시에 선택할 수 있기 때문에 각 체크박스 엘리먼트의 체크 여부를 저장할 name 애트리뷰트의 값도 서로 달라야 한다.

```
<!DOCTYPE html>
<html>
<body>
<form>
   <input type="checkbox" name="class1" value="math">수학 <br>
   <input type="checkbox" name="class2" value="english">영어 <br>
   <input type="checkbox" name="class3" value="science">과학 <br>
   <input type="checkbox" name="class4" value="music">음악
</form>
</body>
</html>
```

아래는 4개의 체크박스 중 2개를 선택한 모습이다.

〈input type="button"〉

버튼도 클릭했다는 동작을 입력하는 입력의 한 종류이다. 버튼은 type이 “button”인 <input type="button"> 엘리먼트이다. 버튼의 용도는 클릭했을 때 어떤 반응이나 동작을 시키기 위한 것이므로 자바스크립트 코드로 원하는 동작을 기술한다. 아래 예는 버튼이 클릭되었을 때 알림창을 하나 띄우는 것이다. 자바스크립트에 대해서는 4장에서 자세히 다룬다.

```
<!DOCTYPE html>
<html>
<body>
<input type="button" onclick="alert('안녕하세요?')" value="클릭">
</body>
</html>
```

아래 그림과 같이 버튼을 클릭했을 때 알림창이 뜨는 것을 볼 수 있다.

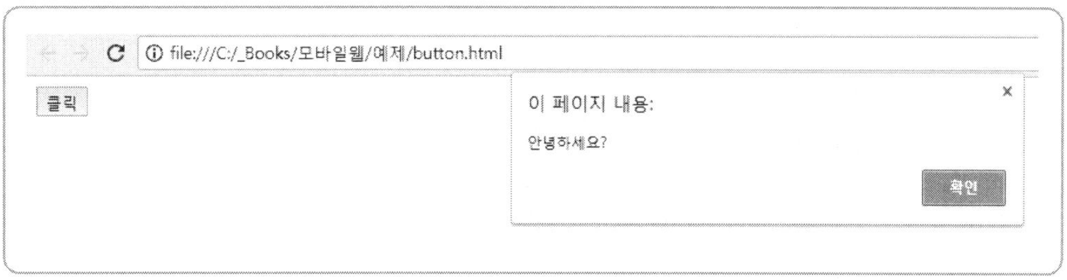

16 HTML5 입력

HTML5에서는 앞에서 살펴본 입력 방식들 외에 보다 다양한 입력 방식들이 추가되었다. 본 장에서는 다음과 같이 HTML5에서 새로 추가된 입력 타입에 대해 살펴본다.

- color
- date
- datetime-local
- email
- month
- number
- range
- search
- tel
- time
- url
- week

<input type="color">

색상을 선택하는 입력은 type 애트리뷰트가 color인 <input type="color"> 엘리먼트이다. 선택된 색상은 name 애트리뷰트에 설정된 mycolor에 저장된다.

```
<!DOCTYPE html>
<html>
<body>
<form>
  버튼을 클릭하여 색상을 선택해주세요:
  <input type="color" name="mycolor" value="#ff0000">
  <input type="submit">
</form>
</body>
</html>
```

아래는 크롬 브라우저에서 실행한 결과이다. value 애트리뷰트로 초기값을 "#ff0000"[23]로 설정했기 때문에 초기 버튼색은 빨간색이다. 버튼을 클릭하면 그림과 같이 색상을 선택할 수 있는 창이 나타난다.

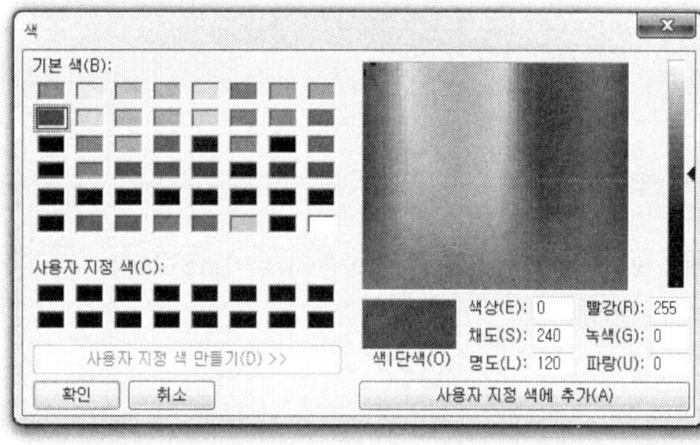

아래는 같은 코드를 인터넷 익스플로러에서 실행한 결과이다. <input> 엘리먼트가 단순한 입력창으로 표시되었고 입력창에는 value 애트리뷰트에서 지정한 "#ff0000"이라는 문자열 그대로 표시되어 있다. 물론 입력창을 클릭해도 위 크롬에서처럼 색상 선택창 같은 것은 생기지 않는다. 왜 그럴까?

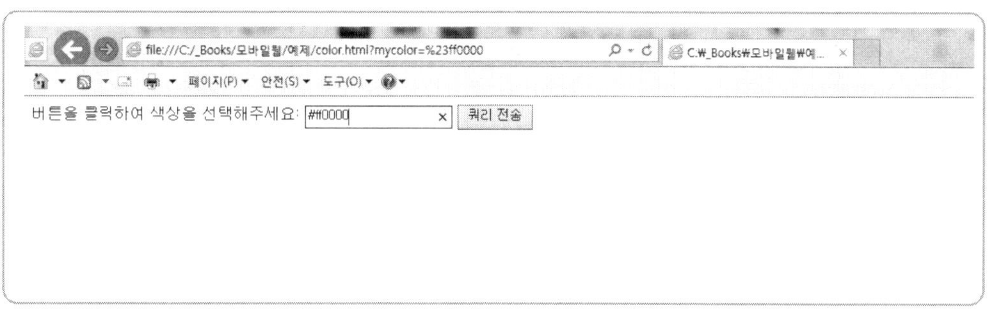

이유는 위의 인터넷 익스플로러의 버전[24]이 오래된 것이라 HTML5에서 새로 추가한 color 타입을 알지 못하기 때문이다. 브라우저가 알지 못하는 타입의 <input> 엘리먼트

23) 컴퓨터에서 색을 표현하는 여러 가지 방법 중 대표적인 방법은 RGB 형식이다. 즉 빨강(Red), 녹색(Green), 파랑(Blue), 세 가지 색의 농도를 256단계로 구분하여 표시한다. 세 개의 값을 16진수로 나타내는데 16진수임을 표시하기 위해 "#"으로 시작한다. 예를 들어 #FF0000은 R값이 255, G값과 B값은 0이란 뜻이고 그 결과는 빨간색이다.

24) 인터넷 익스플로러 버전 11과 그 이전 버전에서는 새로 추가된 타입이 지원되지 않는다.

는 text 타입으로 대체되어 처리된다. 위 그림과 같이 텍스트 입력창으로 표시된 것을 볼 수 있다.

〈input type="date"〉

날짜를 선택하는 입력은 type이 “date”인 <input type="date"> 엘리먼트이다. 아래는 선택된 날짜를 birthday에 저장하는 예이다.

```
<!DOCTYPE html>
<html>
<body>
<form>
   생일을 입력해주세요: <input type="date" name="birthday">
   <input type="submit">
</form>
</body>
</html>
```

결과는 아래와 같다. <input type="date"> 엘리먼트에 만들어진 입력창을 클릭하면 그림과 같이 달력이 표시되어 날짜를 선택할 수 있다.

〈input type="email"〉

이메일 주소 입력은 type이 “email”인 <input type="email"> 엘리먼트이다. 사실 이메일 주소는 일반 텍스트 입력창인 <input type="text">에서 입력해도 아무 문제가 없다. 하지만 이메일 타입 입력을 사용하면 이메일 주소만의 특징, 즉 “@” 문자가 포함되어 있는지 미리 점검할 수 있다는 장점이 있다.

```
<!DOCTYPE html>
<html>
<body>
<form>
    이메일: <input type="email" name="email">
    <input type="submit">
</form>
</body>
</html>
```

아래는 이메일 입력창에 "@" 문자가 없는 텍스트를 입력하고 제출 버튼을 눌렀을 때의 결과이다. 입력한 내용에 "@"가 없다는 알림창이 생긴 것을 볼 수 있다.

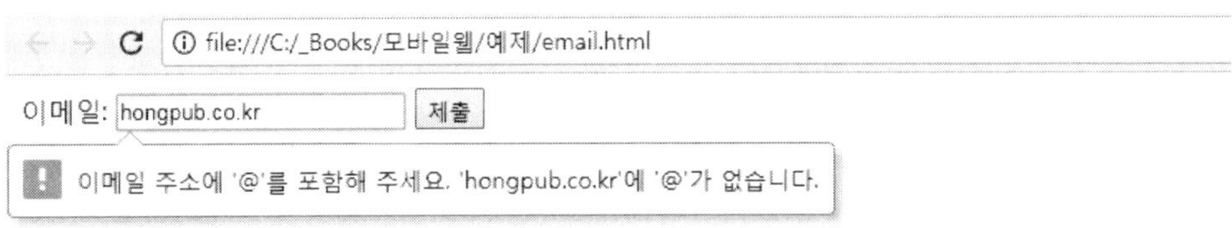

여기서 잠깐, 다른 브라우저에서는 어떻게 실행될까? 아래 그림은 모질라 파이어폭스 브라우저에서 실행한 결과이다. 역시 "@"가 없는 텍스트를 입력하고 제출 버튼(여기서는 "submit query"라고 표시되었다)을 눌렀을 때 알림창이 생긴 것을 볼 수 있다. 알림창의 모양과 내용이 위의 크롬 브라우저와 다르다. 이유는 1장에서도 설명한 바와 같이 표준 제정 방식에 있다. 표준에서는 type이 "email"인 <input> 엘리먼트는 이메일 주소 입력을 위한 것이라는 의미만 규정할 뿐 구현은 브라우저 회사들의 몫이기 때문이다.

〈input type="number"〉

숫자를 입력할 때 사용하는 입력창은 type이 “number”인 <input type="number"> 엘리먼트이다. 특히 다양한 애트리뷰트를 통해 입력할 숫자의 조건을 미리 제한할 수 있다. 아래 예는 min과 max 애트리뷰트로 입력할 수 있는 최솟값과 최댓값을 각각 1과 10으로 제한했다.

```
<!DOCTYPE html>
<html>
<body>
<form>
   수량을 넣어주세요(1에서 10까지): <input type="number" name="count" min="1" max="10">
   <input type="submit">
</form>
</body>
</html>
```

크롬 브라우저에서의 결과는 아래와 같다.

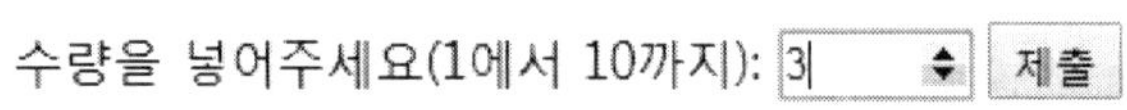

<input type="number"> 엘리먼트에서 입력 조건을 제한하는데 사용되는 애트리뷰트들을 보면 아래 표와 같다.

애트리뷰트	용도	HTML5 신규 추가 여부
disabled	입력창을 비활성화시킴	
max	최대 입력값	O
maxlength	최대 입력 글자수	
min	최소 입력값	O
pattern	입력값의 조건을 검사하는 정규표현	O
readonly	읽기 전용, 즉 수정할 수 없음	
required	필수, 즉 반드시 입력해야 함	O
size	입력창의 크기(글자 수로 표시)	
step	입력값의 간격	O
value	초기값	

〈input type="range"〉

type이 "range"인 <input type="range"> 엘리먼트도 숫자 입력창의 하나인데 다른 점은 슬라이드를 움직여 입력한다는 점이다. 보통 정확한 숫자 입력이 필요 없는, 아래 예처럼 별점 입력 같은 용도로 사용된다.

```
<!DOCTYPE html>
<html>
<body>
<form>
    별점: <input type="range" name="score" min="0" max="5">
    <input type="submit">
</form>
</body>
</html>
```

결과는 아래와 같다.

17 HTML5 입력 애트리뷰트

HTML5에서 <input> 엘리먼트용으로 새로 추가된 애트리뷰트들은 다음과 같다.

- autocomplete
- autofocus
- form
- formaction
- formenctype
- formmethod
- formnovalidate
- formtarget
- height와 width
- list
- min과 max
- multiple
- pattern
- placeholder
- required
- step

또한 <form> 엘리먼트용으로 새로 추가된 애트리뷰트들은 다음과 같다.

- autocomplete
- novalidate

autocomplete 애트리뷰트

autocomplete 애트리뷰트는 자동완성 기능으로써 <form> 엘리먼트나 <imput> 엘리먼트에 autocomplete 애트리뷰트를 추가하고 값을 "on"으로 설정하면 브라우저는 전에 입력했던 내용을 기억했다가 보여준다. 아래 예는 두 개의 <input> 엘리먼트로 이루어진 <form> 엘리먼트에 autocomplete 애트리뷰트를 "on"으로 설정한 것이다.

```
<!DOCTYPE html>
<html>
<body>
<h3>autocomplete 애트리뷰트</h3>
<form autocomplete="on">
    이름: <input type="text" name="fname"> <br>
    성: <input type="text" name="lname"> <br>
    <input type="submit">
</form>
</body>
</html>
```

아래와 같이 같은 내용을 다시 입력하면 자동으로 전에 입력했던 내용이 나타난다.

autofocus 애트리뷰트

<input> 엘리먼트에 autofocus 애트리뷰트를 설정하면 페이지가 열렸을 때 해당 <input> 엘리먼트에 바로 입력할 수 있도록 커서가 위치한다.

```
<!DOCTYPE html>
<html>
<body>
<h3>autofocus 애트리뷰트</h3>
<form action="/action_page.php">
    이름: <input type="text" name="fname" autofocus><br>
    성: <input type="text" name="lname"><br>
    <input type="submit">
</form>
</body>
</html>
```

위 페이지를 열면 아래와 같이 autofocus 애트리뷰트를 설정한 첫 번째 <input> 엘리먼트에 커서가 위치하는 것을 볼 수 있다.

제3장

CSS

01 등장 배경

HTML은 웹 문서의 구조를 정의한다. 예를 들어 아래와 같이 첫 줄은 제목, 다음은 본문이라는 것을 태그를 통해 구분한다.

```
<!DOCTYPE html>
<html>
<body>
<h3> 자물쇠 굴렁쇠 </h3>
<p> 인적 드문 길따라 걷다가 눈을 들어 새하얀 벚꽃이 </p>
</body>
</html>
```

1990년대 후반 웹 사용이 빠르게 증가하고 웹의 역할 또한 단순히 문서 전달을 넘어 다양한 온라인 비즈니스의 도구로 자리매김하면서 웹페이지가 점점 더 화려해지기 시작했다. 온라인 비즈니스에서는 웹페이지가 곧 고객을 맞이하는 매장이기 때문에 보다 화려한 웹페이지에 대한 요구는 당연한 일이었다.

예를 들어 위의 내용을 아래처럼 본문 내용의 명사는 굵은 글자로 형용사는 노란색 배경이 있는 큰 글자로 꾸미고 싶다고 가정해보자.

자물쇠 굴렁쇠

인적 드문 **길**따라 걷다가 **눈**을 들어 새하얀 **벚꽃**이

위와 같이 꾸미기 위해서는 아래처럼 style 애트리뷰트에 background-color나 font-size와 같은 속성들을 해당 단어마다 일일이 넣어주어야 한다. 이처럼 간단한 예인데도 애트리뷰트나 스타일 속성 설정을 위한 글자 수가 본문 자체보다 더 많아지는 것을 볼 수 있다.

```
<!DOCTYPE html>
<html>
<body>
<h3>자물쇠 굴렁쇠</h3>
<p> <b>인적</b> <span style="background-color: yellow; font-size: 20px">드문</span>
<b>길</b>따라 걷다가 <b>눈</b>을 들어
<span style="background-color: yellow; font-size: 20px">새하얀</span> <b>벚꽃</b>이 </p>
</body>
</html>
```

더욱이 HTML 3.2 표준에 폰트와 색상을 위한 태그와 애트리뷰트들이 추가되면서 위와 같은 웹페이지 장식에 대한 수요는 점점 더 늘어났다. 이는 곧 웹페이지를 만드는 회사나 사람들에게 매우 부담스러운 일이 되었고 특히 문서의 변경이나 추가가 잦을수록 이러한 중복 작업에 대한 불편은 가중되었다. 그래서 등장한 해결책이 문서의 장식을 HTML로부터 분리하는 것이다. HTML은 본래의 목적인 문서의 구조를 기술하는 데에만 집중하고 문서의 장식은 HTML과 분리된 별도의 문서, 즉 CSS에서 하자는 것이다.

02 CSS 개요

CSS는 Cascading Style Sheet의 약자로써 문서의 스타일(장식)을 기술하는 문서이다. CSS의 첫 단어인 Cascading은 물이 계단을 따라 내려오는 것처럼 문서의 장식 선언이 서로 내포된 문서의 각 요소들을 따라 적용됨을 나타낸다.

그렇다면 CSS가 어떻게 중복 작업을 없앨 수 있을까? HTML 문서 밖에서 문서의 특정 영역을 장식하기 위해서는 첫째, 해당 영역을 명확히 지정하고, 둘째, 장식 방법을 기술해야 한다. 즉 간단히 말하자면 "무엇을 어떻게"라고 할 수 있다.

CSS 문법 - 무엇을 어떻게

CSS 문법은 바로 "무엇을 어떻게"를 표현하는 규칙이다. 아래 그림처럼 "무엇을"에 해당하는 왼쪽의 셀렉터(Selector)와 "어떻게"에 해당하는 장식 표현(Declaration)으로 구성된다.[25] 셀렉터는 문자 그대로 HTML 문서 내에 원하는 영역을 선택하는 것이며 HTML 문서의 각 영역은 태그로 구분되므로 태그로 지정된 HTML 요소들이 곧 선택 단위가 된다.

하나의 장식 표현은 속성과 그 값의 쌍이고 한 요소에 대한 전체 장식은 아래 그림처럼 이들을 필요한 만큼 나열하면 된다. 속성 명칭과 값은 미리 약속된 용어와 규범에 따른다. 속성과 값 사이에는 콜론(":")으로 구분한다. 또한 각 "속성: 값" 선언은 세미콜론(";")으로 끝나야 한다.

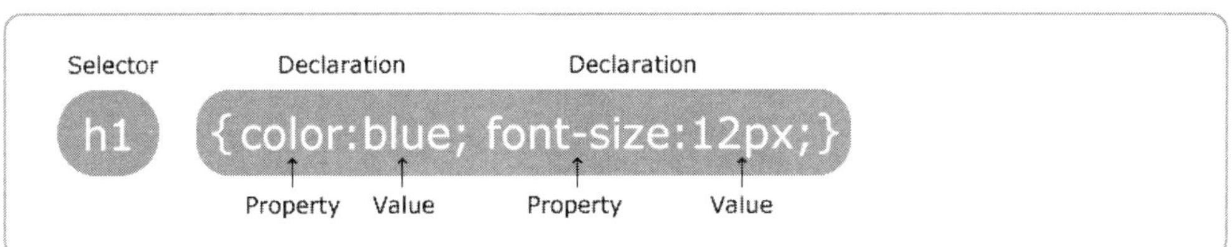

출처: w3schools, http://www.w3schools.com

위의 CSS 표현은, 무엇을? <h1> 요소를, 어떻게? 글자색은 파란색으로, 폰트 크기는 12 픽셀로 장식하라는 것이고 나아가 위 한 줄의 CSS 표현으로 HTML 문서의 모든 <h1> 요소를 장식할 수 있다. CSS가 없을 때는 각각의 <h1> 요소마다 스타일 애트리뷰트를

25) selector를 선택자라고 번역하기도 하지만 이 책에서는 영어 명칭 그대로 셀렉터로 쓴다.

추가해야 한다는 것을 생각하면 CSS를 통해 얼마나 많은 중복 작업을 없앨 수 있게 되었는지 상상할 수 있다.

아래 예를 보자. CSS 선언은 <style> 태그에 넣는다. <style> 태그는 <head> 태그 안에 넣어야 한다. 아래 CSS 표현은, 무엇을? <p> 엘리먼트를, 어떻게? 글자색은 빨간색으로, 문장 정렬은 가운데 맞춤으로 장식하라는 것이다.

```
<!DOCTYPE html>
<html>
<head>
<style>
p {
    color: red;
    text-align: center;
}
</style>
</head>
<body>
<p>CSS란 무엇인가?</p>
<p>이 문단은 CSS로 장식되었습니다.</p>
</body>
</html>
```

결과는 아래와 같다.

CSS란 무엇인가?

이 문단은 CSS로 장식되었습니다.

위 HTML 문서에는 두 개의 <p> 엘리먼트가 있는데 모두 CSS 선언대로 장식된 것을 볼 수 있다. 그렇다면 모든 <p> 엘리먼트가 아니라 특정한 하나만 장식하려면 어떻게 할까, 또는 전부는 아니지만 특정한 하나도 아니고 일부 몇 개만 장식하려면 어떻게 할까.

03 CSS 셀렉터

CSS 셀렉터는 크게 세 가지이다. 즉 엘리먼트 셀렉터, 아이디(id) 셀렉터, 클래스(class) 셀렉터이다. 엘리먼트 셀렉터는 태그 명칭으로 선택하는 것으로써 모든 해당 태그들을 장식하는 것이고, 아이디 셀렉터는 장식하고자 하는 특정 엘리먼트에 아이디를 부여하여 해당 엘리먼트 하나만 장식하는 것이고, 클래스 셀렉터는 클래스가 같은 다수의 엘리먼트를 장식하는 것이다.

엘리먼트 셀렉터

엘리먼트 셀렉터는 셀렉터 위치에 바로 태그 명칭을 쓰면 된다. 예를 들어 문서의 모든 <p> 엘리먼트를 선택하려면 아래와 같이 태그 명칭 그대로 "p"라고 쓴다.

```
p {
    color: red;
    text-align: center;
}
```

아이디 셀렉터

문서 전체에서 특정한 하나의 엘리먼트를 선택하려면 먼저 해당 엘리먼트를 유일하게 구분할 수 있는 별도의 이름을 부여해야 하는데 이 때 사용되는 애트리뷰트가 바로 id 애트리뷰트이다. CSS 셀렉터에서는 아이디 이름으로 선택한다는 것을 나타내기 위해 아이디 명칭 앞에 "#"을 붙인다.

아래 예를 보자. <style> 태그 안에 선언된 CSS의 셀렉터는 "#special"이다. "#" 문자로 시작되었으니 이는 아이디 셀렉터이고 선택 대상은 id 애트리뷰트가 "special"인 엘리먼트이다. 아래 문서에서는 바로 두 번째 <p> 엘리먼트이다.

```
<!DOCTYPE html>
<html>
<head>
<style>
#special {
    color: red;
    text-align: center;
}
</style>
</head>
<body>
<p>CSS란 무엇인가?</p>
<p id="special">이 문단만 CSS로 장식되었습니다.</p>
</body>
</html>
```

결과는 아래와 같이 id가 special인 두 번째 <p> 엘리먼트만 장식된다.

```
CSS란 무엇인가?
                    이 문단만 CSS로 장식되었습니다.
```

아이디는 문서 전체에서 유일해야 하며 어떤 엘리먼트든 id 애트리뷰트를 부여할 수 있다.

클래스 셀렉터

클래스 셀렉터는 클래스가 같은 다수의 엘리먼트를 선택할 때 사용한다. 해당 엘리먼트는 class 애트리뷰트로 클래스 이름을 지정한다. CSS에서 클래스 셀렉터임을 표시하는 문법은 점(".")으로 시작한다.

아래 예를 보자. CSS 셀렉터가 ".center"이므로 클래스 명칭이 "center"인 모든 엘리먼트가 선택된다. 즉 본문에서 클래스가 "center"인 두 개의 <p> 엘리먼트가 선택된다.

```
<!DOCTYPE html>
<html>
<head>
<style>
.center {
    color: red;
    text-align: center;
}
</style>
</head>
<body>
<p>CSS란 무엇인가?</p>
<p class="center">이 문단은 CSS로 장식되었습니다.</p>
<p class="center">이 문단도 CSS로 장식되었습니다.</p>
</body>
</html>
```

결과는 아래와 같이 클래스가 "center"인 두 <p> 엘리먼트가 글자색은 빨간색으로, 정렬은 가운데 맞춤으로 장식된다.

```
CSS란 무엇인가?
                    이 문단은 CSS로 장식되었습니다.
                    이 문단도 CSS로 장식되었습니다.
```

class 애트리뷰트에 여러 클래스를 지정할 수도 있다. 아래 예를 보자. 세 번째 <p> 엘리먼트의 클래스는 "center"와 "large", 두 개이다. 이 경우에는 CSS의 ".center"와 ".large" 셀렉터로 선언한 장식들이 모두 적용된다.

잠깐 아래 CSS 셀렉터를 보자. "p.center" 셀렉터는 일단 첫 글자가 "#"이나 "."이 아닌 알파벳으로 시작했으므로 이는 태그 명칭이고 즉 태그 셀렉터이다. 태그 명칭 뒤에 이어서 "."이 있다는 것은 "." 다음의 명칭이 클래스임을 나타낸다. 따라서 "p.center" 셀렉터는 "모든 <p> 엘리먼트들 중에 클래스가 center인 엘리먼트들"을 선택한다.

```
<!DOCTYPE html>
<html>
<head>
<style>
p.center {
    text-align: center;
    color: red;
}
p.large {
    font-size: 200%;
}
</style>
</head>
<body>
<h3 class="center">CSS란 무엇인가?</h3>
<p class="center">이 문단은 글자색은 빨간색, 정렬은 가운데 맞춤으로 장식되었다.</p>
<p class="center large">이 문단은 글자색은 빨간색, 정렬은 가운데 맞춤으로, 또한 폰트 크기는 200%로 장식되었다.</p>
</body>
</html>
```

결과는 아래와 같다. 특히 "class" 애트리뷰트를 "center large"로 설정한 세 번째 <p> 엘리먼트는 CSS의 "p.center"와 "p.large"의 두 장식이 모두 적용된 것을 볼 수 있다.

CSS란 무엇인가?

이 문단은 글자색은 빨간색, 정렬은 가운데 맞춤으로 장식되었다.

이 문단은 글자색은 빨간색, 정렬은 가운데 맞춤으로,
또한 폰트 크기는 200%로 장식되었다.

그룹 셀렉터

먼저 아래 예를 보자. <h1>, <h2>, <p> 엘리먼트의 장식 내용이 같다.

```
h1 {
    text-align: center;
    color: red;
}
h2 {
    text-align: center;
    color: red;
}
p {
    text-align: center;
    color: red;
}
```

이처럼 장식 내용이 같을 때는 위와 같이 중복 선언하지 않고 아래와 같이 그룹 셀렉터를 사용하면 중복 없이 간단히 선언할 수 있다. 그룹 셀렉터의 문법은 콤마(“,”)이며 셀렉터들을 나열한다.

```
h1, h2, p {
    text-align: center;
    color: red;
}
```

04 CSS 적용 방법

CSS를 적용하는 방법은 다음과 같이 세 가지이다.

- 외부 스타일 시트
- 내부 스타일 시트
- 인라인 스타일 시트

먼저 인라인 스타일 시트 방법은 HTML 엘리먼트 안에 직접 style 애트리뷰트로 선언하는 것이다. 이 방법은 간단하기는 하지만 HTML 문서 자체가 지저분해질 뿐만 아니라 문서의 장식을 HTML로부터 분리하자는 CSS 본래 취지에도 맞지 않아 권장하지는 않는다.

```
<h1 style="color: blue; margin-left: 30px;">인라인 스타일 시트</h1>
```

두 번째 방법은 내부 스타일 시트로써 HTML 본문, 즉 <body> 엘리먼트 밖의 <head> 엘리먼트 안에 <style> 태그로 선언한다.

```
<!DOCTYPE html>
<html>
<head>
<style>
body {
    background-color: linen;
}
</style>
</head>
<body>
<h1>제목</h1>
<p>여기는 문단입니다.</p>
</body>
</html>
```

세 번째 방법은 외부 스타일 시트로써 CSS 장식 선언을 아예 별도의 파일로 저장하는 것이다. 파일명의 확장자는 “mystyle.css”와 같이 관행적으로 “.css”로 한다. CSS 파일은 아래와 같이 별도의 태그 없이 바로 셀렉터와 CSS 선언으로 이루어지는 CSS 문법만으로 작성한다.

```
body {
    background-color: lightblue;
}
h1 {
    color: navy;
    margin-left: 20px;
}
```

HTML 파일에서 외부 스타일 시트를 불러올 때는 아래와 같이 <link> 태그를 사용한다. <link> 태그는 보통 <head> 엘리먼트에 둔다. 참조할 스타일 시트 파일은 <href> 애트리뷰트로 지정한다.

```
<head>
<link rel="stylesheet" type="text/css" href="mystyle.css">
</head>
```

외부 스타일 시트는 HTML 문서와 독립된 별도의 파일이므로 HTML 문서 수정 없이 스타일 시트 파일만 수정함으로써 HTML 문서의 장식을 변경할 수 있고 또한 하나의 스타일 시트를 여러 HTML 문서에 적용할 수 있다.

05 CSS 색상

문서 장식에서 색은 빠질 수 없는 요소이다. 글자색은 물론 배경이나 테두리 등 거의 모든 요소에 색상을 지정할 수 있다. 색은 색상 명칭은 물론 RGB, HEX, HSL, RGBA, HSLA 값으로 지정할 수 있다.

색상 명칭

주요 색상은 그 이름으로 지정할 수 있다. HTML 표준에는 140개 색상에 대해 이름이 지정되어있다. 아래는 색상 이름들의 예이다.

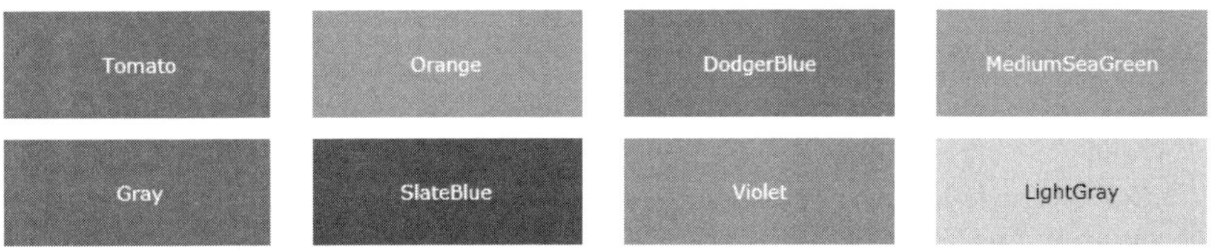

출처: w3schools, http://www.w3schools.com

글자색

글자색을 지정하는 CSS 속성은 color이다.

```
<p style="color:Tomato;">토마토색 글씨다.</p>
<p style="color:Blue;">파란색 글씨다</p>
```

배경색

배경색을 지정하는 CSS 속성은 background-color이다.

```
<h1 style="background-color:Blue;">파란 배경의 제목</h1>
<p style="background-color:Green;">녹색 배경의 문단이다</p>
```

색상 값

색을 값으로 지정하는 방법에는 RGB, HEX, HSL, RGBA, HSLA가 있다. 빨간 토마토색인 “Tomato” 색을 RGB 값, 16진수 값, HSL 값으로 표시하면 아래와 같다. RGB 방식은 빨강, 초록, 파랑의 색의 3원소로 표시하는 방법으로써 각각은 1바이트, 즉 256 단계로 구분한다.

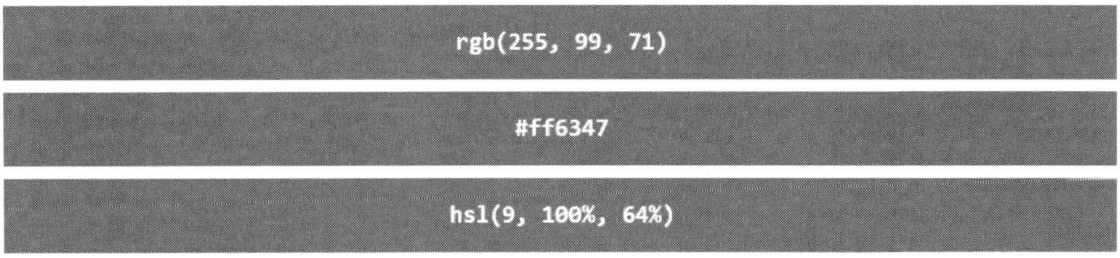

출처: w3schools, http://www.w3schools.com

RGB 표기는 “rgb”라고 쓰고 괄호 안에 색의 3원소 값을 지정한다. 16진수 표기는 “#”으로 시작하고 3원소 값을 각각 16진수 두 자리로 표기한다. RGBA나 HSLA는 색의 3원소에 투명도를 추가한 것이다. 아래는 토마토 색에 50%에 투명도를 부여한 것이다.

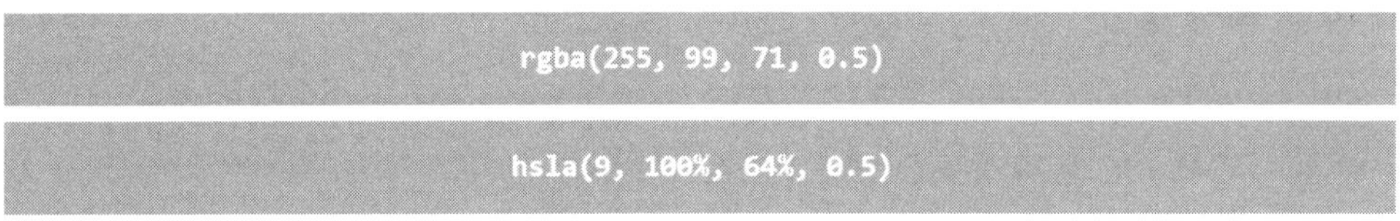

출처: w3schools, http://www.w3schools.com

R, G, B 값이 모두 같으면 회색이 된다. 특히 #000000은 검정색이고 #FFFFFF는 흰색이다.

출처: w3schools, http://www.w3schools.com

06 CSS 배경

색상만큼이나 많이 사용되는 장식이 있다면 바로 배경일 것이다. 글자의 배경은 물론 그림, 표, 링크 등 거의 모든 요소에 배경을 지정할 수 있다.

배경은 단순히 특정 배경색으로 장식할 수도 있지만 이미지를 배경으로 지정할 수도 있다. 나아가 이미지의 위치와 반복 여부도 지정할 수 있다. 배경에 관련된 CSS 속성들은 아래와 같다.

- background-color
- background-image
- background-repeat
- background-attachment
- background-position

CSS 배경색

어떤 엘리먼트의 배경색을 지정하는 CSS 속성은 background-color이다. 아래 예를 보자. <body> 엘리먼트의 배경색을 하늘색으로 지정한 것이다.

```
<!DOCTYPE html>
<html>
<head>
<style>
body {
    background-color: lightblue;
}
</style>
</head>
<body>
<h3>배경색</h3>
<p> &lsbody&gt 엘리먼트의 배경은 하늘색입니다.</p>
</body>
</html>
```

잠깐 HTML의 특수 문자 표기

<p> 엘리먼트와 같이 본문 내용에 “<”나 “>”와 같은 문자는 어떻게 쓸까, 그냥 사용하면 태그 표기와 혼동될 것이다. 그래서 HTML에서 특수 문자는 “&” 문자 뒤에 문자의 명칭을 쓴다. 예를 들어 위 <p> 엘리먼트의 내용에 있는 “&ls”와 “&gt”는 각각 “<”와 “>”를 나타내며 명칭은 부등호의 “less than”과 “greater than”의 줄임말이다.

<body> 엘리먼트는 곧 문서 전체를 나타내므로 결과는 아래와 같이 페이지 전체가 하늘색 배경으로 장식된다.

CSS 배경 이미지

어떤 엘리먼트의 배경 이미지를 지정하는 CSS 속성은 background-image이다. 속성값으로 이미지 파일을 지정하는 방법은 “url” 다음에 파일명을 쓰면 된다.

아래와 같은 “spiderman.png” 파일을 배경으로 설정해보자.

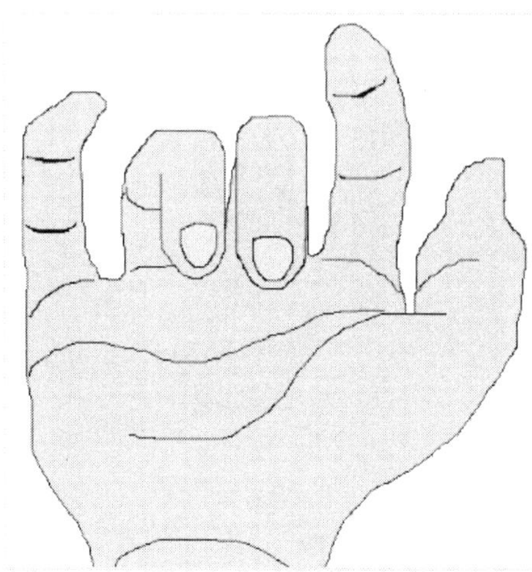

아래는 <body> 엘리먼트의 배경 이미지를 "spiderman.png"로 지정한 것이다.

```
<!DOCTYPE html>
<html>
<head>

<style>
body {
    background-image: url("spiderman.png");
}
</style>
</head>

<body>

<h1>Hello World!</h1>
<p>이 페이지의 배경은 스파이더맨 손 그림이다.</p>

</body>
</html>
```

결과는 아래와 같다. background-image 속성의 기본 설정은 엘리먼트 배경 전체를 해당 이미지로 채우는 것이기 때문에 결과적으로 아래와 같이 이미지가 반복적으로 나타난다.

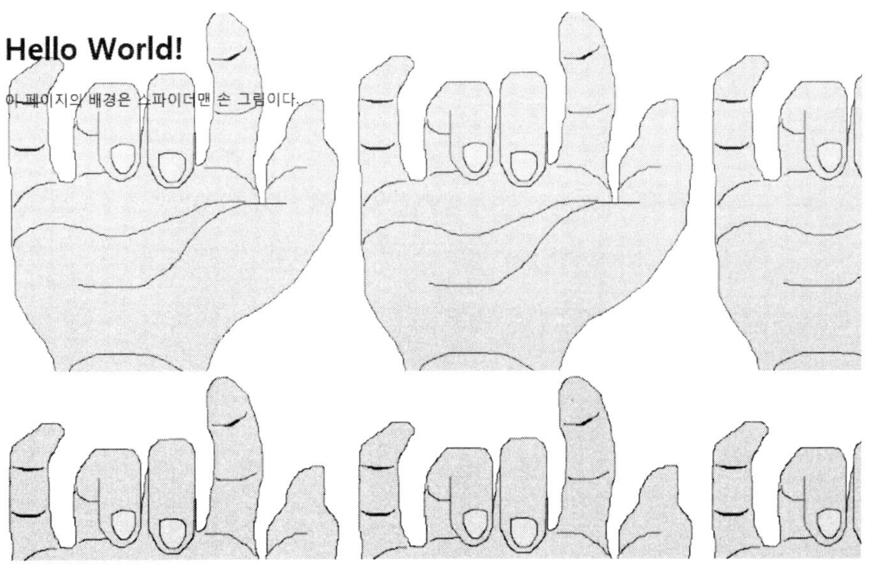

CSS 배경 이미지 반복 설정

배경 이미지의 반복 여부를 설정하는 CSS 속성은 background-repeat이다. 지정 가능한 속성값은 아래와 같다.

- no-repeat
- repeat-x
- repeat-y

"no-repeat"는 반복하지 않는 것이고 "repeat-x"와 "repeat-y"는 각각 가로 방향으로만, 세로 방향으로만 반복하는 것이다.

아래 예는 background-repeat 속성을 "no-repeat"로 지정한 것이다.

```
body {
        background-image: url("spiderman.png");
        background-repeat: no-repeat;
}
```

결과는 아래와 같다.

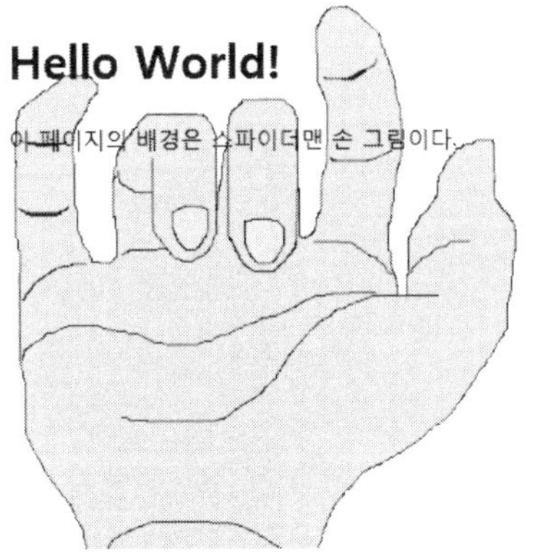

CSS 배경 이미지 위치 설정

배경 이미지의 위치를 설정하는 CSS 속성은 background-position이다. 아래 예는 배경 이미지의 위치를 오른쪽 위로 지정한 것이다. 한편 background-attachment 속성을 "fixed"로 지정하면 페이지 스크롤에 관계없이 배경 이미지 위치를 고정할 수 있다.

```
body {
      background-image: url("spiderman.png");
      background-repeat: no-repeat;
      background-position: right top;
      background-attachment: fixed;
 }
```

위치를 오른쪽 위로 설정하였으므로 아래와 같이 배경 이미지가 오른쪽 위에 고정된다.

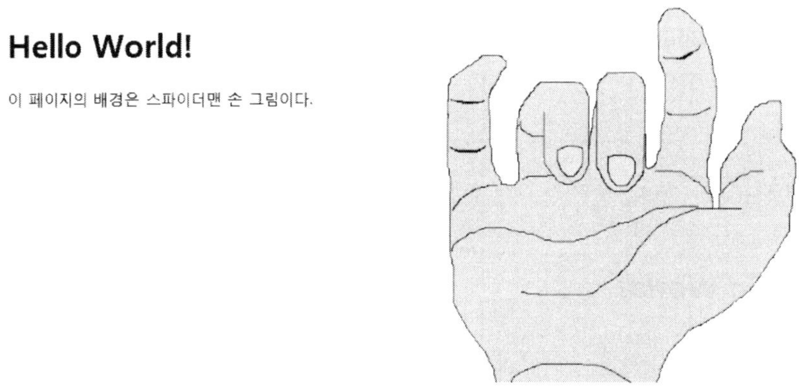

CSS 배경 이미지 일괄 설정

배경에 관련된 5개의 속성, 즉 background-color, background-image, background-repeat, background-attachment, background-position는 모두 background라는 단어로 시작된다. 한편 이 5개 속성의 속성값은 명칭이나 형식이 모두 다르므로 이들을 background라는 속성으로 일괄 설정할 수 있다.

```
body {
     background: #ffffff url("spiderman.png") no-repeat right top;
}
```

07 CSS 테두리

엘리먼트의 테두리 장식을 위한 CSS 속성 명칭은 "border-"로 시작한다. 테두리와 관련된 주요 속성은 아래와 같다.

- border-width
- border-style
- border-color

border-width는 테두리의 두께, border-style은 테두리 선의 종류, border-color는 테두리의 색을 지정한다.

border-style 속성에 지정할 수 있는 값은 아래와 같다.

- dotted
- dashed
- solid
- double
- groove
- ridge
- inset
- outset
- none
- hidden

CSS 테두리 일괄 설정

배경 이미지를 background 속성으로 일괄 설정한 것처럼 테두리도 일괄 설정할 수 있는데 속성 명칭은 border이다.

아래 예는 <p> 엘리먼트의 테두리를 두께 5픽셀, 테두리 선은 실선으로, 테두리 색은 빨간색으로 지정한 것이다.

```
<!DOCTYPE html>
<html>

<head>
<style>
p {
    border: 5px solid red;
}
</style>
</head>

<body>
<h3>바람이 분다</h3>
<p>추억은 다르게 적힌다.</p>
</body>
</html>
```

결과는 아래와 같다.

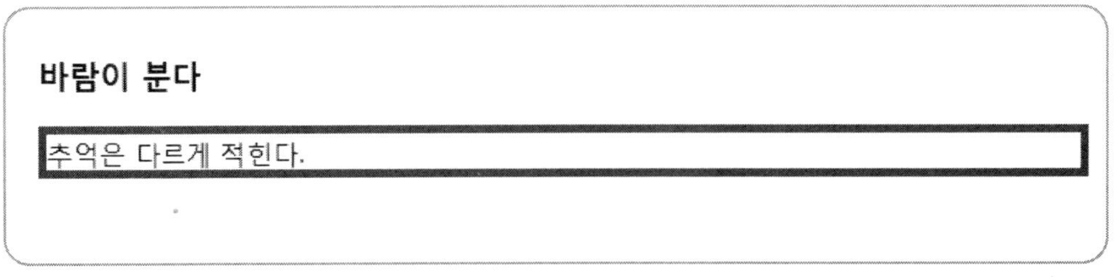

08 CSS 여백

HTML의 모든 엘리먼트는 엘리먼트의 내용을 중심으로 사각형 영역을 차지한다. HTML 엘리먼트의 내용과 여백을 배치하는 것을 박스 모델이라 한다. 하나의 HTML 엘리먼트를 구성하는 영역을 세분해보면 아래 그림과 같이 내용, 테두리 그리고 테두리를 중심으로 안쪽 여백인 패딩(padding)과 바깥쪽 여백인 마진(margin)으로 구분할 수 있다.

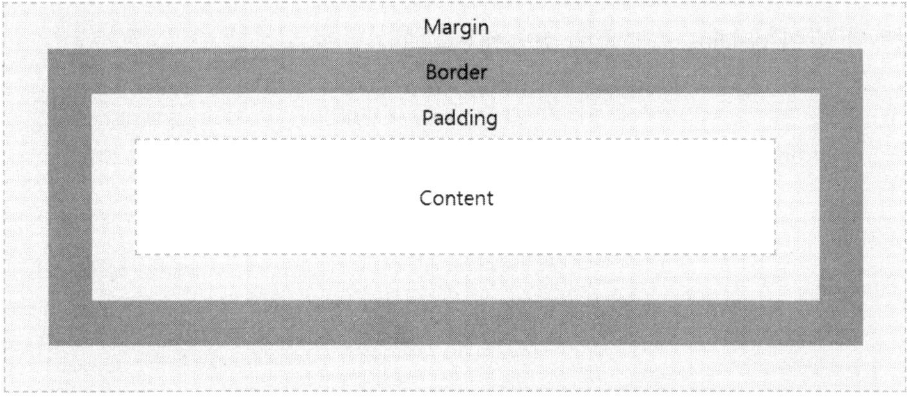

출처: w3schools, https://www.w3schools.com/

CSS 마진

마진은 테두리 바깥쪽 여백, 즉 해당 엘리먼트의 테두리와 인접한 다른 엘리먼트들 사이의 간격을 나타낸다. 마진을 설정하는 속성은 상하좌우에 따라 아래와 같다.

- margin-top
- margin-right
- margin-bottom
- margin-left

아래와 같이 margin 속성으로 상하좌우를 한꺼번에 설정할 수 있다.

```
p {
    margin: 25px 50px 75px 100px;
}
```

CSS 패딩

패딩은 테두리 안쪽 여백, 즉 해당 엘리먼트의 내용과 테두리 사이의 간격을 나타낸다. 패딩을 설정하는 속성은 상하좌우에 따라 아래와 같다.

- padding-top
- padding-right
- padding-bottom
- padding-left

아래와 같이 padding 속성으로 상하좌우를 한꺼번에 설정할 수 있다.

```
p {
    padding: 5px 5px 10px 20px;
}
```

09 CSS 텍스트

글자나 문장에 대한 대표적인 속성은 글자색을 나타내는 color이다. 아래 예는 웹페이지의 모든 글자를 파란색으로, 그러나 <h1> 제목은 빨간색으로 설정한다.

```
body {
    color: blue;
}

h1 {
    color: red;
}
```

문장 정렬

문장 정렬을 지정하는 CSS 속성은 text-align이다. 가능한 속성값은 문장을 정렬하는 네 가지 방법에 따라 "left", "right", "center", "justify"이고 각각 왼쪽 맞춤, 오른쪽 맞춤, 가운데 맞춤, 양쪽 맞춤을 나타낸다.

CSS 폰트

모든 폰트는 크게 두 종류로 구분할 수 있다. 굴림체나 고딕체와 같이 장식이 없는 산세리프(sans-serif) 계열과 명조체나 바탕체와 같이 장식이 있는 세리프(serif) 계열이다.[26] HTML에서 폰트를 지정하는 CSS 속성은 font-family로써 아래와 같이 보통 여러 개의 폰트를 속성값으로 지정한다. 값으로 지정된 폰트들 중 첫 번째 폰트를 우선으로 적용하고 만약 해당 폰트가 없으면 다음 폰트가 차례대로 적용된다. 값으로 지정한 폰트가 모두 없으면 마지막에 지정한 폰트 계열, 즉 세리프 또는 산세리프 계열의 임의의 폰트가 적용된다.

```
p {
    font-family: "Times New Roman", Times, serif;
}
```

26) serif는 장식을 뜻하고 sans는 없음을 뜻한다.

10 슈도 클래스

슈도 클래스(pseudo class)는 HTML 엘리먼트의 특정한 상태를 나타내는 CSS 셀렉터이다. 표기 문법은 엘리먼트 뒤에 콜론(":")을 쓰고 상태를 나타내는 명칭을 지정한다.

CSS 링크

하나의 엘리먼트가 서로 다른 둘 이상의 상태를 갖는 대표적인 예는 링크를 표시하는 <a> 엘리먼트이다. 링크의 네 가지 상태를 나타내는 슈도 클래스 명칭은 다음과 같다.

- a:link - 한 번도 클릭되지 않은 상태
- a:visited - 클릭한 적이 있는 상태
- a:hover - 마우스가 해당 링크 위에 있는 상태
- a:active - 마우스가 해당 링크를 클릭한 상태, 즉 마우스를 누르고 있는 상태

사용 예는 아래와 같다.

```
/* 방문하지 않은 상태 */
a:link {
    color: red;
}

/* 방문한 적이 있는 상태 */
a:visited {
    color: green;
}

/* 마우스가 링크 위에 있는 상태 */
a:hover {
    color: hotpink;
}

/* 마우스를 클릭하고 있는 상태 */
a:active {
    color: blue;
}
```

CSS 호버

임의의 엘리먼트에 마우스가 있는 상태를 나타내는 슈도 클래스 명칭은 ":hover"이다. 아래 예는 <div> 엘리먼트에 마우스가 있을 때 배경을 파란색으로 설정한다.

```
div:hover {
    background-color: blue;
}
```

11 슈도 엘리먼트

슈도 엘리먼트(pseudo element)는 HTML 엘리먼트의 일부분을 구분하여 선택하는데 사용되는 CSS 셀렉터이다. 표기 문법은 엘리먼트 뒤에 두 개의 콜론("::")을 쓰고 일부 영역을 나타내는 명칭을 지정한다. 예를 들면 문장의 첫 글자는 "::first-letter", 문단의 첫 줄은 "::first-line", 엘리먼트의 앞과 뒤는 각각 "::before"와 "::after"이다.

사용 예는 아래와 같다.

```
p::first-letter {
    color: #ff0000;
    font-size: xx-large;
}

p::first-line {
    color: #0000ff;
    font-variant: small-caps;
}
```

12 엘리먼트 배치 – position

HTML 엘리먼트의 배치는 기본적으로 엘리먼트들이 HTML 문서에 나타나는 순서대로 위에서 아래로 배치된다. 이러한 기본 배치가 아니라 특정 위치에 엘리먼트를 배치하는 CSS 속성은 position이다. 가능한 속성값은 static, relative, fixed, absolute, sticky이다.

position: static

position 속성의 기본값은 static이다. 위에서 설명한 바와 같이 HTML 문서에 나타나는 순서대로 엘리먼트를 배치한다.

position: relative

position 속성을 relative로 지정하면 원래 있어야 할 위치에 상대적으로 배치할 수 있다. 사용 예는 아래와 같다.

```
div.relative {
    position: relative;
    left: 30px;
}
```

position: fixed

position 속성을 fixed로 지정하면 해당 엘리먼트를 특정 위치에 고정시킬 수 있다. 아래 예는 <div> 엘리먼트 중 클래스가 “fixed”인 것을 오른쪽 바닥에 고정시킨다.

```
div.fixed {
    position: fixed;
    bottom: 0;
    right: 0;
}
```

position: absolute

position 속성을 absolute로 지정하면 해당 엘리먼트를 포함하고 있는 상위 엘리먼트에 상대적으로 위치를 지정할 수 있다. 이 때 상위 엘리먼트의 position 속성은 relative로 지정되어 있어야 한다.

13 엘리먼트 배치 – float와 clear

<div>나 <p> 엘리먼트는 대표적인 블록 엘리먼트이다. 블록 엘리먼트는 아래와 위로 한 줄을 띄워 배치된다. 이러한 블록 엘리먼트들을 줄 바꿈 구분 없이 나란히 배치하는 CSS 속성이 float이다. 가능한 속성값으로는 해당 엘리먼트를 왼쪽으로 나란히 배치하는 left, 오른쪽으로 배치하는 right 등이 있다. float 속성을 제거하는 속성값은 clear이다.

아래 예를 보자 손 모양의 <img> 엘리먼트나 여러 개의 <p> 엘리먼트들 모두 블록 엘리먼트이므로 기본적으로 아래와 같이 순서대로 배치된다.

개별적 드라마

흙먼지 이는 마당을 돌아 대청마루에 올라서니 한복 치마 끝자락이 방 안으로 사라진다.

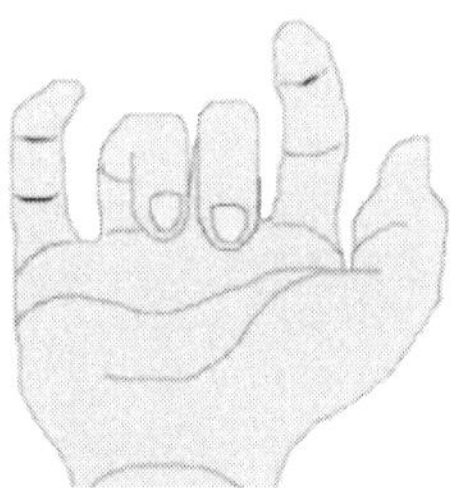

퇴근길 버스에 올라서니 길게 땋은 머리끝이 반대편 문으로 내린다.

아쉽지만 앞으로도 누군지 알 수는 없을 것 같습니다. 내가 상상하는 나의 뒷모습일지도 모르겠습니다. 사라지고, 내리는 그 사람을 붙잡아 이쪽을 되돌아보게 할 수는 없지만 신비한 그 사람을 저는 마음 놓고 보낼 수 있습니다.

어차피 저도 그 사람처럼 창창한 대청마루를, 아득한 퇴근길 버스를 하염없이 오르고 내릴테니까요.

하지만 아래와 같이 <img> 엘리먼트에 float 속성을 left로 지정하면 원래 블록 엘리먼트인 <img> 엘리먼트와 <p> 엘리먼트를 가로로 나란히 배치할 수 있다.

```
<!DOCTYPE html>
<html>
<head>
<style>
img {
    float: left;
}
</style>
</head>

<body>
<h3>개별적 드라마</h3>
<p> 흙먼지 이는 마당을 돌아 대청마루에 올라서니
한복 치마 끝자락이 방 안으로 사라진다. </p>

<img src="spiderman.png" alt="Spiderman" style="width:180px; height:180px; margin-right:20px;">

<p> 퇴근길 버스에 올라서니
길게 땋은 머리끝이 반대편 문으로 내린다. </p>
<p> 아쉽지만 앞으로도 누군지 알 수는 없을 것 같습니다.
내가 상상하는 나의 뒷모습일지도 모르겠습니다.
사라지고, 내리는 그 사람을 붙잡아 이쪽을 되돌아보게 할 수는 없지만
신비한 그 사람을 저는 마음 놓고 보낼 수 있습니다. </p>
<p> 어차피 저도 그 사람처럼
창창한 대청마루를, 아득한 퇴근길 버스를 하염없이 오르고 내릴테니까요. </p>
</body>
</html>
```

결과는 아래와 같다.

개별적 드라마

흙먼지 이는 마당을 돌아 대청마루에 올라서니 한복 치마 끝자락이 방 안으로 사라진다.

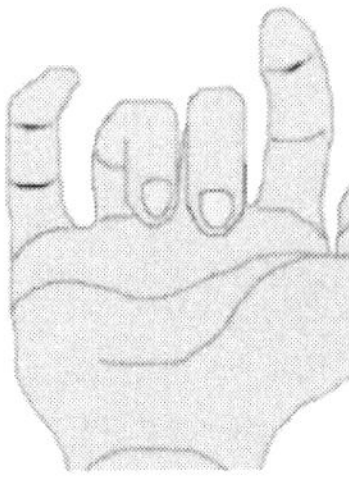

퇴근길 버스에 올라서니 길게 땋은 머리끝이 반대편 문으로 내린다.

아쉽지만 앞으로도 누군지 알 수는 없을 것 같습니다. 내가 상상하는 나의 뒷모습일지도 모르겠습니다. 사라지고, 내리는 그 사람을 붙잡아 이쪽을 되돌아보게 할 수는 없지만 신비한 그 사람을 저는 마음 놓고 보낼 수 있습니다.

어차피 저도 그 사람처럼 창창한 대청마루를, 아득한 퇴근길 버스를 하염없이 오르고 내릴테니까요.

14 CSS 프레임워크

요즈음의 웹페이지들을 보면 그 모양이 대부분 비슷하다. 특히 스마트폰에서 보는 웹페이지들은 특히 더 그렇다. 왜 그럴까? 웹페이지의 장식은 CSS로 하는데 웹페이지를 만드는 사람들이 모두 똑같이 장식을 하고 있는 것일까? 답은 공개되어 있는 CSS 프레임워크를 활용하기 때문이다. CSS 프레임워크는 CSS 클래스들을 모아 놓은 것으로써 사용자는 장식이 필요한 엘리먼트에 미리 정의된 클래스를 지정하기만 하면 된다.

아래 예를 보자. 첫 번째는 <input type="checkbox">와 <input type="text">로 이루어진 입력 폼이고 두 번째는 <input type="radio">와 <input type="text">로 이루어진 입력 폼인데 테두리와 배경색 등을 보기 좋게 장식한 것이다.

위의 장식은 대표적인 CSS 프레임워크의 하나인 부트스트랩의 CSS 클래스들을 적용한 결과로써 HTML 코드는 아래와 같다.

```
<div class="input-group mb-3">
  <div class="input-group-prepend">
    <div class="input-group-text">
      <input type="checkbox">
    </div>
  </div>
  <input type="text" class="form-control">
</div>

<div class="input-group">
  <div class="input-group-prepend">
    <div class="input-group-text">
    <input type="radio">
    </div>
  </div>
  <input type="text" class="form-control">
</div>
```

<input> 엘리먼트들을 <div> 엘리먼트로 포장하면서 각 <div> 엘리먼트에 클래스 애트리뷰트들을 추가한 것을 볼 수 있다. 즉 이러한 CSS 클래스들은 바로 부트스트랩에서 정의된 것이다.

부트스트랩 CSS 클래스들을 사용하기 위해서는 HTML 문서에 부트스트랩 라이브러리가 포함되어 있어야 하는데 방법은 아래와 같이 <head> 엘리먼트 내에 <link> 태그로 bootstrap.min.css 파일을 포함시키고 <script> 태그로 관련 자바스크립트 라이브러리를 포함시키면 된다.

```
<!DOCTYPE html>
<html lang="en">
<head>
  <title>부트스트랩</title>
  <meta charset="utf-8">
  <meta name="viewport" content="width=device-width, initial-scale=1">
  <link rel="stylesheet" href="https://maxcdn.bootstrapcdn.com/bootstrap/3.3.7/css/bootstrap.min.css">
  <script src="https://ajax.googleapis.com/ajax/libs/jquery/3.3.1/jquery.min.js"></script>
  <script src="https://maxcdn.bootstrapcdn.com/bootstrap/3.3.7/js/bootstrap.min.js"></script>
</head>
<body>

<div class="container">
  <h1>부트스트랩</h1>
  <p>부트스트랩으로 장식된 문장입니다.</p>
</div>

</body>
</html>
```

제4장

자바스크립트

01 개요

지금까지 살펴본 바와 같이 HTML은 웹 문서의 구조를 정의하고 CSS는 웹 문서의 장식을 설정한다. 자바스크립트는? 웹 문서에 동적인 작업을 부여한다.

동적인 작업이란 무엇인가? 아래 예를 보자. 버튼을 클릭했을 때 알림창을 띄운 것이다. 이와 같이 특정 사건, 즉 이벤트에 반응하여 어떤 작업을 하거나 웹페이지의 내용을 원하는 시점에 변경하는 일 등을 동적인 작업이라 할 수 있다.

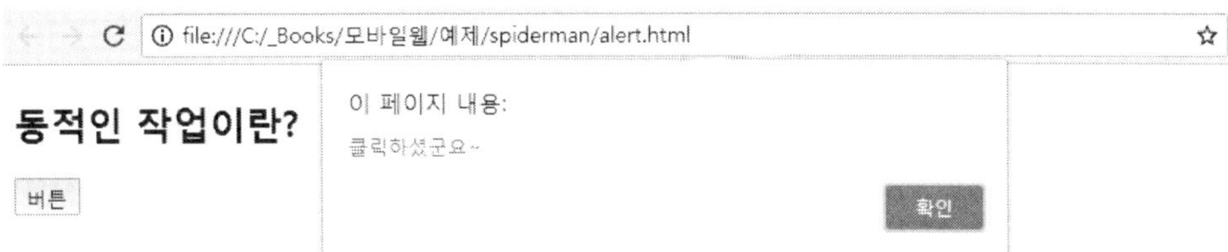

위와 같이 동적 작업은 어떻게 구현할까? 먼저 알림창을 띄우는 작업은 자바스크립트 코드로 만든다. 아래의 window.alert() 함수가 바로 알림창을 띄우는 자바스크립트 코드로써 괄호 안의 문자열이 알림창의 내용이다. 다음으로 이 작업과 버튼 클릭 이벤트를 연결하는 것은 onclick 애트리뷰트이다. 즉 onclick 애트리뷰트의 값은 자바스크립트 코드이다.

```
<!DOCTYPE html>
<html>
<body>

<h2>동적인 작업이란?</h2>
<button type="button" onclick="window.alert('클릭하셨군요~')">버튼</button>

</body>
</html>
```

또한 자바스크립트는 HTML 엘리먼트에 접근하여 내용 변경이나 새로운 CSS 적용 등 다양한 작업을 수행할 수 있다.

아래 예를 보자. <script> 태그로 묶인 부분이 바로 자바스크립트 코드이다. 이 코드가 하는 일은 id가 "mobile"인 엘리먼트의 내용을 변경하는 것이다.

```
<!DOCTYPE html>
<html>
<body>

<h3>웹과 자바스크립트</h3>
<p id="mobile"></p>

<script>
document.getElementById("mobile").innerHTML = "자바스크립트로 내용을 넣었습니다.";
</script>

</body>
</html>
```

결과는, 아래와 같이 id가 “mobile”인 <p> 엘리먼트의 내용이 바뀐 것을 볼 수 있다.

웹과 자바스크립트

자바스크립트로 내용을 넣었습니다.

브라우저와 자바스크립트

브라우저라는 소프트웨어가 하는 일은 웹 서버로부터 받은 HTML 문서를 해석하여 화면에 그리는 것이다. 물론 CSS 구문도 해석하여 CSS가 지시하는 대로 화면을 장식한다. 하지만 이보다 더 중요한 일은 자바스크립트 코드를 해석하여 실행하는 것이다. 단순히 실행뿐만 아니라 보다 풍부한 자바스크립트 프로그래밍을 도와주는 다양한 서비스를 제공한다. 위의 코드에서처럼 특정 엘리먼트를 찾아주는 일이나 알림창을 띄우는 일이 바로 이러한 서비스의 예이다.

이번 장에서는 먼저 자바스크립트 언어의 기본 문법과 프로그래밍에 대하여 살펴보고 다음 장에서 브라우저가 제공하는 다양한 자바스크립트 서비스들에 대하여 알아본다.

HTML 문서에 자바스크립트 코드를 넣는 태그는 <script> 태그이다. 즉 시작 태그인 <script>와 끝 태그인 </script> 사이에 자바스크립트 코드를 넣는다. <script> 태그는 HTML의 <head> 영역이나 <body> 영역, 어디에나 넣을 수 있으며, 브라우저는 <script> 태그가 위치한 지점에서 바로 자바스크립트 코드를 실행한다.

CSS 구문을 별도의 ".css" 파일에 저장하는 것처럼 자바스크립트 프로그램도 별도의 파일로 저장할 수 있다. 외부의 자바스크립트 파일을 불러올 때는 아래와 같이 <script> 태그에 src 애트리뷰트를 사용한다.

```
<script src="javascriptCode.js"></script>
```

자바스크립트 프로그램 실행 결과 확인

자바스크립트 프로그램 실행 결과를 확인하는 방법은 다양하다. 앞 절의 예와 같이 알림창을 띄워 수행 결과를 알아보는 방법도 있고, 다음 장에서 이야기할 HTML DOM을 통해 웹페이지 자체에 수행 결과를 출력하는 방법도 있다.

이 책에서는 디버깅 목적으로 사용되는 console.log() 함수를 사용한다.[27] console.log() 함수로 출력된 결과는 웹페이지에는 나타나지 않고 브라우저가 제공하는 개발환경을 통해 볼 수 있다. 개발환경은 아래와 같이 브라우저 도구 메뉴의 "개발자 도구"로 볼 수 있다.

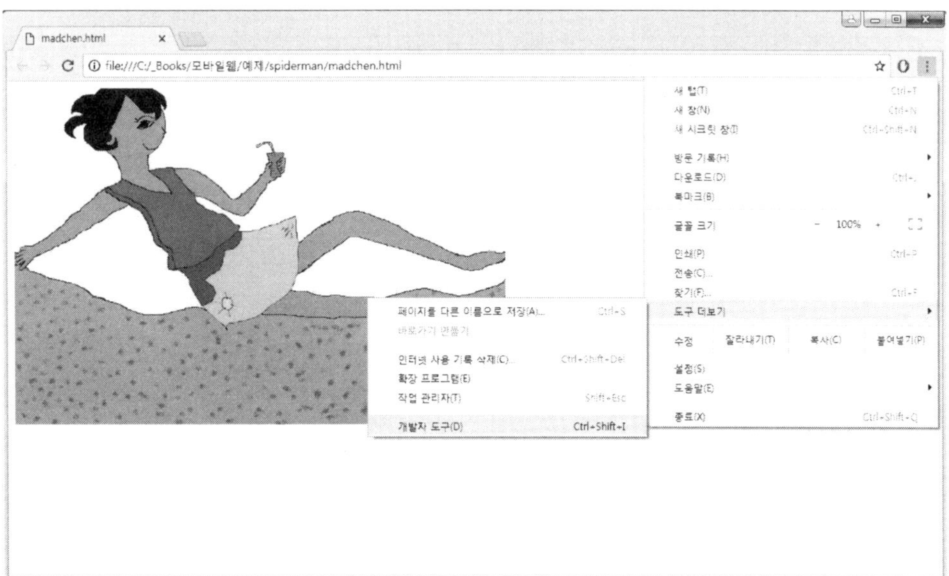

또는 간단히 F12 키를 눌러도 된다.

아래는 console.log() 함수로 "안녕하세요"를 출력하는 코드이다.

27) 디버깅(debugging)이란 프로그램의 오류를 수정하는 일이다.

```
<!DOCTYPE html>
<html>
<body>

<p>브라우저에서 F12 키를 눌러보세요. </p>

<script>
console.log("안녕하세요");
</script>

</body>
</html>
```

console.log() 함수의 결과는 브라우저 개발환경의 여러 창들 중에 "Console" 창에 출력된다.

브라우저로 위의 HTML 파일을 열면 아래와 같이 "Console" 창에 console.log() 함수의 결과인 "안녕하세요"라는 문자열이 출력된다.

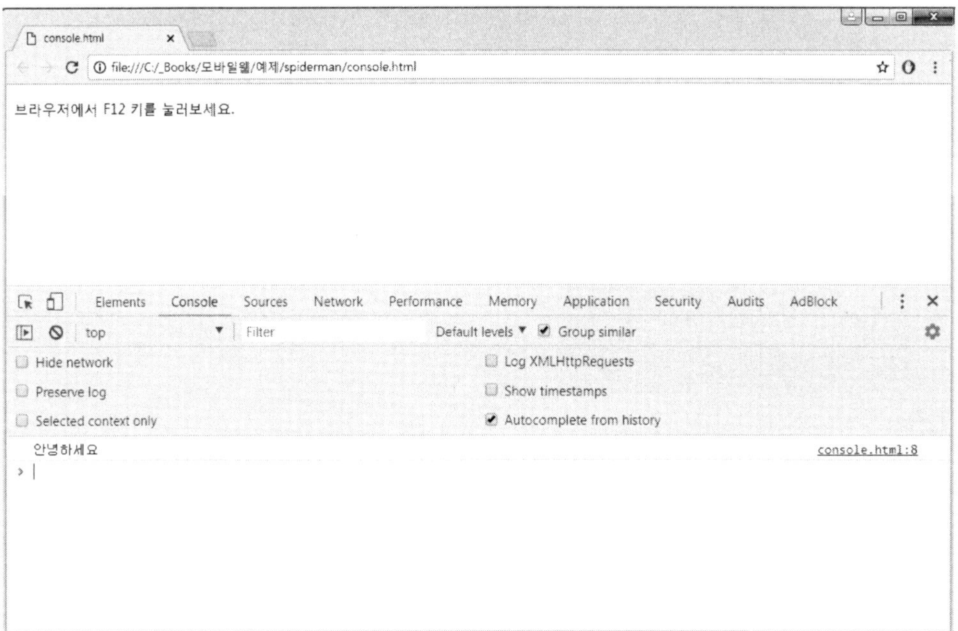

▌자바스크립트 프로그램 실행하기

자바스크립트 코드는 HTML 문서에 포함되어 있기 때문에 자바스크립트 코드를 실행해보기 위해서는 그 코드가 포함된 HTML 문서를 열어야 한다. HTML 문서의 작성은 어떤 편집 프로그램을 사용해도 관계는 없지만 간단한 예제라면 아래와 같이 윈도우 운영체제에서 기본적으로 제공하는 메모장 프로그램으로도 충분하다.

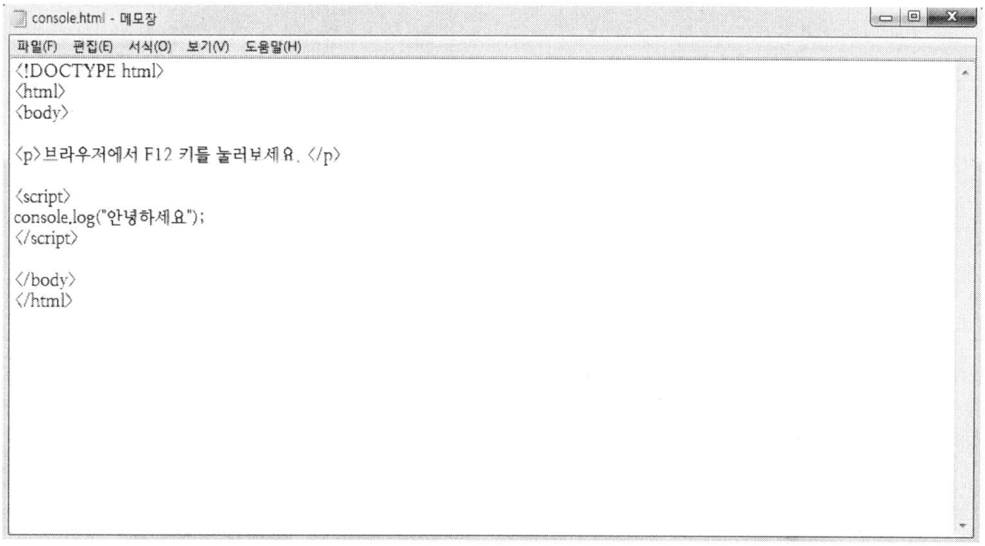

하지만 위 방법은 1) HTML 파일로 저장한 후, 2) 브라우저 프로그램으로 열어야하는 번거로움이 있다. 코드펜[28]이나 플렁크[29]처럼 웹 기반 웹 개발 환경을 사용하면 별도의 파일 저장 과정 없이 보다 편리하게 웹 문서를 만들고 실행해 볼 수 있다. 어떻게 사용하는지는 해당 웹 사이트를 방문해보면 쉽게 알 수 있다.

28) http://codepen.io

29) http://plnkr.co

02 자바스크립트 기초

먼저 자바스크립트 프로그래밍 언어에 대해 알아보자. 자바스크립트의 문법은 대표적인 프로그래밍 언어인 C 언어와 거의 동일하다.[30)]

하나의 자바스크립트 프로그램 또는 자바스크립트 코드는 여러 문장으로 구성되고 각 문장은 세미콜론(";")으로 끝난다. 프로그램 문장은 아래 예의 "var"와 같은 자바스크립트 키워드들을 사용할 수 있다.

```
var a, b, c;       // 3개의 변수를 선언

a = 7;             // 변수 a에 7을 저장
b = 8;             // 변수 b에 8을 저장
c = a + b;         // 변수 a와 b에 저장된 값을 더하여 변수 c에 저장
```

변수

변수는 데이터를 저장한다. 데이터의 종류는 수, 문자, 문자열과 같은 개별 값은 물론 배열이나 객체와 같이 다수의 값들이나 또 다른 변수들까지 다양하다. 대부분의 프로그래밍 언어에서 한 변수는 한 종류의 데이터만 저장할 수 있다. 예를 들어 정수를 저장하는 변수는 정수만 저장할 수 있고 문자열을 저장하는 변수는 문자열만 저장할 수 있다. 따라서 변수를 처음 선언할 때 어떤 종류의 데이터를 저장할 변수인지를 지정해주어야 한다. C 언어의 경우 아래 예의 왼쪽과 같이 저장할 데이터의 종류에 따라 변수를 선언하는 키워드도 다르다. 이러한 데이터의 종류를 자료형(data types)이라 한다.

```
C 언어의 변수 선언              자바스크립트 언어의 변수 선언

int x = 7;                    var x = 7;
char c = 'z';                 var c = 'z';
float f = 3.14                var f = 3.14;
```

반면에 자바스크립트에서는 데이터 종류에 관계없이 한 변수에 어떤 데이터든 저장할 수 있다. 따라서 변수를 처음 선언할 때도 자료형 구분없이 var 키워드 하나만 사용한다.[31)]

30) 자바 언어와 자바스크립트 언어는 이름만 비슷할 뿐 전혀 다른 언어이다.

31) let과 const도 변수를 선언하는 키워드이지만 역시 데이터의 종류와는 무관하다.

변수에 값을 처음으로 저장하거나 저장된 변수의 값을 변경하는 연산자는 등호("=")이다. 등호 왼쪽에 값이 저장될 변수를 쓰고 등호 오른쪽에 저장할 값 또는 수식을 쓴다.

산술 연산

프로그래밍 언어에서 사용하는 산술 연산자는 더하기(+), 빼기(-), 곱하기(*), 나누기(/)의 사칙연산 외에 나머지(%) 등이 있다.

수식은 아래의 왼쪽과 같이 줄여서 쓰기도 한다.

```
x += y          x = x + y
x -= y          x = x - y
x *= y          x = x * y
x /= y          x = x / y
x %= y          x = x % y
```

자바스크립트에서 더하기 연산은 산술 덧셈뿐만 아니라 문자열 값에도 사용될 수 있다. 이때의 결과는 두 문자열을 합친 것이다. 아래 예와 같이 변수 s3에는 변수 s1의 문자열과 공백 문자, 그리고 변수 s2의 문자열을 합친 값인 "자물쇠 굴렁쇠"가 저장된다.

```
s1 = "자물쇠";
s2 = "굴렁쇠";
s3 = s1 + " " + s2;
```

비교 연산자

두 값을 비교할 때 사용하는 연산자는 아래와 같다.

```
==      값이 같다
===     값뿐만 아니라 자료형도 같다
!=      같지 않다
!==     값뿐만 아니라 자료형도 같지 않다
>       보다 크다
<       보다 작다
>=      보다 크거나 같다
<=      보다 작거나 같다
```

앞에서 설명한 것처럼 자바스크립트 변수는 자료형을 따로 지정하지 않기 때문에 두 값이 같은지를 비교하는 방법은 값만 같은지 아니면 값뿐만 아니라 자료형도 같은지를 비교하는 두 가지이다. 값만 같은지를 비교하는 연산자는 등호 두 개를 사용하고 값뿐만 아니라 자료형도 같은지를 비교하는 연산자는 등호 세 개를 사용한다.

아래 예를 보자. 변수 r1에는 변수 x와 변수 y의 값만 같은지를 비교하므로 참값(true)이 저장된다. 반면에 네 번째 코드는 변수 x와 변수 y의 값뿐만 아니라 자료형도 같은지를 비교하는데 변수 x의 자료형은 수이고 변수 y의 자료형은 문자열로써 자료형이 다르므로 변수 r2에는 거짓값(false)이 저장된다.

```
x = 7;
y = "7";
r1 = (x == y);
r2 = (x === y);
```

문자열

자바스크립트에서 문자열 값은 따옴표로 묶는다. 큰따옴표(“)나 작은따옴표(‘) 모두 사용할 수 있는데 단 시작과 끝의 두 따옴표는 같아야 한다.

아래 예를 보자. 변수 s1에는 시작이 큰따옴표이므로 첫째 큰따옴표와 둘째 큰따옴표 사이의 문자열인 “김한라의 ”까지만 저장된다. s2에는 시작이 작은따옴표이므로 첫째 작은따옴표로부터 둘째 작은따옴표 사이의 문자열인 “김한라의 자물쇠 굴렁쇠”가 모두 저장된다.

```
s1 = “김한라의 ”자물쇠 굴렁쇠””;
s2 = ‘김한라의 “자물쇠 굴렁쇠”’;
```

함수

아래는 구구단 5단을 프린트하는 자바스크립트 프로그램이다. 코드를 살펴보자. 변수 dan에 5를 저장하였고 변수 gugudan에는 빈 문자열을 저장하였다. 이와 같이 변수 선언과 동시에 값을 저장하는 것을 초기화라고 한다. 변수의 초기화는 반드시 필요한 일은 아니지만 코드의 가독성을 높이는데 도움을 준다. 예를 들어 변수 gugudan을 빈 문자열 값으로 초기화한 것은 앞으로 이 변수에 문자열을 저장할 것임을 암시한다.

for 키워드를 사용한 반복문은 변수 i가 1부터 시작해서 10보다 작은 동안 1씩 증가하므로 총 9번을 반복 수행한다. 반복문 안에 있는 코드는 한번 반복할 때마다 구구단 5단의 한 줄을 문자열로 만들어 변수 gugudan에 누적하여 저장한다. 코드 맨 끝에 있는 "\n"은 줄바꾸기 문자이다. 마지막 줄의 console.log(gugudan)은 변수 gugudan에 들어있는 문자열을 프린트하는 코드이다.

```
var dan = 5;
var gugudan = "";

for (var i = 1; i < 10; i++) {
    gugudan += dan + " x " + i + " = " + dan * i + "\n";
}

console.log(gugudan);
```

잠깐 **실제 HTML 파일**

위 예제의 자바스크립트 코드가 포함된 실제 HTML 파일의 내용은 아래와 같다. 앞으로의 예제들도 편의상 <script> 시작 태그와 </script> 끝 태그 안에 들어갈 코드만 제시한다.

```
<!DOCTYPE html>
<html>
  <body>
    <script>

    var dan = 5;
    var gugudan = "";

    for (var i = 1; i < 10; i++) {
        gugudan += dan + " x " + i + " = " + dan * i + "\n";
    }

    console.log(gugudan);

    </script>
  </body>
</html>
```

실행 결과는 아래와 같다.

```
5 x 1 = 5
5 x 2 = 10
5 x 3 = 15
5 x 4 = 20
5 x 5 = 25
5 x 6 = 30
5 x 7 = 35
5 x 8 = 40
5 x 9 = 45
```

구구단 6단도 프린트하는 코드를 만들어보자.

첫 번째 방법은 아래와 같이 위의 코드를 한 번 더 사용하는 것이다.

```
// 구구단 5단 프린트하기
var dan = 5;
var gugudan = "";

for (var i = 1; i < 10; i++) {
    gugudan += dan + " x " + i + " = " + dan * i + "\n";
}

console.log(gugudan);

// 구구단 6단 프린트하기
dan = 6;
gugudan = "";

for (var i = 1; i < 10; i++) {
    gugudan += dan + " x " + i + " = " + dan * i + "\n";
}

console.log(gugudan);
```

코드가 중복되어 조금 지저분해보이지만 결과는 원하는 대로 나온다. 위 코드는 위의 구구단 5단 코드를 한 번 더 복사하여 붙이고 변수 **dan**과 변수 **gugudan**만 다시 초기화 한 것이다.

```
5 x 1 = 5
5 x 2 = 10
5 x 3 = 15
5 x 4 = 20
5 x 5 = 25
5 x 6 = 30
5 x 7 = 35
5 x 8 = 40
5 x 9 = 45
6 x 1 = 6
6 x 2 = 12
6 x 3 = 18
6 x 4 = 24
6 x 5 = 30
6 x 6 = 36
6 x 7 = 42
6 x 8 = 48
6 x 9 = 54
```

구구단 7단도 추가하려면? 구구단 8단도 추가하려면? 이처럼 계속 복사하여 붙여넣기를 해야 할까?

더 좋은 방법이 있다. 코드를 재사용하여 중복을 제거하는 것이다. 그러면 재사용할 코드를 어떻게 구분할까? 바로 코드 블록으로 만드는 것이다. 코드 블록은 코드 일부분을 하나의 박스로 만든 것으로써 필요할 때 불러다 쓸 수 있다. 이제 이에 필요한 문법을 정리해보자. 일련의 코드를 코드 블록으로 만드는 문법은 중괄호("{ }")로 묶어 주면 된다. 다음으로 이 코드 블록을 블록 외부에서 불러다 쓰기 위해서는 이름이 필요하다. 코드 블록에 이름을 부여하는 키워드는 바로 function이다. 코드 블록의 이름은 function 키워드와 괄호 여닫기 사이에 넣는다.

이제 구구단 5단과 6단을 프린트하는 프로그램을 코드 블록, 즉 함수를 이용하여 다시 만들어보자. 결과는 아래와 같다.

```
// 함수 gugu()
function gugu(dan) {
    var gugudan = "";

    for (var i = 1; i < 10; i++) {
        gugudan += dan + " x " + i + " = " + dan * i + "\n";
    }

    console.log(gugudan);
}

// 구구단 5단 프린트하기
gugu(5);

// 구구단 6단 프린트하기
gugu(6);
```

어떤가, 훨씬 깔끔해 보인다. 중괄호로 묶인 코드 블록 함수는 자신을 부를 때만 수행된다. 위 코드의 첫째 줄에 함수 선언 코드를 보자. function 키워드 다음에 gugu라는 함수 이름을 주었고 함수 선언의 키워드인 괄호 여닫기를 붙였다. 괄호 안에는 변수명을 선언할 수 있는데 이를 함수 인자, 즉 파라미터라고 한다. 파라미터는 이 함수가 호출될 때 필요한 값을 전달받는 매개 변수이다.

03 객체

자바스크립트는 객체지향 프로그래밍 언어(object-oriented language)이다. 초기 프로그래밍 언어인 C 언어는 객체지향 언어가 아니지만 그 이후 등장한 자바나 파이선 등 대부분의 프로그램 언어는 객체지향 언어이다. 객체지향 언어의 핵심은 객체라는 것일 텐데 그렇다면 객체란 무엇일까.

컴퓨터 프로그램의 목적은 기본적으로 데이터를 처리하는 것이고 데이터는 변수에 저장된다. 데이터 중에는 서로 밀접한 관련이 있는 데이터도 있다. 아래 그림을 보자. 변수 width와 변수 height는 사각형의 가로와 세로 길이 데이터를 저장하는 변수로써 서로 밀접한 관련이 있다고 볼 수 있다. 이와 같이 개념적으로 서로 밀접한 관련이 있는 변수들은 프로그램 안에서도 뭔가 밀접한 형태로 묶어주면 좋지 않을까? 이 묶음이 바로 객체(object)이다.

서로 관련이 있는 변수들을 하나의 큰 덩어리, 즉 객체로 묶는 것에 한 발 더 나아가서 묶인 변수들을 다루는 작업, 즉 프로그램 코드들도 같이 묶어 놓으면 어떨까. 결론적으로 객체란 아래 그림과 같이 두 종류의 데이터로 구성된다. 첫 번째는 변수들이고 두 번째는 함수들이다. 일반적인 변수, 함수라는 용어와 구분하기 위해 객체에 들어있는 변수를 필드변수, 객체에 들어있는 함수를 메소드라 부른다.[32)]

아래는 두 개의 필드변수, width와 height, 두 개의 메소드, area()와 perimeter()로 구성된 rectangle이라는 객체를 그림으로 나타낸 것이다.

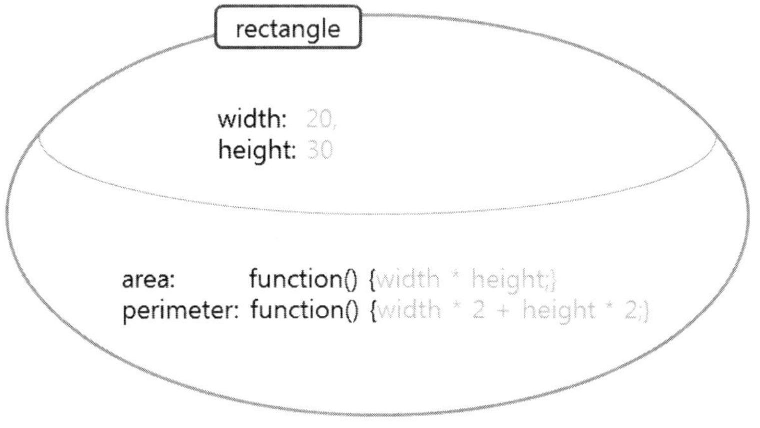

32) 필드변수라는 용어 대신에 속성(property), 멤버 변수, 인스턴스라고 부르기도 한다.

rectangle 객체 안에 들어있는 4개의 명칭, width, height, area(), perimeter()에서 괄호 여닫기가 있는 것과 없는 것에 주목하자. 결론부터 말하자면 괄호는 객체를 표현하는 문법에서 매우 중요한 키워드로써 괄호의 유무가 바로 이 명칭이 필드변수인지 메소드인지를 구분한다.

한편 rectangle 객체 안의 변수들의 선언이나 메소드를 표현하는 문법이 조금 낯설다. 이를 알아보기 위해 우선 위 그림의 객체를 실제 프로그램으로 만들어보자.

```
var rectangle = {
    width: 20,
    height: 30,
    area: function() {
        return this.width * this.height;
    },
    perimeter: function() {
        return this.width * 2 + this.height * 2;
    }
};

console.log("사각형의 가로는 " + rectangle.width);
console.log("사각형의 세로는 " + rectangle.height);
console.log("사각형의 면적은 " + rectangle.area());

// 사각형의 세로 길이를 40으로 변경
rectangle.height = 40;
console.log("사각형의 둘레는 " + rectangle.perimeter());
```

위 코드의 앞부분은 rectangle 객체를 변수로 선언한 것이고 나머지는 rectangle 객체의 필드변수와 메소드를 어떻게 사용하는지 예를 보인 것이다.

먼저 첫줄을 보자. 어떤 변수를 객체로 선언하는 문법은 중괄호("{ }")이다. 객체 변수는 하나 이상의 변수들, 즉 속성들을 가질 수 있는데 각각의 속성 선언은 콤마(",")로 구분한다.

각 속성을 선언하는 문법은 "명칭 : 값"이다. 명칭 앞에 var 키워드를 사용하지 않는다는 점에 주의하자. 또한 명칭과 값 사이에 등호가 아니라 콜론을 사용한다는 것도 주목하자.

콜론 다음의 값이 function() 키워드로 시작하면 이 명칭은 메소드이다. 메소드의 명칭은 이미 콜론 앞에서 정의하였기 때문에 function 키워드 다음에 바로 괄호 여닫기를 붙인 것이다. 메소드의 몸통은 곧 자바스크립트 코드 블록이다. 코드 블록은 앞의 함수에서 설명하였듯이 중괄호로 묶인 코드의 집합이다. 코드에서 알 수 있듯이 두 개의 메소드, area()와 perimeter()는 각각 사각형의 면적과 둘레의 길이를 계산한다.

두 메소드의 코드를 보면 return 키워드를 볼 수 있다. return 키워드는 return 다음에 나오는 값을 자신을 호출한 곳으로 반환한다.

끝으로 return 문장에서 사용한 this 키워드는 이 메소드를 포함하고 있는 주체를 나타낸다. 여기서는 바로 rectangle이라는 객체를 가리킨다.

이제 console.log()로 시작하는 다섯줄의 코드를 보자. 여기서 주목할 것은 점(".") 연산자이다. 점 연산자는 객체에 들어있는 필드변수나 메소드를 언급할 때 사용하는 키워드이다. 특히 "객체.무엇"에서 점 뒤의 "무엇"이 속성(필드변수)인지 메소드인지를 구분하는 문법은 바로 명칭 뒤에 괄호의 여부이다. 괄호가 없으면 필드변수이고 괄호가 따라오면 메소드이다.

위 프로그램의 실행 결과는 아래와 같다.

```
사각형의 가로는 20
사각형의 세로는 30
사각형의 면적은 600
사각형의 둘레는 120
```

이미 선언된 객체더라도 필드변수나 메소드를 프로그램 수행 도중에 언제든 추가할 수 있다. 아래 코드를 보자. 첫 번째 줄의 rectangle 객체의 color는 원래 rectangle 객체에 없는 명칭이므로 새로운 속성으로 등록된다. 두 번째 줄의 setColor도 새로운 명칭인데 등호 오른쪽의 값이 함수이므로 setColor는 메소드로 등록된다.

```
rectangle.color = "red";
rectangle.setColor = function(newColor) {
    this.color = newColor;
};

console.log("사각형의 색깔은 " + rectangle.color);
rectangle.setColor("blue");
console.log("사각형의 색깔은 " + rectangle.color);
```

프로그램 실행 결과는 아래와 같다.

```
사각형의 색깔은 red
사각형의 색깔은 blue
```

잠깐 보기 좋은 코드 작성법

위 코드 앞부분의 rectangle이라는 변수 선언은 원래 아래와 같이 한 줄로 구성된 한 문장이다.

var rectangle = {width: 20, height: 30, area: function() {return this.width * this.height;}, perimeter: function() {return this.width * 2 + this.height * 2;}};

하지만 이러한 코드는 읽기가 불편하다. 그래서 반드시 그래야하는 것은 아니지만 위의 코드처럼 읽고 이해하기 쉽게 적절한 줄바꾸기와 들여쓰기를 사용한다. 그러면 관행적으로 통용되는 보기 좋은 코드 작성법을 한번 알아보자.

- 코드 한 문장의 끝을 표시하는 세미콜론(";") 다음에는 줄바꾸기
- 들여쓰기는 공백문자 4개 정도
- 시작 중괄호("{") 다음에는 줄바꾸기
- 끝 중괄호{"}")는 새 줄에서
- 다수의 변수 선언 또는 객체 내 다수의 필드변수를 나열할 때 콤마(",") 다음에는 줄바꾸기
- 산술 연산자(+, -, /, *, % 등)와 등호("=") 문자 앞뒤에 각각 한 칸의 공백 두기
- 코드의 내용이 바뀔 때는 한 줄 띄우기
- 적절한 주석("//"으로 시작하는 설명문) 넣기
- 변수명이나 메소드명과 같은 명칭은 소문자로 시작
- 명칭의 작명은 낙타표기법(Camel case)으로. 즉 두 개 이상의 단어로 구성된 명칭은 모두 붙여 쓰고 두 번째 단어부터는 단어의 첫 글자만 대문자로

한 객체에 들어있는 모든 정보를 알아보는 코드는 객체명 자체를 프린트하면 된다.

```
console.log(rectangle);
```

결과는 아래와 같이 color 필드변수와 setColor 메소드가 추가된 것을 볼 수 있다.

```
▼{width: 20, height: 40, area: f, perimeter: f, color: "blue", …}
  ▶area: f ()
   color: "blue"
   height: 40
  ▶perimeter: f ()
  ▶setColor: f (newColor)
   width: 20
  ▶__proto__: Object
```

04 배열

객체처럼 다수의 데이터를 한 변수에 담는 또 다른 방법은 배열(array)이다. 데이터들을 저장하는 관점에서 보았을 때 객체와 배열의 차이점은 인덱싱 방식이다. 객체에서는 객체에 들어있는 각각의 값을 참조할 때(즉 인덱싱할 때) 사용자가 직접 정의한 필드변수를 사용하는 반면 배열에서의 인덱스는 별도의 명칭없이 0으로 시작하는 일련번호이다.

변수를 배열로 선언하는 문법은 대괄호("[ ]")이다. 아래는 3개의 문자열 데이터를 저장하는 colors라는 배열 변수를 선언한 것이다.

```
var colors = [
    "red",
    "blue",
    "green"
];

console.log(colors[0]);
console.log(colors[1]);
console.log(colors[2]);
```

배열의 값들에 접근하는 문법은 배열 변수명 뒤에 대괄호에 인덱스를 주는 것이다. 인덱스는 0부터 시작하므로 위 코드와 같이 colors[0]은 배열의 첫 번째 원소를 지칭한다. 코드 실행 결과는 아래와 같다.

```
red
blue
green
```

배열도 객체다

자바스크립트의 모든 변수는 사실상 객체이다. 오른쪽의 객체 그림을 다시 보자. 무엇을 객체라고 할 때의 그 의미는 객체 내에 속성(그림의 윗부분)과 메소드들(그림의 아래 부분)이 있다는 뜻이다.

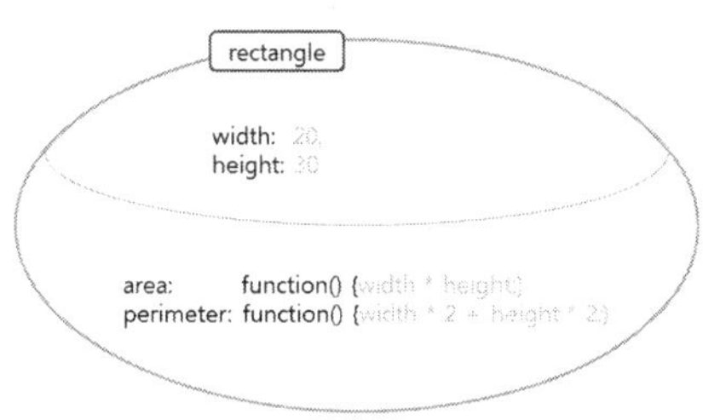

따라서 배열도 객체라는 것은 배열 내에 배열 데이터와 관련된 속성들과 메소드들이 포함되어 있음을 의미한다.

배열 객체의 필드변수

먼저 배열 객체에는 어떤 속성들이 있을까. 대표적인 속성은 바로 배열의 크기, 즉 배열에 들어있는 데이터의 개수를 나타내는 length이다. 아래 예와 같이 colors는 배열 변수로 선언되었고, 배열도 객체이므로 점(".") 연산자로 배열 객체의 필드변수나 메소드들에 접근할 수 있는데 colors.length는 괄호가 없는 명칭이므로 이는 속성이다.

아래 코드의 결과는, colors 배열의 데이터 개수인 3이 출력된다.

```
var colors = ["red", "blue", "green"];

console.log(colors.length);
```

배열 메소드

배열 객체의 메소드는 무엇이 있는지 알아보자.

toString() 메소드는 배열의 모든 데이터를 문자열로 변환한다. 아래 코드를 보자. 둘째 줄의 colors.toString()을 보면 "배열 객체 점 명칭 괄호"의 형식이다. 명칭 뒤에 괄호가 있으므로 이는 필드변수가 아니라 메소드이다.

```
var colors = ["red", "blue", "green"];

var str = colors.toString();
console.log(str);
```

결과는 아래와 같이 배열의 모든 원소들을 콤마로 구분한 문자열이 출력된다.

```
red,blue,green
```

push() 메소드와 pop() 메소드는 배열에 원소를 넣고 빼는 메소드이다. 넣기와 빼기 모두 배열의 끝에서 수행된다.

아래 예를 보자. colors.pop()은 colors 배열의 끝에서 원소 하나를 빼는 메소드이다. 따라서 변수 x에는 "green"이 저장된다.

```
var colors = ["red", "blue", "green"];

var x = colors.pop();
console.log(x);

colors.push("black");
console.log(colors.toString());
```

colors.push()는 배열의 끝에 원소를 추가하는 메소드이다. 위 코드의 수행 결과는 아래와 같다.

```
green
red,blue,black
```

shift() 메소드는 pop()과 같이 원소 하나를 빼는 메소드인데 다른 점은 pop() 메소드가 배열의 끝에서 원소를 빼는 반면 shift() 메소드는 배열의 첫 번째 원소를 뺀다.

```
var colors = ["red", "blue", "green"];

colors.shift();
console.log(colors.toString());
```

위 코드의 결과는 아래와 같이 배열의 첫 번째 원소 "red"가 제거된 것을 볼 수 있다.

```
blue,green
```

splice() 메소드는 배열의 원하는 위치에서 원소를 빼거나 넣을 수 있는 메소드이다. 첫 번째 파라미터는 위치, 두 번째 파라미터는 그 위치에서 빼낼 원소의 개수, 세 번째 파라미터부터는 그 위치에 새로 넣을 원소들이다.

아래 예를 보자. colors.splice(2, 0, "yellow", "white")는 2번째 위치, 즉 0부터 시작해서 2번째 위치이므로 현재 "green"이 있는 위치에서, 두 번째 파라미터가 0이므로 빼는 것은 없이, "yellow"와 "white"를 넣는다.

```
var colors = ["red", "blue", "green"];

colors.splice(2, 0, "yellow", "white");
console.log(colors.toString());
```

위의 splice() 메소드를 실행한 결과는 아래와 같다.

```
red,blue,yellow,white,green
```

splice() 메소드는 임의의 위치의 원소를 제거할 때 매우 유용하다. 아래 예는 중간 원소인 "blue"를 제거하는 코드이다. "blue"의 위치가 0부터 시작해서 1번째이므로 "1번째 위치에서 원소 1개를 제거"하는 코드는 colors.splice(1, 1)이다.

```
var colors = ["red", "blue", "green"];

colors.splice(1, 1);
console.log(colors.toString());
```

결과는 아래와 같다.

```
red,green
```

그 외에도 두 개 이상의 배열을 이어붙이는 concat() 메소드, 배열의 일부를 잘라 새로운 배열을 만드는 slice() 메소드, 배열의 원소를 순서대로 정렬하는 sort() 메소드, 배열의 원소들을 거꾸로 나열하는 reverse() 메소드 등이 있다.

05 Number 객체

배열도 객체이듯이 자바스크립트에서 모든 데이터는 객체이다. 수도 물론 객체이다. 오른쪽의 객체 그림을 다시 상기하자. 수도 객체라는 것은 역시 수 객체에도 속성이나 메소드들이 있다는 의미이다.

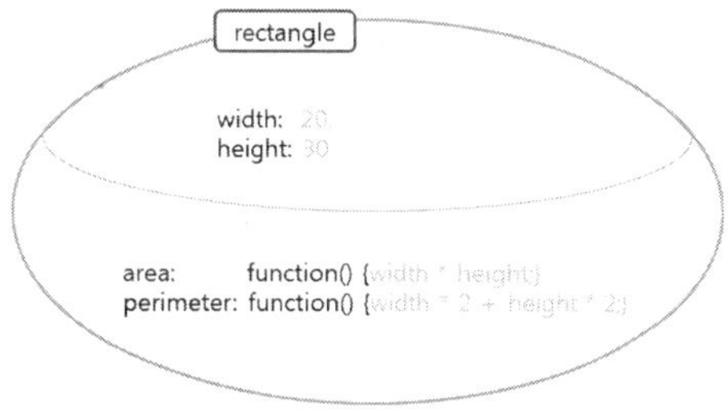

toString() 메소드는 수를 문자열로 변환한다. 아래 예를 보자. 변수 x에 235라는 수를 저장했다. 수도 객체이므로 변수 x에 수 객체의 메소드인 toString() 메소드를 적용할 수 있다. 세 번째 줄은 2048이라는 수에 바로 toString() 메소드를 적용한 것이다.

```
var x = 235;
console.log(x.toString());

console.log((2048).toString());
```

결과는 아래와 같다. 겉으로 보기에는 숫자와 다를 바 없지만 사실은 "235"와 "2048"이라는 문자열로 변환된 것이다.

```
235
2048
```

그 외에도 수를 지수 표기로 변환하는 toExponential() 메소드, 소숫점 몇 번째 자리까지 표시하는 toFixed() 메소드와 toPrecision() 메소드 등이 있다.

06 String 객체

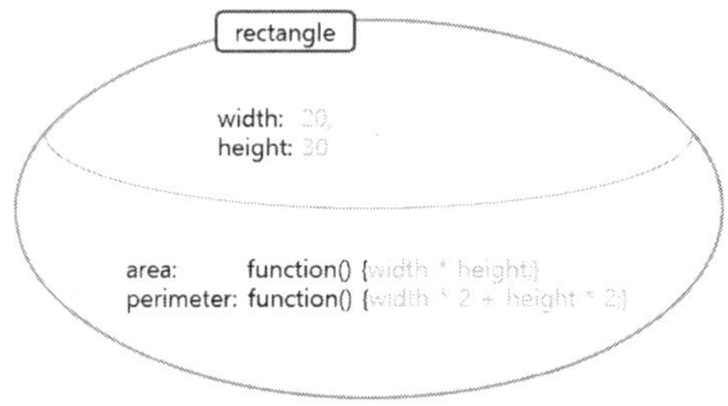

문자열 데이터도 당연히 객체이다. 문자열이 객체라는 것은 문자열 객체 안에 관련 속성들과 메소드들이 포함되어 있음을 의미한다, 오른쪽 그림과 같이.

자바스크립트 내부에 문자열 데이터 처리 용도로 미리 만들어 놓은 객체가 바로 String 객체이다. 모든 문자열 데이터나 문자열을 저장하는 변수는 자동적으로 String 객체를 상속한다. 즉 모든 문자열 데이터나 문자열을 저장하는 변수는 String 객체에 정의된 필드변수들과 메소드들을 내 것처럼 사용할 수 있다는 뜻이다.

String 객체의 필드변수는 무엇이 있을까. 첫째는 바로 문자열의 길이, 즉 글자 수를 나타내는 length이다.

아래 코드를 보자. 두 번째 줄의 str.length는 "객체 변수 점 명칭"의 형식으로 명칭 뒤에 괄호가 없으므로 이 명칭은 메소드가 아니라 속성이다. 문자열 객체의 필드변수 length는 그 문자열의 길이를 나타내므로 수행 결과는, 26이 출력된다.

```
var str = "ABCDEFGHIJKLMNOPQRSTUVWXYZ";
console.log(str.length);
```

String 메소드

String 객체에는 문자열을 다루는 다양한 메소드들이 정의되어 있다.

indexOf() 메소드는 주어진 문자열 내에서 특정 단어가 처음으로 등장하는 위치를 찾아주는 메소드이다. 아래 코드는 genesis 변수에 저장된 문자열에서 "God"의 위치를 출력하는 코드이다. 결과는 17로써 0부터 시작했을 때 17번째 글자 위치임을 나타낸다.

```
var genesis = "In the beginning God created the heaven and the earth.";

console.log(genesis.indexOf("God"));
```

lastIndexOf() 메소드는 위 indexOf()와 기능은 같지만 처음 위치가 아니라 마지막 등장 위치를 찾아준다.

search() 메소드는 기본적으로 indexOf()와 동일하다. 차이점은 indexOf() 메소드에서는 두 번째 파라미터로 찾기를 시작하는 위치를 지정할 수 있지만 search() 메소드는 그렇지 않다. 반면에 search() 메소드는 정규표현식 등 보다 다양한 검색 기능을 제공한다.

slice() 메소드는 문자열의 일부를 추출할 수 있다. 파라미터로 잘라낼 문자열의 시작 위치와 끝 위치를 지정한다. 아래 예는 문자열 genesis에서 시작 위치 29, 끝 위치 53 사이의 문자열을 추출하여 변수 what에 저장한 것이다.

```
var genesis = "In the beginning God created the heaven and the earth.";

var what = genesis.slice(29, 53);
console.log(what);
```

결과는 아래와 같다.

```
the heaven and the earth
```

slice() 메소드에서 파라미터 숫자를 음수로 주면 문자열의 끝에서부터 역방향으로 위치를 찾는다.

파라미터를 한 개만 주면 해당 위치부터 문자열의 끝까지를 추출한다. 위 예제에서 아래와 같이 두 번째 파라미터를 생략하면 genesis 문자열의 29번째 위치부터 나머지 끝까지 추출되는 것을 볼 수 있다.

```
var genesis = "In the beginning God created the heaven and the earth.";

var what = genesis.slice(29);
console.log(what);
```

결과는 아래와 같다.

```
the heaven and the earth.
```

substring() 메소드는 위 slice() 메소드와 동일하지만 차이점은 파라미터로 음수 값을 줄 수 없다.

substr() 메소드도 위 slice() 메소드와 기능은 같지만 차이점은 두 번째 파라미터로 끝 위치가 아니라 문자열의 길이를 지정한다.

replace() 메소드는 문자열의 일부를 대체할 때 사용한다. 첫 번째 파라미터는 대체될 문자열, 두 번째 파라미터는 대체할 문자열이다.

concat() 메소드는 둘 이상의 문자열을 합칠 때 사용한다. 아래 예에서 문자열 genesis12는 문자열 genesis1에 공백 한 칸의 문자열(" ")과 문자열 genesis2를 합친 문자열이 저장된다.

```
var genesis1 = "In the beginning God created the heaven and the earth.";
var genesis2 = "And the earth was without form, and void; and darkness was upon the face
               of the deep. And the Spirit of God moved upon the face of the waters."

var genesis12 = genesis1.concat(" ", genesis2);
console.log(genesis12);
```

charAt() 메소드는 주어진 위치의 문자를 추출한다.

```
var genesis = "In the beginning God created the heaven and the earth.";

var ch = genesis.charAt(7);
console.log(ch);        // 결과는 b
```

07 Date 객체

날짜와 시간은 웹페이지 개발에 꼭 필요한 요소 중의 하나이다. 특히 현재 시각은 항상 변한다는 점에서 웹의 "동적인 작업"의 대표적인 예이기도 한다.

브라우저는 자바스크립트 코드의 해석과 실행뿐만 아니라 다양한 자바스크립트 라이브러리[33)]들을 제공하는데 Date 객체도 그 중 하나이다.

어떤 변수를 날짜와 시간을 저장하는 변수로 만들려면 브라우저가 제공하는 Date 객체의 소속으로 만들어야 한다. Date 객체로부터 시간 객체를 만드는 방법은 아래와 같이 네 가지가 있다.

```
new Date()
new Date(year, month, day, hours, minutes, seconds, milliseconds)
new Date(date string)
new Date(milliseconds)
```

위에서 "new"는 객체를 생성하라는 키워드이다. 첫 번째부터 보자. 파라미터 없이 "new Date()"는 이 코드가 실행되는 현재 시각을 생성한다. 두 번째는 파라미터로 지정한 연월일시분초로 시각을 생성한다. 뒤의 일부 파라미터들을 생략할 수 있고 이 때 해당 정보는 0으로 설정된다. 세 번째는 "October 13, 2014 11:13:00"와 같이 파라미터를 문자열로 지정하는 것이다.

네 번째는 특정 시점 이후로부터 얼마나 지났는지를 밀리초 단위로 설정하는 방법이다. 자바스크립트에서 그 특정 시점은 1970년 1월 1일 0시이다. 아래 예를 보자. 파라미터에 0을 준 것은 그 특정 시점으로부터 0 밀리초 이후의 시각을 생성하라는 것이다.

```
var d = new Date(0);
console.log(d);
```

결과는 아래와 같다. 한국 표준시차 9시간이 더해진 1970년 1월 1일 시각이 생성된다.

```
Thu Jan 01 1970 09:00:00 GMT+0900 (한국 표준시)
```

33) 코드들의 집합을 의미

Date 메소드

어떤 변수를 Date 객체로 만들면 Date 객체에서 제공하는 여러 메소드들을 사용할 수 있다. 시각 변수로부터 연도, 월, 일 같은 특정 정보만 추출하는 게터(getter) 메소드들은 아래와 같다.

- getFullYear()　　4자리 연도 (yyyy)
- getMonth()　　월 (0-11)
- getDate()　　일 (1-31)
- getHours()　　시 (0-23)
- getMinutes()　　분 (0-59)
- getSeconds()　　초 (0-59)
- getMilliseconds()　　밀리초 (0-999)
- getTime()　　1970년 1월 1일 이후 경과 시간 (단위: 밀리초)
- getDay()　　요일 (0-6)

아래는 Date 객체 변수 date에서 연도만 추출하는 코드이다.[34)]

```
var date = new Date(0);
console.log(date.getFullYear());     // 결과는 1970
```

위와 마찬가지로 특정 정보만 새로 설정하는 메소드들도 있다. 이러한 메소드들을 세터(setter) 메소드라고 한다.

- setFullYear()　　4자리 연도 설정 (yyyy)
- setMonth()　　월 설정 (0-11)
- setDate()　　일 설정 (1-31)
- setHours()　　시 설정 (0-23)
- setMinutes()　　분 설정 (0-59)
- setSeconds()　　초 설정 (0-59)

34) 일반적으로 프로그래밍 언어에서 모든 명칭은 대소문자를 구분한다. 즉 Date와 date는 전혀 다른 명칭이다.

- setMilliseconds()　밀리초 설정 (0-999)
- setTime()　1970년 1월 1일 이후 경과 시간으로 설정 (단위: 밀리초)

아래 예는 Date 객체 변수 date의 연도를 2021년으로 설정해 본 것이다.

```
var date = new Date(0);
date.setFullYear(2021);
console.log(date);
```

결과는 아래와 같다.

```
Fri Jan 01 2021 09:00:00 GMT+0900 (한국 표준시)
```

08 Math 객체

Math 객체는 다양한 산술 서비스를 제공하는 객체이다.

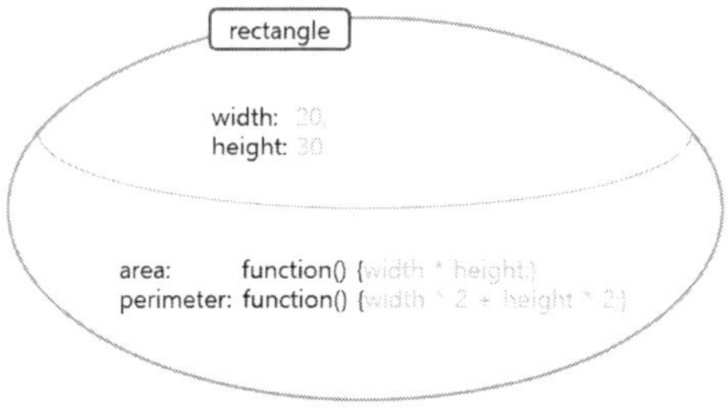

오른쪽의 객체 그림을 다시 한 번 상기해 보자. 객체는 두 부분, 즉 속성들과 메소드들로 구성된다. 그렇다면 Math 객체의 속성은 무엇이 있을까? 바로 수학의 주요 상수들이다. 예를 들어 원주율을 저장하는 속성은 PI이다.

아래 예를 보자.

```
var pi = Math.PI;

console.log(pi);
```

실행 결과는 아래와 같다. 변수 pi에 우리가 일반적으로 알고 있는 값인 3.14를 직접 저장할 수도 있다. 하지만 시스템에 미리 저장되어 있는 Math.PI를 사용하면 보다 정확한 값을 얻을 수 있다.

```
3.141592653589793
```

그 외 Math 객체에 저장된 주요 상수들은 아래와 같다.

- Math.E　　자연상수(오일러 수)
- Math.PI　　원주율(파이)
- Math.SQRT2　　2의 제곱근
- Math.SQRT1_2　　1/2의 제곱근

잠깐 **변수 이름 작명법**

자바스크립트 프로그램의 변수 이름을 만들 때 반드시는 아니지만 관행이 있다.

- 브라우저 내부 객체 이름의 첫 글자는 대문자로(예: Date, Math 등)
- 일반 변수명은 소문자로
- 상수 변수는 모두 대문자로
- 명칭의 작명은 낙타표기법(Camel case)으로. 즉 두 개 이상의 단어로 구성된 명칭은 모두 붙여 쓰고 두 번째 단어부터는 단어의 첫 글자만 대문자로

Math 메소드

Math.round() 메소드는 반올림 값을 구한다.

```
var x = Math.round(7.4);      // 결과는 7
var y = Math.round(7.6);      // 결과는 8
```

Math.ceil() 메소드는 올림 값을, Math.floor() 메소드는 내림 값을 구한다.

```
var x = Math.ceil(7.4);      // 결과는 8
var y = Math.floor(7.6);     // 결과는 7
```

Math.pow(x, y) 메소드는 x의 y승 값을 구한다.

Math.sqrt(x) 메소드는 x의 제곱근 값을 구한다.

그 외 Math.sin(), Math.cos(), Math.tan(), Math.min(), Math.max() 메소드 등이 있다.

Math.random() 메소드

Math.random() 메소드는 0과 1 사이의 난수를 생성한다. 결과값은 유리수이다. 실제 응용 프로그램에서는 일정 범위의 정수 난수 값이 필요한 경우가 많은데 주로 사용되는 방법은 아래와 같다. 즉 Math.random() 메소드로 생성한 난수에 원하는 범위의 최댓값을 곱하여 Math.floor() 메소드로 정수를 만든다.

```
Math.floor(Math.random() * 10);      // 0과 9 사이의 정수
```

위 결과에 아래와 같이 1을 더하면 1에서 10 사이의 정수 난수를 얻을 수 있다.

```
Math.floor(Math.random() * 10) + 1;      // 1과 10 사이의 정수
```

09 자바스크립트 JSON

JSON은 JavaScript Object Notation의 약자로써 프로그래밍 언어에 관계없이 데이터를 저장하고 전송할 때 사용하는 자바스크립트 객체 표기법이다. 숫자나 문자열처럼 단순한 데이터는 별도의 표기법이 없어도 상관없지만 배열이나 객체처럼 내부에 또 다른 자료구조로 이루어진 복잡한 데이터는 그 내부 구조까지 기술할 필요가 있다.

또한 JSON 표기는 그 자체가 문자열이기 때문에 프로그래밍 언어나 컴퓨터 환경에 관계없이 쉽게 통용될 수 있다.

JSON 표기의 예를 보자. 아래는 하나의 객체이며 내부에는 원소 한 개가 있다. 그 원소의 속성은 students이고 값은 하나의 배열이다. 그 배열은 3개의 원소로 구성되어 있고 각각의 원소는 객체이다. 또 각 객체는 두 개의 원소, 즉 firstName 속성과 lastName 속성으로 구성되어 있다.

```
{
"students":[
    {"firstName":"Mallan", "lastName":"Jung"},
    {"firstName":"Philjoo", "lastName":"Kang"},
    {"firstName":"Mohyun", "lastName":"Nah"}
]
}
```

위 JSON 표기의 원래 자바스크립트 객체 코드를 보면 아래와 같다.

```
var students = {
  students: [
    {"firstName":"Mallan", "lastName":"Jung"},
    {"firstName":"Philjoo", "lastName":"Kang"},
    {"firstName":"Mohyun", "lastName":"Nah"}
  ]
}
```

JSON에서 데이터는 "명칭 : 값"의 쌍으로 나타낸다. 중괄호({ })는 객체를 나타내고 대괄호([ ])는 배열을 나타낸다.

JSON으로 저장된, 또는 다른 서버로부터 받은 JSON 문자열을 자바스크립트 객체로 다시 변환하는 방법은 브라우저 시스템이 제공하는 JSON.parse() 메소드이다.

아래 예를 보자. text 변수에 JSON 문자열을 저장했다. JSON.parse() 메소드로 text 변수의 문자열을 객체로 변환하여 obj 변수에 저장했다. 객체로 제대로 변환되었는지 확인해보기 위해 변수 세 번째 학생의 이름을 추출하여 student3 변수에 저장하고 출력해 본 것이다.

```
var text = '{"students":[' +
    '{"firstName":"Mallan", "lastName":"Jung"},' +
    '{"firstName":"Philjoo", "lastName":"Kang"},' +
    '{"firstName":"Mohyun", "lastName":"Nah"}]}';

var obj = JSON.parse(text);
var student3 = obj.students[2].firstName;
console.log(student3);
```

결과는 아래와 같다.

```
Mohyun
```

제5장

HTML DOM

01 개요

앞 장에서 자바스크립트 언어의 기초 문법과 주요 개념들에 대하여 살펴보았다. 이번 장에서는 웹에서의 자바스크립트의 용도, 즉 자바스크립트로 웹페이지에 동적인 작업을 부여하는 것에 대하여 알아보자.

웹페이지의 장식을 담당하는 CSS가 HTML로부터 분리되어 HTML 구성 요소들을 장식하는 과정의 핵심은 "무엇을 어떻게"이다. 즉 1) 장식 대상을 찾고 2) 장식하는 것이다. 이때 장식 대상의 기본 단위는 HTML 엘리먼트이다.

자바스크립트가 웹페이지에 하려는 일도 외형적으로는 CSS가 웹페이지에 하는 일과 동일하다. 다만 CSS는 장식을, 자바스크립트는 동적인 작업을 부여한다는 것이 다르다. 따라서 자바스크립트가 웹페이지에 동적인 작업을 부여하는 과정의 핵심도 "무엇을 어떻게"이고 이때 "무엇을"에 해당하는 것도 역시 HTML 엘리먼트이다.

"어떻게"에 해당하는, 즉 자바스크립트가 할 수 있는 일은 아래와 같다.

- HTML 엘리먼트의 수정, 추가, 삭제
- HTML 애트리뷰트의 수정, 추가, 삭제
- CSS 스타일의 수정, 추가, 삭제
- HTML 이벤트 처리 및 생성

02 HTML DOM

엘리먼트 객체

브라우저 소프트웨어는 웹페이지의 렌더링과[35] HTML 엘리먼트들을 효율적으로 처리하기 위해 모든 HTML 엘리먼트들을 객체로 만들어 관리한다. 하나의 HTML 문서 전체에 해당하는 <html> 엘리먼트도 객체이고, <html> 엘리먼트 내에 2개의 엘리먼트, 즉 <head> 엘리먼트와 <body> 엘리먼트도 객체이다. <body> 엘리먼트 안에 등장하는 모든 엘리먼트들 역시 각각 객체로 저장된다.

예를 들어 아래와 같은 <a> 엘리먼트를 보자.

```
<a href="http://kimhalla.com"> 자물쇠 굴렁쇠 </a>
```

위 <a> 엘리먼트를 객체로 표현하면 오른쪽 그림처럼 나타낼 수 있을 것이다. 즉 태그에 포함된 모든 애트리뷰트들과 태그 내용 등은 객체의 속성(필드변수)으로, 기타 HTML 엘리먼트 객체로써 필요한 함수들은 메소드들로 구성될 수 있을 것이다.

그렇다면 속성 명칭이나 메소드 이름 등에 관한 표준 약속이 필요하지 않을까? 그 표준이 바로 HTML DOM이다.

DOM

DOM은 Document Object Model의 약자로써 W3C[36]에서 제정한 문서 객체 모델 표준이다.[37] HTML DOM 표준의 핵심은 1) HTML 엘리먼트들의 객체 표현 방법과 2) 그 엘리먼트 객체를 접근하고 변경하는 방법이다. 두 번째를 프로그래밍 인터페이스라고 하며

---

35) 렌더링(rendering)은 시각적으로 형상화하는 것을 말하며 웹에서 렌더링이란 HTML 문서의 지시대로 웹페이지를 생성해내는 과정을 의미한다.

36) W3C(World Wide Web Consortium)는 웹 기술에 관련된 표준 제정을 주관한다.

37) DOM 표준은 Core DOM, XML DOM, HTML DOM의 3개 분야로 구성되어 있다.

이 인터페이스를 통해 HTML 엘리먼트 객체를 다루는 것이 바로 자바스크립트 프로그램이다.

특히 <html> 태그에 해당하는, HTML 문서 전체를 가리키는 객체의 이름은 document이다. 따라서 HTML DOM을 준수하는 모든 브라우저에서 자바스크립트 프로그램은 document라는 동일한 명칭으로 HTML 문서에 접근할 수 있다.

HTML 엘리먼트 객체들 간의 순서와 내포 관계 등을 그림으로 나타내면 다음과 같다. 이러한 그림을 HTML DOM 트리[38]라고 한다.

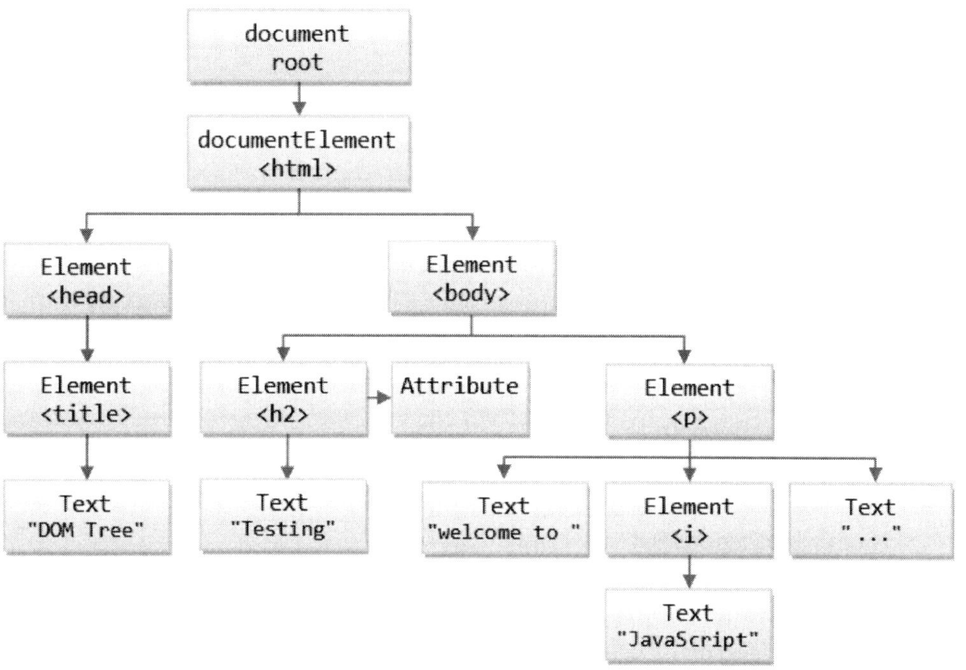

document 객체

document 객체는 하나의 웹페이지 전체를 포괄하는 객체로써 아래 그림과 같이 그 웹페이지에 포함된 모든 엘리먼트 객체들과 그 객체들에 대한 다양한 메소드들을 담고 있다. 따라서 HTML 엘리먼트 객체에 접근하려면 먼저 document 객체를 통해야 한다.

38) (사각형으로 표시된) 각 엘리먼트 간의 관계를 화살표로 표시한 것이 나무를 거꾸로 그린 그림과 비슷하다고 하여 이러한 그림을 트리(tree)라고 부른다.

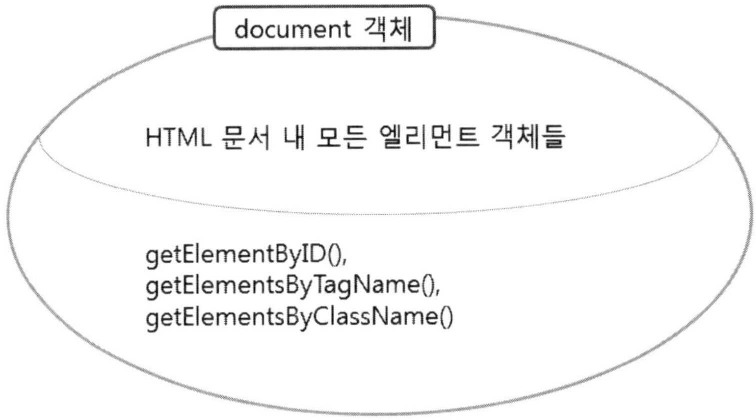

document 객체 메소드

그렇다면 HTML 엘리먼트 객체에 어떻게 접근할 수 있을까. 다시 한 번 CSS가 "무엇을" 찾는 방법, 즉 세 가지 셀렉터를 생각해보자, 태그 셀렉터, 아이디 셀렉터, 클래스 셀렉터이다. 자바스크립트도 동일하다. document 객체는 3가지 방법, 즉 태그 명칭, 아이디 명칭, 클래스 명칭으로 엘리먼트를 찾는 메소드를 제공한다. 그 메소드는 아래와 같다.

- document.getElementById()
- document.getElementsByTagName()
- document.getElementsByClassName()

아이디는 원칙적으로 문서 전체에서 유일하기 때문에 메소드 이름에서도 "element"라는 단수형으로 표현했다. 반면에 태그나 클래스는 다수의 엘리먼트가 동일한 태그나 클래스를 가질 수 있으므로 메소드 이름에서도 복수형으로 표현했다.

이제 실제 예를 보자.[39] document.getElementById("mobile")의 결과는 아이디가 "mobile"인 엘리먼트, 즉 세 번째 줄의 <p> 엘리먼트이다. 모든 HTML 엘리먼트는 innerHTML이라는 속성(필드변수)을 포함하고 있으며 명칭 그대로 그 엘리먼트의 내용을 담고 있다. 따라서 아래 코드는 아이디가 "mobile"인 <p> 엘리먼트의 내용을 "안녕하세요~"로 변경한다.

---

39) 예제들을 실행해보는 방법으로 1) 예제를 메모장에서 편집하여 index.html로 저장하고 브라우저로 index.html 파일 열기, 2) w3schools.com의 예제 화면으로 실행하기, 3) 플렁크(plnkr.co)에서 바로 실행하기 등이 있다.

```
<html>
<body>

<p id="mobile"></p>

<script>
document.getElementById("mobile").innerHTML = "안녕하세요~";
</script>

</body>
</html>
```

임의의 엘리먼트 객체는 위 예에서 본 innerHTML 이외에도 아래와 같이 모든 애트리뷰트와 CSS 속성을 필드변수로 갖고 있다.[40)]

- *element*.innerHTML
- *element.attribute*
- *element*.style.*property*

아래의 자바스크립트 코드를 보자. 아이디가 "batman"인 엘리먼트를 찾아 src 애트리뷰트의 값을 "spiderman.png"로 변경한 것이다.

```
<!DOCTYPE html>
<html>
<body>

<img id="batman" src="batman.png">
<p>배트맨 그림이 스파이더맨 손 그림으로 바뀌었습니다.</p>

<script>
document.getElementById("batman").src = "spiderman.png";
</script>

</body>
</html>
```

40) element, attribute, property와 같이 이탤릭체는 각각에 해당하는 임의의 명칭이 될 수 있음을 나타낸다.

결과는 아래와 같다.

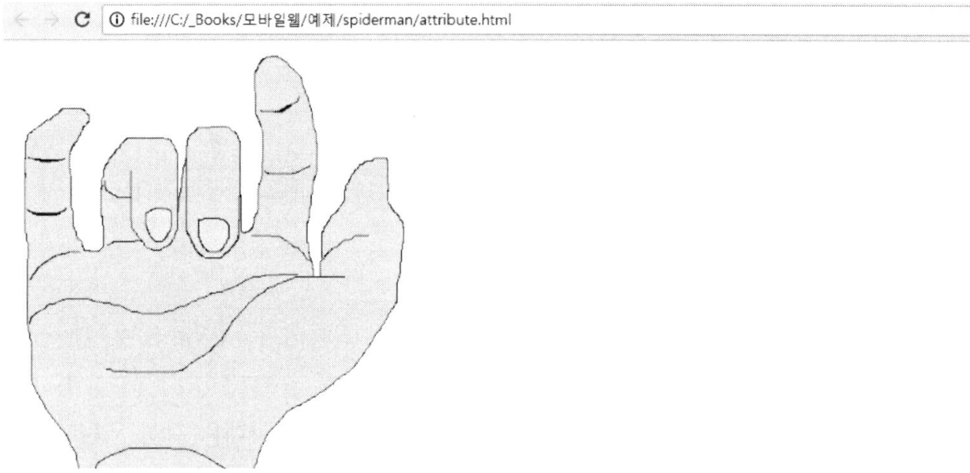

배트맨 그림이 스파이더맨 손 그림으로 바뀌었습니다.

CSS color나 background-color와 같은 CSS 속성(property)은 style 애트리뷰트 내에서 정의되는 것이므로 "엘리먼트 객체 점 style 애트리뷰트 점 속성 명칭"으로 접근한다.

아래 코드는 아이디가 "mobile"인 엘리먼트 객체를 찾아 style 애트리뷰트의 color 속성을 파란색으로 변경한 것이다.

```
<html>
<body>

<p id="mobile"> 안녕하세요, 파란색으로 바뀌었습니다.</p>

<script>
document.getElementById("mobile").style.color = "blue";
</script>

</body>
</html>
```

결과는 아래와 같다.

안녕하세요, 파란색으로 바뀌었습니다.

03 HTML DOM 이벤트

이벤트는 웹페이지에서 발생할 수 있는 동작의 사건이다. 다양한 이벤트를 HTML DOM을 통해 처리할 수 있다. 주요 이벤트들을 보면 아래와 같다.

- 마우스가 클릭되었을 때
- 웹페이지 적재가 끝났을 때
- 마우스가 엘리먼트 위에서 움직였을 때
- 입력 창의 내용이 바뀌었을 때
- 제출 버튼이 클릭되었을 때
- 키보드 키가 눌려졌을 때

이외에도 수많은 이벤트들이 있으며 각각의 이벤트에 대해 애트리뷰트 명칭이 할당되어 있다. 예를 들어 마우스 클릭 이벤트는 onclick 애트리뷰트, 웹페이지 적재 완료 이벤트는 onload 애트리뷰트, 키보드 키 눌림 이벤트는 onkeydown 애트리뷰트이다. 공통적으로 애트리뷰트 명칭은 "on" 뒤에 이벤트 종류를 나타내는 단어를 붙인다.

앞의 스파이더맨 그림 예를 버튼이 클릭되었을 때 그림이 바뀌도록 만들어보면 아래와 같다.

```
<!DOCTYPE html>
<html>
<body>

<img id="batman" src="batman.png">

<p>버튼을 눌러주세요.</p>
<input type="button" onclick="change();">

<script>
function change() {
    document.getElementById("batman").src = "spiderman.png";
}
</script>
```

```
</body>
</html>
```

<input> 엘리먼트에 onclick 애트리뷰트를 추가하고 그 값에 change() 함수를 호출하는 자바스크립트 코드를 넣었다.

이벤트 리스너

앞의 그림 예를 보면 <input> 태그의 onclick 애트리뷰트에, 비록 함수 호출의 간단한 코드이기는 하지만, 자바스크립트 코드가 들어있다. 더 바람직한 방법은, CSS 스타일을 HTML 태그 밖으로 분리했던 것처럼 자바스크립트 코드도 HTML 태그 밖으로 분리하는 것이다. 바로 이벤트 리스너를 사용하면 된다.

이벤트 리스너(event listener)란 이벤트에 반응하는 코드 블록, 즉 함수를 뜻한다. 원하는 이벤트 종류와 그 이벤트에 반응할 함수가 준비되었다면 남은 것은 이를 등록시키는 일이다. 바로 HTML DOM에서 제공하는 addEventListener() 메소드이다. 사용법은 아래와 같다.

```
element.addEventListener(event, function, useCapture);
```

첫 번째 파라미터는 이벤트의 종류, 두 번째 파라미터는 함수 이름이다. 이벤트 종류는 앞의 이벤트 애트리뷰트 명칭에서 "on"을 뺀 것이다.

addEventListener() 메소드를 사용하면 자바스크립트 코드를 HTML 태그 밖으로 분리할 수 있다는 장점 외에도 하나의 엘리먼트에 두 개 이상의 이벤트 리스너를 등록할 수 있다. 위 사용법의 세 번째 파라미터는 두 개 이상의 리스너가 등록되어 있을 때 발생한 이벤트를 다음 리스너에게 전달할지 여부를 나타내며 생략할 수 있다.

그러면 앞의 스파이더맨 그림을 이벤트 리스너를 사용한 코드로 바꾸어 보자. 먼저 <input> 태그를 보면 자바스크립트 코드를 값으로 주어야 하는 onclick 애트리뷰트가 사라졌다. 대신 자바스크립트가 이 <input> 엘리먼트에 접근할 수 있도록 아이디를 부여하였다.

<script> 태그 첫째줄의 document.getElementById("changeButton").addEventListener("click", change) 코드는 아이디가 "changeButton"인 엘리먼트를 찾아 클릭 이벤트 발생 시 change() 함수를 실행하도록 이벤트 리스너를 등록한 것이다. change() 함수는 변동 없다.

```
<!DOCTYPE html>
<html>
<body>

<img id="batman" src="batman.png">

<p>버튼을 눌러주세요.</p>
<input type="button" id="changeButton">

<script>
document.getElementById("changeButton").addEventListener("click", change);

function change() {
   document.getElementById("batman").src = "spiderman.png";
}
</script>

</body>
</html>
```

클릭 이벤트만큼 많이 사용되는 이벤트 중 하나는 키보드 이벤트이다. 아래 예는 오른쪽 방향키를 누르면 그림이 오른쪽으로 움직이도록 한 것이다.

```
<!DOCTYPE html>
<html>
<body>

<p>오른쪽 방향키를 누르면 그림이 오른쪽으로 이동합니다.</p>
<img id="spiderman" src="spiderman.png">

<script>
var left = 0;
function keyEvent(e) {
    if (e.keyCode === 39) {
        document.getElementById("spiderman").style.marginLeft = left++ + "px";
    }
}
```

```
document.addEventListener("keydown", keyEvent);
</script>

</body>
</html>
```

먼저 document.addEventListener("keydown", keyEvent) 함수를 보자. 키보드 키를 받아들이는 주체, 즉 엘리먼트 객체는 문서 전체이므로 document 객체이다. 키 눌림 이벤트의 명칭은 keydown이고 이벤트를 처리할 함수로 keyEvent를 지정했다.

이제 keyEvent() 함수를 보자. 키보드 이벤트 처리 함수는 하나의 파라미터를 주도록 약속되어 있다. 파라미터는 현재 눌려진 키 이벤트의 정보를 담고 있는 객체이다. 키 이벤트 객체의 keyCode 속성에는 그 키의 코드가 숫자로 저장되어 있다. 다음의 if 문장은 keyCode 속성값이 오른쪽 방향키의 코드 값인 39와 같은지를 비교한다.

그림을 오른쪽으로 이동시키려면 그림을 담고 있는 <img> 엘리먼트의 왼쪽 마진을 늘려주면 된다. 따라서 if 문장 안의 코드로 아이디가 "spiderman"인 엘리먼트 객체를 찾아 style 애트리뷰트의 marginLeft 속성값을 증가시켰다. marginLeft 속성은 CSS 스타일 속성인 margin_left에 해당한다.41)

결과는 아래와 같이 오른쪽 방향키를 누를 때마다 그림이 오른쪽으로 한 픽셀씩 움직인다.

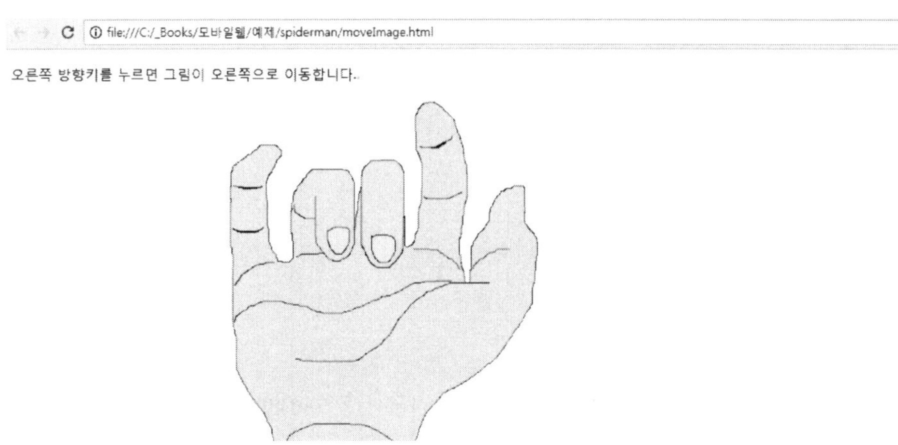

41) HTML이나 CSS에서 두 단어 이상으로 구성된 명칭은 단어 사이에 "_"을 넣지만 자바스크립트 언어에서는 관행적으로 "_"대신에 단어의 첫글자를 대문자로 쓴다.

다중 이벤트 리스너

addEventListener() 메소드를 사용하면 한 엘리먼트에 여러 개의 이벤트 리스너를 등록할 수 있다. 다음 예는 버튼 엘리먼트에 세 가지 이벤트, 즉 마우스 접근, 마우스 벗어남, 클릭 이벤트를 등록한 것이다. 이벤트 명칭은 각각 mouseover, mouseout, click이다. 스크립트 태그 첫째 줄을 보면 document.getElementById() 메소드로 찾은 엘리먼트 객체를 button 변수에 저장하였다. 이는 getElementById() 메소드 호출을 줄여 프로그램 성능을 높일 수 있다.

```
<!DOCTYPE html>
<html>
<body>

<h3>다중 이벤트 리스너</h3>
<button id="myButton">이 버튼에 마우스가 접근했을 때, 벗어났을 때, 클릭했을 때</button>
<p id="result"></p>

<script>
var button = document.getElementById("myButton");
button.addEventListener("mouseover", event1);
button.addEventListener("mouseout", event2);
button.addEventListener("click", event3);

function event1() {
    document.getElementById("result").innerHTML += "마우스가 버튼에 접근했습니다!<br>";
}

function event2() {
    document.getElementById("result").innerHTML += "마우스가 버튼을 벗어났습니다!<br>";
}

function event3() {
    document.getElementById("result").innerHTML += "버튼을 클릭했습니다!<br>";
}
</script>

</body>
</html>
```

결과는 아래와 같이 마우스가 버튼에 접근하거나 벗어날 때, 그리고 클릭했을 때 각각 메시지가 출력된다.

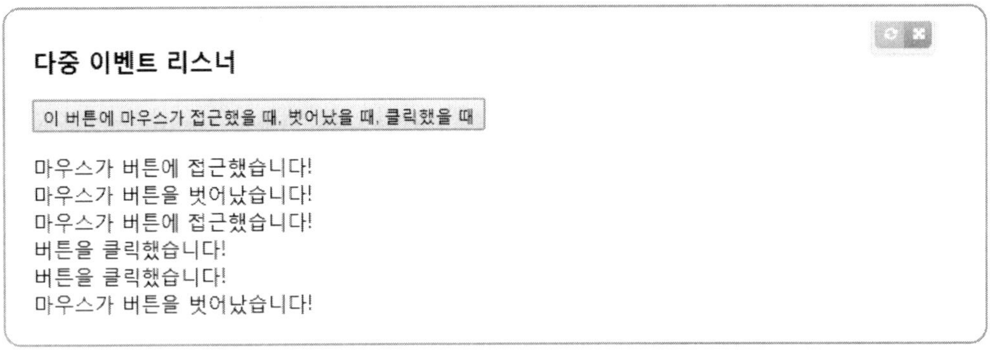

제6장

브라우저 BOM

01 개요

앞에서, 하나의 html 파일에 해당하는, 즉 하나의 웹페이지를 관장하는 객체인 document 객체에 대하여 살펴보았다. 브라우저가 하는 일 가운데 웹페이지 범위를 벗어난 일은 없을까. 알림창을 예를 들어 보자. 알림창은 웹페이지 밖에서 만들어지므로 웹페이지 범위 밖에 있다고 할 수 있지 않을까. 이외에도 브라우저의 현재 크기나 스크린 자체에 관한 정보, 브라우저 주소창에 입력된 웹 사이트 방문 기록, 쿠키 등도 웹페이지 밖에서 일어나는 일이라 할 수 있다.

이처럼 브라우저가 하는 일을 객체들로 구성한 체계를 브라우저 BOM(Browser Object Model)이라 한다.

02 윈도우 객체

BOM 체계의 핵심, 즉 모든 객체들을 포괄하는 최상위 객체는 window 객체이다. document 객체 또한 window 객체에 포함된 여러 객체들 가운데 하나이다. 예를 들어 document. getElementById()는 원래 window.document.getElementById()를 간단히 쓴 것이다.

그렇다면 window 객체 자체의 속성이나 메소드는 어떤 것이 있을까. 속성으로는 현재 브라우저 화면의 가로 길이와 세로 길이를 나타내는 innerWidth와 innerHeight가 있다.

```
<!DOCTYPE html>
<html>
<body>

<p id="mobile"></p>

<script>
var w = window.innerWidth
var h = window.innerHeight

document.getElementById("mobile").innerHTML = "브라우저 가로는: " + w + ", 세로는:
" + h;
</script>

</body>
</html>
```

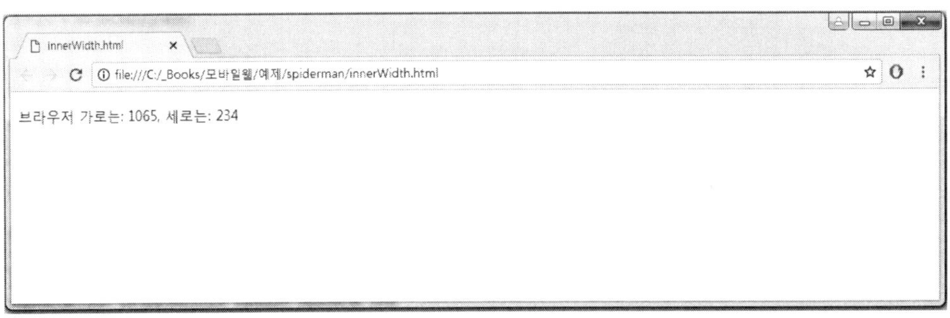

메소드로는 window.open(), window.close(), window.moveTo(), window.resizeTo() 등이 있다.

03 알림창

알림창을 띄우는 일도 window 객체의 몫이다. window 객체는 단계별로 세 가지 알림창 메소드를 제공한다. window.alert()은 단순 알림창, window.confirm()은 확인/취소 버튼이 있는 알림창, window.prompt()는 답변을 입력할 수 있는 알림창이다.

window.alert() 메소드

window.alert() 메소드는 "확인" 버튼만 있는 단순 알림창을 띄운다. 아래 코드와 같이 alert() 앞에 "window 점"은 생략해도 된다.

```
<!DOCTYPE html>
<html>
<body>

<h3>Window.alert() 메소드</h3>
<button onclick="myFunction()">버튼</button>

<script>
function myFunction() {
    alert("단순 알림창입니다.");
}
</script>

</body>
</html>
```

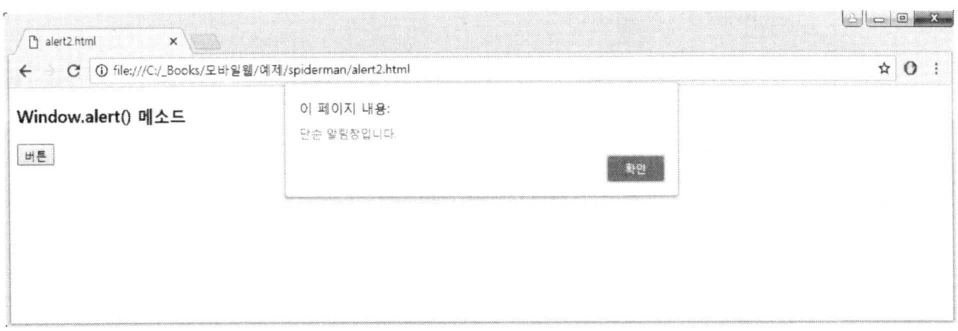

window.confirm() 메소드

window.confirm() 메소드는 “확인/취소” 버튼이 있는 알림창을 띄운다.

```
<!DOCTYPE html>
<html>
<body>

<h3>Window.confirm() 메소드</h3>
<button onclick="myFunction()">버튼</button>
<p id="mobile"></p>

<script>
function myFunction() {
    var result = confirm("확인 또는 취소를 눌러주십시오.");
    if (result) {
        document.getElementById("mobile").innerHTML = "확인을 눌렀습니다.";
    } else {
        document.getElementById("mobile").innerHTML = "취소를 눌렀습니다.";
    }
}
</script>

</body>
</html>
```

window.confirm() 메소드는 확인/취소 결과에 따라 확인을 누르면 true 값을, 취소를 누르면 false 값을 반환한다. 위의 코드는 확인/취소 결과를 result 변수에 저장하고 result 변수의 값에 따라 확인을 눌렀는지 취소를 눌렀는지 출력한다.아래는 알림창의 확인/취소 버튼을 누르기 전의 화면이다.

확인 버튼을 누르면 아래와 같이 메시지가 출력된다.

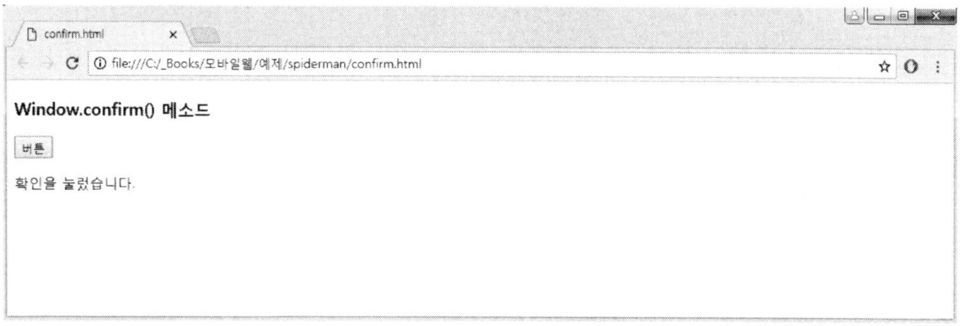

window.prompt() 메소드

window.prompt() 메소드는 답변을 입력할 수 있는 알림창을 띄운다. 다른 알림창 메소드와 달리 두 개의 파라미터를 사용하는데 첫 번째 파라미터는 알림 메시지이고 두 번째 파라미터는 답변의 초기값이다.

```
<!DOCTYPE html>
<html>
<body>

<h3>Window.prompt() 메소드</h3>
<button onclick="myFunction()">버튼</button>
<p id="mobile"></p>

<script>
function myFunction() {
    var answer = prompt("가장 좋아하는 과일은 무엇입니까?", "수박");
    if ((answer == "") || (answer == null)) {
        document.getElementById("mobile").innerHTML = "취소를 제일 좋아하시는군요.";
    } else {
        document.getElementById("mobile").innerHTML = answer + "을 제일 좋아하시는군요.";
    }
}
</script>

</body>
</html>
```

window.prompt() 메소드의 반환값은 답변에 입력한 내용이다. 위 코드에서는 변수 answer에 저장한다. 알림창의 취소 버튼을 누르거나 또는 답변 없이 확인 버튼을 누르면 반환값은 null 값이 된다. if 문장으로 변수 answer의 값이 null 값 또는 빈 문자열인지 비교하여 취소 여부를 구분하였다.

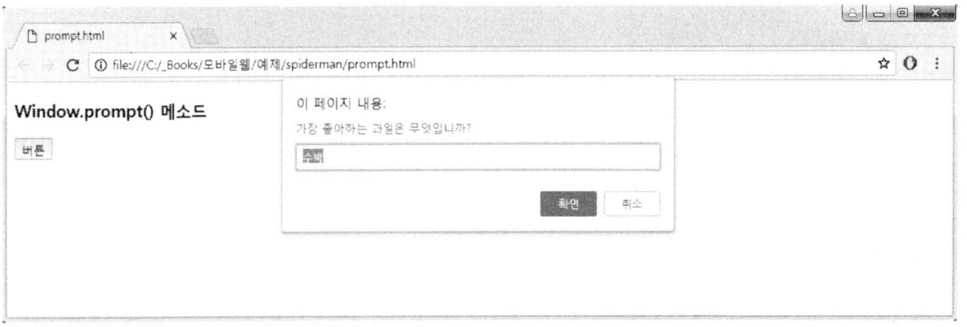

확인 버튼을 눌렀을 때의 결과는 아래와 같다.

아래는 취소 버튼을 눌렀을 때의 결과이다.

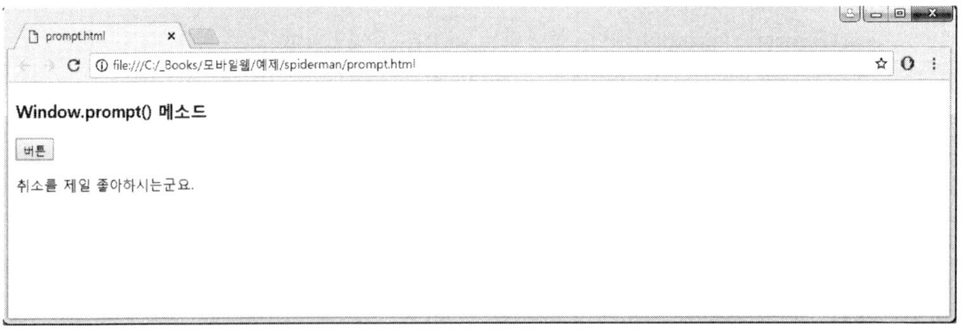

04 윈도우 스크린 객체

스크린 객체는 모니터에 관한 정보를 저장한다. 스크린 객체의 속성들은 아래와 같다.

- window.screen.width
- window.screen.height
- window.screen.availWidth
- window.screen.availHeight
- window.screen.colorDepth
- window.screen.pixelDepth

앞에서 document 객체를 언급할 때 window.document에서 window 객체는 생략했던 것처럼 window.screen.width를 window 객체를 생략하고 screen.width로 사용해도 된다.

모니터 해상도

모니터의 해상도를 나타내는 스크린 객체의 속성은 width와 height이다.

```
<!DOCTYPE html>
<html>
<body>

<p id="mobile"></p>

<script>
document.getElementById("mobile").innerHTML =
                                        "모니터의 해상도는 " + screen.width + " X " + screen.height;
</script>

</body>
</html>
```

결과는 아래와 같이 화면의 가로 길이와 세로 길이를 알 수 있다. 단위는 픽셀이다.

```
모니터의 해상도는 1920 X 1080
```

05 윈도우 location 객체

윈도우 location(로케이션) 객체는 현재 웹페이지의 주소 정보, 즉 웹 주소를 저장한다. 웹 주소란 브라우저 주소창에 입력된 정보를 말한다.

웹 주소는 여러 요소들로 구성된다. 아래와 같은 일반적인 예를 보자. 제일 앞에 나오는 것은 프로토콜 이름이다. 여기서는 웹 표준 프로토콜인 http이다. 프로토콜 이름 다음에는 약속된 규칙인 "://"를 쓰고 이어서 도메인 이름을 쓴다. 도메인 이름 뒤에는 슬래시("/") 문자로 시작하는 웹 문서 파일의 경로를 쓴다.

```
http://www.mobile.com/northeast/index.html
```

location 객체 속성

윈도우 location 객체의 속성들은 아래와 같다. href 속성은 웹 주소 전체, protocol 속성은 프로토콜 이름, hostname 속성은 도메인 이름, pathname 속성은 웹 문서 파일 경로, port 속성은 인터넷 통신에서 사용하는 포트 번호를 저장한다. 참고로 웹 프로토콜의 기본 포트 번호는 80번이다.

- window.location.href
- window.location.hostname
- window.location.pathname
- window.location.protocol
- window.location.port

location 객체 메소드

윈도우 location 객체의 assign() 메소드는 주소창에 입력할 웹 주소를 자바스크립트를 통해 바로 지정할 수 있다.

- window.location.assign()

아래 코드를 보자. 아이디가 mobile인 버튼 엘리먼트에 클릭 이벤트를 등록하였다. 이벤트를 처리할 이벤트 리스너 함수는 newPage()이다. newPage() 함수에서는 location.assign() 메소드로 새로운 웹페이지를 방문한다. 웹페이지 주소는 파라미터로 지정한다.

```
<!DOCTYPE html>
<html>
<body>

<h3> window.location 객체 </h3>
<input type="button" id="mobile" value="웹페이지 열기">

<script>
function newPage() {
    window.location.assign("http://www.kimhalla.com")
}

document.getElementById("mobile").addEventListener("click", newPage);
</script>

</body>
</html>
```

위 코드를 실행하고 “웹페이지 열기” 버튼을 클릭하면 아래와 같이 location.assign() 메소드에 파라미터로 설정한 웹페이지로 바뀐다.

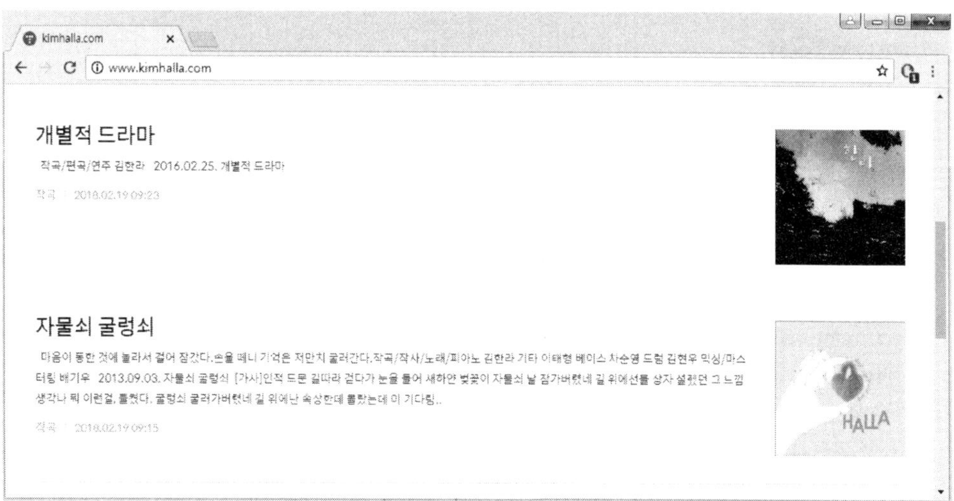

06 윈도우 history 객체

윈도우 history 객체는 웹페이지 방문기록을 저장하고 있다. history 객체의 주요 메소드는 현재 웹페이지의 앞과 뒤를 방문하는 history.forward()와 history.back()이다.

- window.history.back()
- window.history.forward()

history.back()과 history.forward() 메소드는 브라우저의 주소창 옆에 뒤로 가기 버튼과 앞으로 가기 버튼의 기능과 동일하다.

아래 예는 "뒤로 가기" 버튼과 "앞으로 가기" 버튼을 준비하고 각 버튼의 클릭 이벤트 리스너로 back() 함수와 forward() 함수를 등록한 것이다. 두 함수는 각각 history.back() 메소드와 history.forward() 함수를 사용한다.

```
<!DOCTYPE html>
<html>
<body>

<h3> window.history 객체 </h3>
<input type="button" id="back" value="뒤로 가기">
<input type="button" id="forward" value="앞으로 가기">

<script>
function back() {
    window.history.back();

}
function forward() {
    window.history.forward();
}

document.getElementById("back").addEventListener("click", back);
document.getElementById("forward").addEventListener("click", forward);
</script>

</body>
</html>
```

실행 결과는 아래와 같다.

07 자바스크립트 타이밍 이벤트

HTML 게임의 캐릭터나 배경이 시간에 따라 일정 시간 간격으로 움직이게 하려면 해당 시점에 이벤트를 발생시킬 수 있어야 한다. 이러한 이벤트를 타이밍 이벤트라고 한다.

브라우저는 아래와 같이 두 가지 종류의 타이밍 이벤트 메소드를 제공하며 모두 window 객체의 메소드이다.

- window.setTimeout(*function, milliseconds*)
- window.setInterval(*function, milliseconds*)

window.setTimeout() 메소드는 현재 시점부터 일정 시간 경과 후 주어진 함수를 실행한다. 첫 번째 파라미터는 타이밍 이벤트가 발생했을 때 수행할 함수이고 두 번째 파라미터는 경과 시간이다. 단위는 밀리초이다.

window.setInterval() 메소드는 일정 시간 간격으로 주어진 함수를 실행하게 하는 것이다. 첫 번째 파라미터는 주기적으로 수행할 함수이고 두 번째 파라미터는 시간 간격이다.

window.setInterval() 메소드

```
<!DOCTYPE html>
<html>
<body>

<h3> 디지털 시계 </h3>
<p id="mobile"></p>

<script>
window.setInterval(timer, 1000);

function timer() {
    document.getElementById("mobile").innerHTML = new Date();
}
</script>

</body>
</html>
```

위 코드는 window.setInterval() 메소드를 사용하여 아래와 같은 디지털시계를 표시하는 코드이다. window.setInterval() 메소드로 1초(1,000밀리초) 간격마다 timer() 함수를 실행하도록 했다. timer() 함수는 Date() 객체를 만들어 아이디가 "mobile"인 <p> 엘리먼트의 내용으로 저장한다.

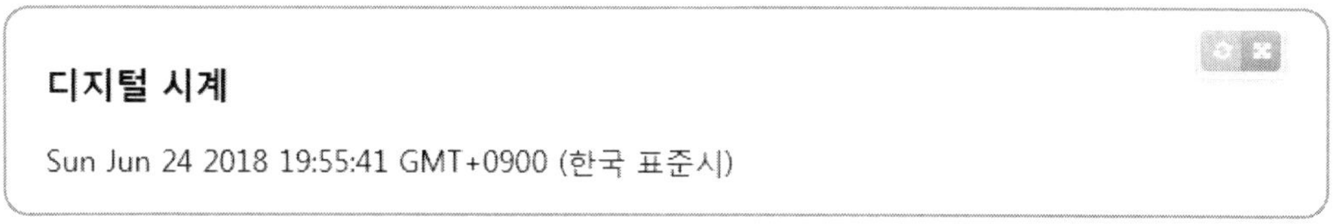

window.setTimeout() 메소드

위의 디지털시계를 이번에는 window.setTimeout() 메소드를 사용하여 만들어보자.

```
<!DOCTYPE html>
<html>
<body>

<h3> 디지털 시계 </h3>
<p id="mobile"></p>

<script>
timer();

function timer() {
    document.getElementById("mobile").innerHTML = new Date();
    window.setTimeout(timer, 1000);
}
</script>

</body>
</html>
```

어떤가, 위 코드를 보자. 처음에 timer() 함수를 한 번 호출했다. timer() 함수는 현재 시각을 표시하고 바로 이어서 window.setTimeout() 메소드로 1초 뒤에 timer() 함수를 실행하도록 했다. 1초 뒤에는? 역시 timer() 함수가 실행되어 현재 시각을 표시하고 바로 이어서 window.setTimeout() 메소드로 1초 뒤에 timer() 함수를 실행한다. 결과적으로 앞에서 살펴본 window.setInterval() 메소드처럼 주기적인 타이밍 이벤트를 발생시키게 된다.

결과는 아래와 같이 앞의 코드의 결과와 동일하다.

디지털 시계

Sun Jun 24 2018 20:03:12 GMT+0900 (한국 표준시)

타이밍 이벤트 중단하기

위의 디지털시계 코드는 한 번 실행되면 브라우저가 열려 있는 동안은 계속 실행된다. 하지만 경우에 따라서는 반복되는 타이밍 이벤트를 중단할 필요도 있을 수 있다.

타이밍 이벤트를 중단시키는 메소드는 window.clearTimeout()과 window.clearInterval()이다. 각각 위에서 살펴본 window.setTimeout()과 window.setInterval()로 시작된 타이밍 이벤트를 중단한다.

- window.clearTimeout(*timingObject*)
- window.clearInterval(*timingObject*)

실행 중인 타이밍 이벤트를 중단시키기 위해서는 해당 타이밍 이벤트에 접근할 수 있어야 한다. 따라서 타이밍 이벤트를 실행시킬 때 그 이벤트 자체를 변수에 저장하고 그 변수로 접근하면 된다.

```
<!DOCTYPE html>
<html>
<body>

<h3> 디지털 시계 </h3>
<p id="mobile"></p>
<button onclick="window.clearInterval(timerObject)"> 시계 중단 </button>

<script>
var timerObject = window.setInterval(timer, 1000);

function timer() {
    document.getElementById("mobile").innerHTML = new Date();
}
```

```
</script>

</body>
</html>
```

위의 코드에서 추가된 것은 버튼 하나이다. 버튼의 onclick 애트리뷰트는 버튼이 클릭되었을 때 window.clearInterval() 메소드로 timerObject 변수에 저장된 타이밍 이벤트를 중단하도록 설정한다.

제7장

HTML 캔버스

01 HTML 그래픽스

HTML5 표준에서 새로 추가된 기능 중의 하나는 그래픽스이다. HTML 그래픽스는 웹 페이지에 그림을 그릴 수 있는 기능으로 아래와 같이 두 가지 방법이 있다.

- SVG(Scalable Vector Graphics)
- HTML 캔버스(canvas)

SVG는 벡터 기반 방식이며 그림 요소들을 XML 형식으로 기술한다. 각각의 그림 요소들을 HTML 엘리먼트 객체와 동일하게 취급할 수 있다.

HTML 캔버스는 자바스크립트로 그림을 그린다. 브라우저는 그림 요소들을 일일이 저장하지 않는다.

SVG의 장점은 그림 요소들을 객체로 저장하기 때문에 그림 요소들을 보통의 HTML 엘리먼트 객체처럼 취급할 수 있다는 점이다. 반면에 HTML 캔버스의 장점은 별도의 그림 저장 과정이 없기 때문에 처리 속도가 빠르다. 따라서 HTML 캔버스는 화면의 변화가 많은 그래픽 게임에 적합하다.

이번 장에서는 HTML 캔버스에 대하여 알아본다.

02 HTML 캔버스 개요

HTML 캔버스 태그는 <canvas>이다. HTML 입장에서 <canvas> 엘리먼트는 그림이 그려질 영역임을 선언할 뿐이고 실제 그림은 자바스크립트로 그린다.

아래는 <canvas> 엘리먼트의 예이다. <canvas> 엘리먼트는 내용이나 경계에 대한 초기값이 없기 때문에 일반적으로 아래와 같이 가로, 세로 길이와 테두리 형식을 설정한다.

```
<!DOCTYPE html>
<html>
<body>

<canvas id="mobileCanvas" width="600" height="400" style="border:1px solid #000000;">
</canvas>

</body>
</html>
```

위 코드는 style 애트리뷰트로 테두리는 1픽셀 두께의 검정색 실선으로, 크기는 가로 600픽셀, 세로 400픽셀로 설정한다. 결과는 아래와 같다.

03 HTML 캔버스 그리기

자바스크립트로 <canvas> 엘리먼트에 그림을 그리는 과정은 3단계로 요약할 수 있다.

1) <canvas> 엘리먼트를 찾는다.

```
var canvas = document.getElementById("mobileCanvas");
```

2) 그림 객체를 만든다.

```
var ctx = canvas.getContext("2d");
```

3) 그림을 그린다.

```
ctx.fillStyle = "#FF0000";
ctx.fillRect(0, 0, 150, 75);
```

단계 2)에서 만들어진 객체를 통해 브라우저가 제공하는 다양한 그리기 메소드들과 그리기에 필요한 속성들을 사용할 수 있게 된다. 그리기 객체 ctx는 <canvas> 엘리먼트의 getContext() 메소드로 생성되고 “2d” 파라미터는 2차원 그래픽 객체를 나타낸다.

```
<!DOCTYPE html>
<html>
<body>

<canvas id="mobileCanvas" width="600" height="400" style="border:1px solid #000000;">
</canvas>

<script>
var canvas = document.getElementById("mobileCanvas");
var ctx = canvas.getContext("2d");
ctx.fillStyle = "#FF0000";
ctx.fillRect(0, 0, 300, 100);
</script>

</body>
</html>
```

잠깐 HTML 캔버스 좌표 체계

대부분의 프로그래밍 언어의 좌표 체계와 마찬가지로 HTML 캔버스의 2차원 평면 좌표 체계는 가로 방향이 x축, 세로 방향이 y축이고 왼쪽 위가 원점(0, 0)이다. 따라서 x 좌표는 왼쪽에서 오른쪽으로 갈수록 증가하고 y 좌표는 위에서 아래로 갈수록 증가한다.

위 코드는 아래와 같이 빨간색으로 채워진 사각형을 그린다. 변수 ctx를 일반적으로 캔버스 객체라 부르며 명칭은 context의 약자이다.

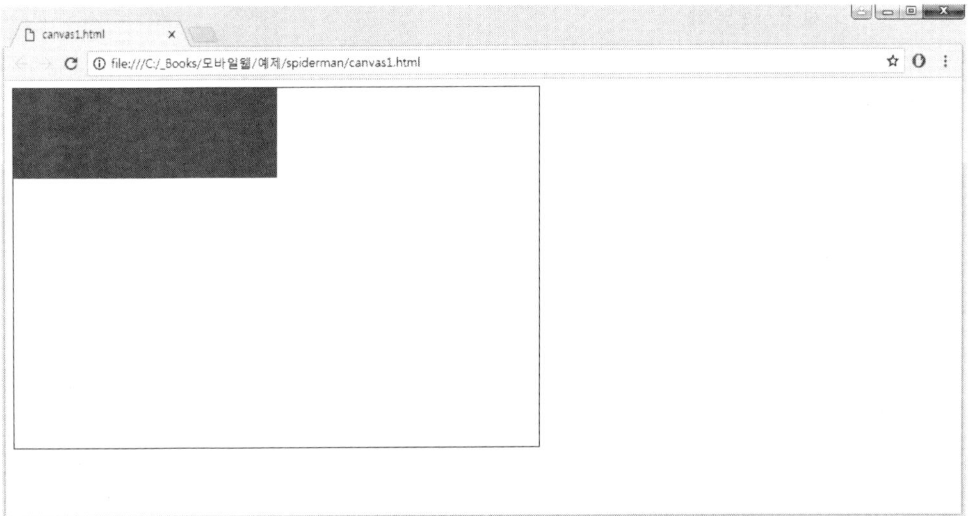

캔버스 색 지정 – fillStyle 속성과 strokeStyle 속성

캔버스 객체(즉 ctx 변수)의 색을 지정하는 속성은 fillStyle과 strokeStyle이며 각각 채우기 색과 테두리 색을 의미한다. 아래 예를 보자.[42] 위의 코드에서 파란색 테두리의 색 채우기 없는 사각형을 그리는 두 줄을 추가하였다.

```
var canvas = document.getElementById("mobileCanvas");
var ctx = canvas.getContext("2d");
ctx.fillStyle = "#FF0000";
ctx.fillRect(0, 0, 300, 100);
ctx.strokeStyle = "#0000FF";
ctx.strokeRect(300, 100, 200, 100);
```

42) 이제부터의 예제는 <script> 태그 내에 들어가는 자바스크립트 코드만 제시한다.

5번째 줄의 ctx.strokeStyle에 저장된 색은 파란색이며 테두리를 그릴 때 적용된다. 결과는 아래와 같다.

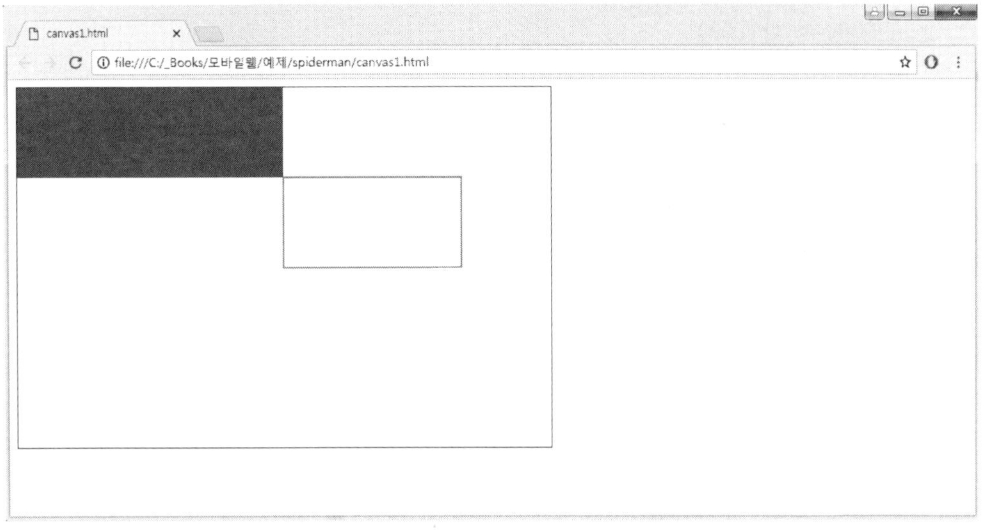

▌사각형 그리기 – fillRect() 메소드와 strokeRect() 메소드

fillRect() 메소드와 strokeRect() 메소드는 둘 다 사각형을 그리는 메소드이다. fillRect() 메소드는 색이 채워진 사각형, strokeRect() 메소드는 채우지 않은 사각형을 그린다. 이때 색은 각각 fillStyle 속성과 strokeStyle 속성으로 지정한 색이 적용된다.

파라미터는 아래와 같이 4개이다. x, y는 사각형의 원점, 즉 왼쪽 위 꼭지점의 좌표이고 width는 가로의 길이, height는 세로의 길이이다.

- fillRect(*x, y, width, height*)
- strokeRect(*x, y, width, height*)

또한 rect(x, y, width, height) 메소드를 사용해도 사각형을 그릴 수 있다. rect() 메소드는 명칭 그대로 사각 영역을 설정만 하는 것이기 때문에 그림을 실제로 그리려면 fill() 메소드 또는 stroke() 메소드를 실행해야 한다.

예를 들어 위 예제의 fillRect()와 strokeRect()를 아래와 같이 rect() 메소드를 사용해도 결과는 같다. 차이점은 fill() 메소드는 채우는 색과 테두리 색 모두가 적용된다는 점이다.

```
var canvas = document.getElementById("mobileCanvas");
var ctx = canvas.getContext("2d");

ctx.fillStyle = "#FF0000";
ctx.rect(0, 0, 300, 100);
ctx.fill();

ctx.strokeStyle = "#0000FF";
ctx.rect(300, 100, 200, 100);
ctx.stroke();
```

원 그리기 – arc() 메소드

원을 그리는 메소드는 아래와 같이 arc() 메소드이다. 파라미터는 5개로써 원의 중심 좌표 x, y, 반지름 r, 시작 각도, 끝 각도이다. 각도는 0과 2*Math.PI 사이의 값이며 시작 각도와 끝 각도에 따라 원뿐만 아니라 임의의 원호를 그릴 수 있다.

- arc(*x, y, r, startangle, endangle*)

arc() 메소드는 beginPath() 메소드를 먼저 실행하여 새로운 그리기의 시작임을 알려주어야 한다. 즉 beginPath() 메소드는 마치 붓을 옮길 때 화폭에서 붓을 들어 움직임으로써 화폭에 불필요한 흔적이 남지 않도록 하는 것과 같다.

아래는 색을 채운 원과 색을 채우지 않은 원호를 그리는 코드이다. ctx.fill() 메소드와 ctx.stroke() 메소드는 각각 ctx.fillStyle 속성과 ctx.strokeStyle 속성에 설정된 색이 적용된다.

```
var canvas = document.getElementById("mobileCanvas");
var ctx = canvas.getContext("2d");

ctx.fillStyle = "#FF0000";
ctx.strokeStyle = "#0000FF";

ctx.beginPath();
ctx.arc(200, 200, 100, 0, 2*Math.PI);
ctx.fill();

ctx.beginPath();
ctx.arc(400, 200, 100, 0, 3/2*Math.PI);
ctx.stroke();
```

결과는 아래와 같다. 특히 arc() 메소드의 원호의 시작은 오른쪽 가운데 지점이고 원호를 그리는 방향은 시계 방향이다.

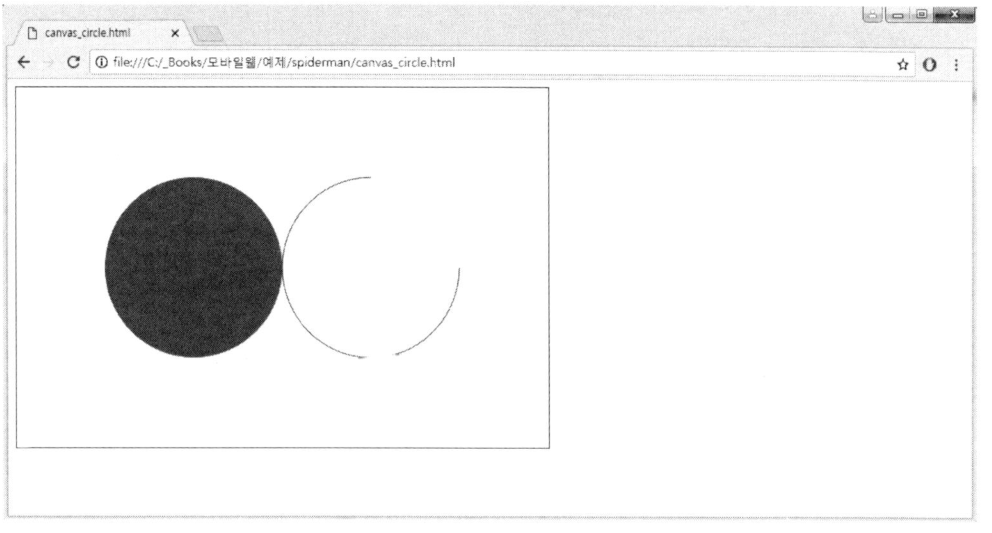

선 그리기 - moveTo() 메소드와 lineTo() 메소드

하나의 선을 그리기 위해서는 시작점의 좌표와 끝점의 좌표가 필요하다. 캔버스에서 선을 그리는 방법은 1) 먼저 시작점을 설정하고 2) 끝점으로 선을 그리는 것이다. 시작점의 설정, 즉 시작점으로 이동하는 메소드는 moveTo()이고 이 시작점에서 끝점까지 선을 그리는 메소드는 lineTo()이다.

- moveTo(*x*, *y*)
- lineTo(*x*, *y*)

아래 예는 좌표 (100, 100)에서 좌표 (400, 300)으로 파란색 선을 그리는 코드이다.

```
var canvas = document.getElementById("mobileCanvas");
var ctx = canvas.getContext("2d");

ctx.strokeStyle = "#0000FF";

ctx.moveTo(100, 100);
ctx.lineTo(400, 300);
ctx.stroke();
```

lineTo() 메소드도 arc() 메소드와 같이 그리기 정보만 우선 설정하는 것이기 때문에 뒤에 stroke() 메소드를 실행해야 비로소 선이 그려진다. 결과는 아래와 같다.

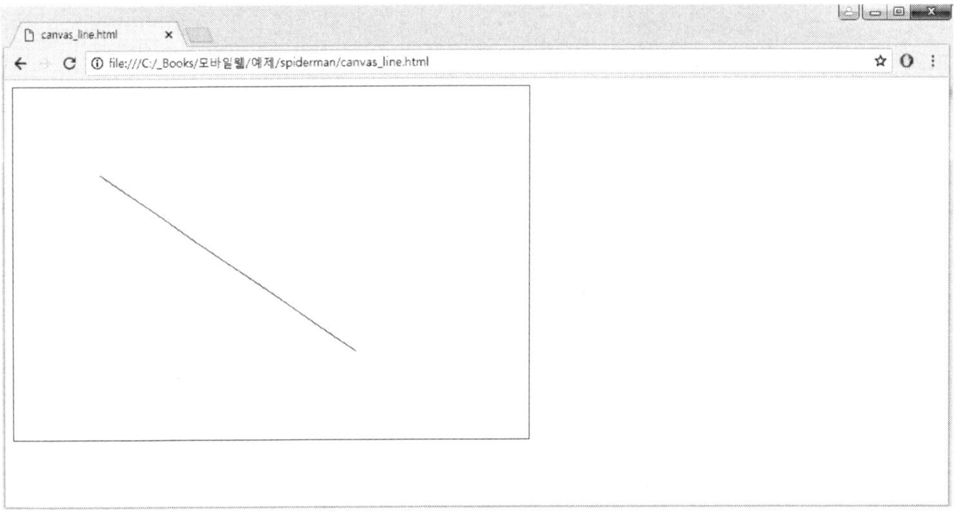

선 그리기 응용

아래와 같은 그림을 한번 만들어 보자. 여러 개의 선으로 그린 그림이다.

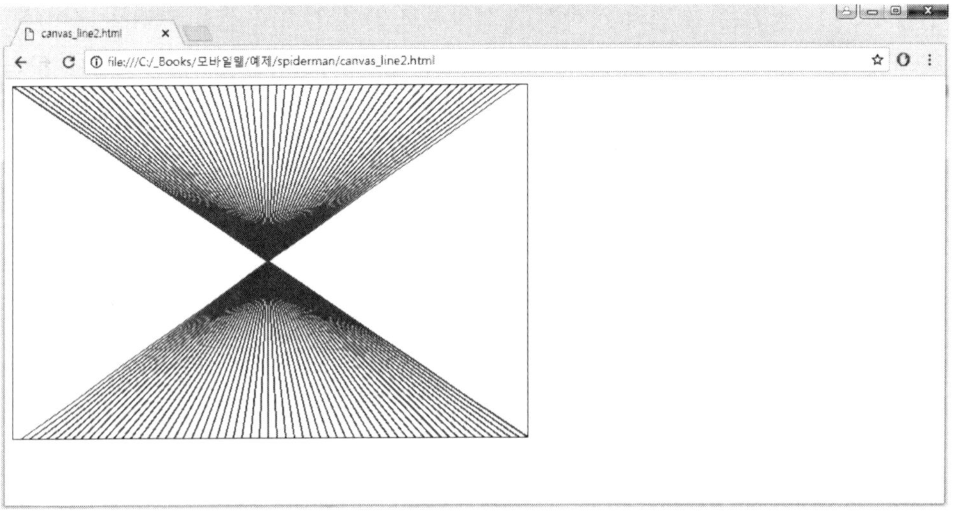

그림을 보면 왼쪽 위에서 시작하는 첫 번째 선의 시작점은 왼쪽 위 꼭짓점이고 끝점은 오른쪽 아래 꼭짓점이다. 그 두 점의 좌표는 각각 (0, 0)과 (600, 400)이다. 이어서 두 번째 선을 보자. 왼쪽 윗부분의 시작점은 x 좌표만 조금 증가했고 y 좌표는 여전히 0이다. 오른쪽 아랫부분의 끝점은 x 좌표만 조금 감소했고 y 좌표는 여전히 400이다.

이를 for 문장을 이용하여 작성하면 아래와 같다.

```
var canvas = document.getElementById("mobileCanvas");
var ctx = canvas.getContext("2d");
ctx.strokeStyle = "#0000FF";

for (let x = 0; x < 600; x += 5) {
    ctx.moveTo(x, 0);
    ctx.lineTo(600 - x, 400);
    ctx.stroke();
}
```

04 HTML 캔버스 텍스트

먼저 캔버스에 글씨를 그리기 위해 설정해야하는 속성은 font이다.

- font

다음으로 실제 글씨를 그리는 메소드는 색을 채워 그리는 fillText() 메소드와 윤곽선 글씨를 그리는 strokeText()이다. 파라미터는 문자열과 문자열이 그려질 좌표이다.

- fillText(*text, x, y*)
- storkeText(*text, x, y*)

좌표의 기준은 글씨 영역의 왼쪽 아래 꼭짓점이다. 좌표의 기준을 변경할 수 있는데 해당 속성은 textAlign이다. 속성값으로는 left, center, right이고 좌표의 기준을 각각 왼쪽 아래, 가운데 아래, 오른쪽 아래로 설정한다.

- textAlign

아래 예를 보자. 첫 번째 글씨는 font 속성으로 글자 크기는 48픽셀, fillStyle 속성으로 글자색은 빨간색, textAligh 속성으로 좌표 기준을 가운데 아래로 맞추고 fillText() 메소드로 글자의 좌표를 <canvas> 엘리먼트의 중앙으로 설정했다.

두 번째 글씨는 24픽셀 크기의 파란색으로, 좌표 기준을 오른쪽 아래로 설정하여 <canvas> 엘리먼트의 왼쪽 아래 모서리에 글자가 출력되도록 설정했다.

```
var canvas = document.getElementById("mobileCanvas");
var ctx = canvas.getContext("2d");

ctx.font="48px Arial Sans";
ctx.fillStyle = "red";
ctx.textAlign = "center";
ctx.fillText("자물쇠 굴렁쇠", canvas.width/2, canvas.height/2);

ctx.font="24px Arial Sans";
ctx.fillStyle = "blue";
ctx.textAlign = "right";
ctx.fillText("오른쪽 아래 맞춤", canvas.width, canvas.height);
```

결과는 아래와 같다.

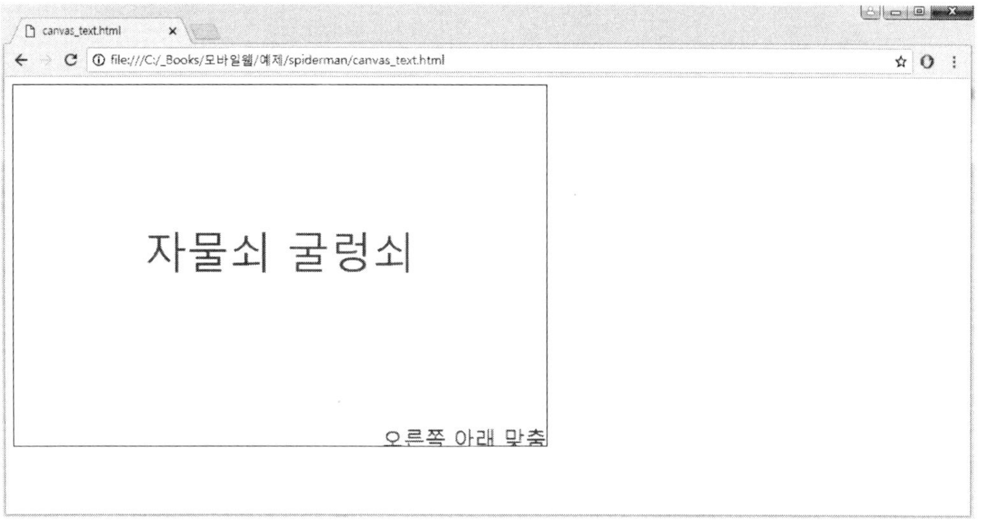
canvas_text.html
file:///C:/_Books/모바일웹/예제/spiderman/canvas_text.html
자물쇠 굴렁쇠
오른쪽 아래 맞춤

05 HTML 캔버스 이미지

이미지 파일을 캔버스에 그리는 메소드는 drawImage()이다.

- drawImage(*image, x, y*)

drawImage() 메소드의 첫 번째 파라미터는 이미지 객체이다. 이미지 객체를 준비하는 방법은 아래 코드와 같이 먼저 Image() 메소드로 이미지 객체를 생성하고 그 이미지 객체의 src 속성에 이미지 파일을 지정하면 된다.

```
var canvas = document.getElementById("mobileCanvas");
var ctx = canvas.getContext("2d");

var img = new Image();
img.src = "madchen.jpg";

img.addEventListener("load", drawImage);

function drawImage() {
      ctx.drawImage(img, 0, 0);
}
```

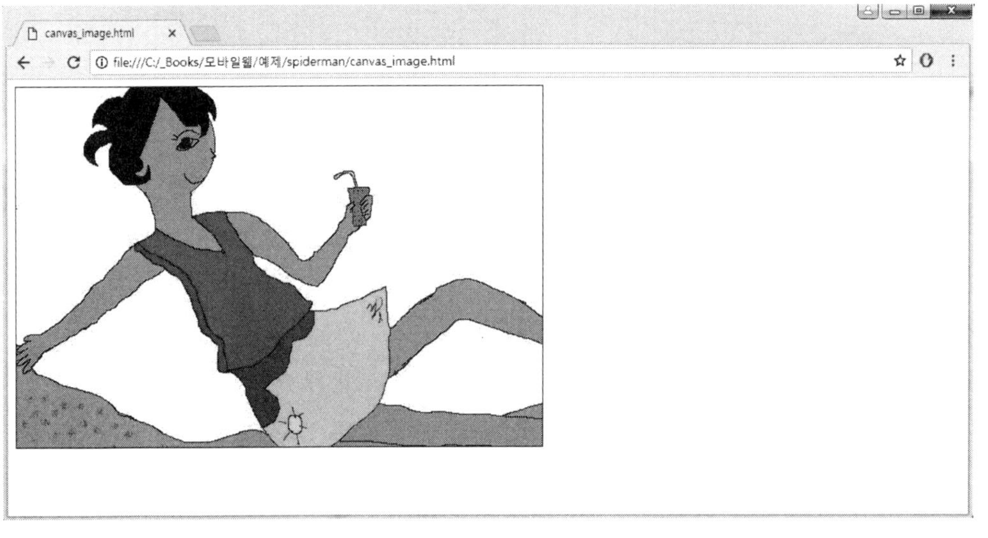

제8장

HTML 게임

01 브라우저 게임

웹 브라우저에서 실행되는 게임을 일반적으로 브라우저 게임이라 부른다. 브라우저 게임의 가장 두드러진 특징은 브라우저 프로그램 외에는 별도의 프로그램 설치가 필요 없다는 점이다. 물론 게임 플랫폼에 따라서 브라우저 플러그인 형태로 추가 기능의 설치가 필요할 수도 있다.

대표적인 브라우저 게임 플랫폼으로는 웹 표준에 속하는 SVG, HTML 캔버스, WebGL 이외에도 플러그인 형태의 플래시, 자바, 쇽웨이브, 실버라이트, 유니티 웹 플레이어 등이 있다.

2000년대 후반 HTML5 표준에 SVG와 HTML 캔버스가 포함되면서 HTML 캔버스가 대표적인 브라우저 게임 플랫폼으로 부상했다. HTML5 캔버스는 웹페이지 안에서 원하는 그림을 자유롭게 그릴 수 있음은 물론 화면 처리 속도도 빨라 게임 개발 플랫폼으로 적합하다. 브라우저에서 "html5 game"으로 검색하면 아래와 같이 수많은 HTML 캔버스 기반 게임들을 볼 수 있다.

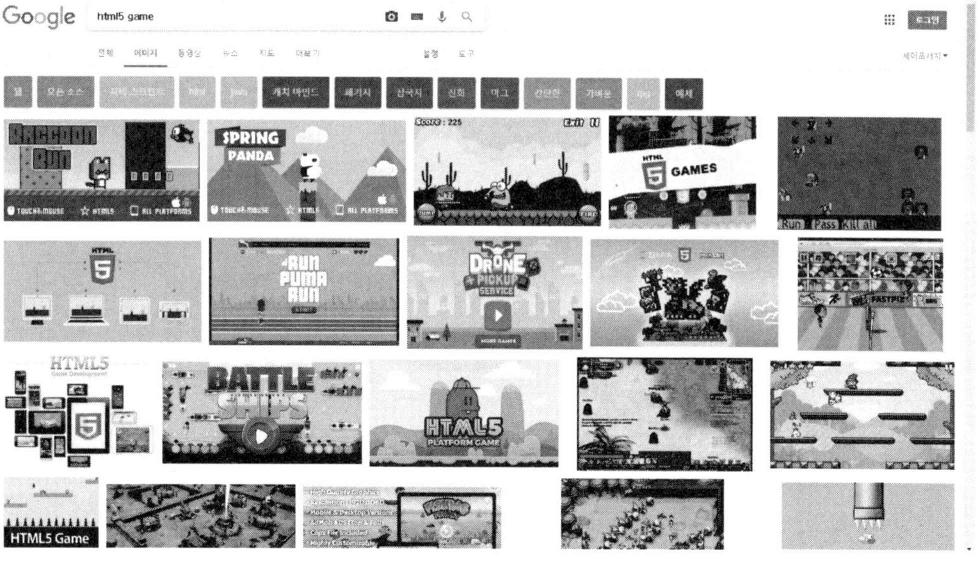

02 게임 소개

이번 장에서 만들어 볼 게임은 뱀 게임이다. 아래와 같이 키보드 방향키로 뱀의 방향을 조정하여 먹이를 먹는 게임이다. 먹이를 하나 먹을 때마다 뱀의 마디가 한 칸씩 늘어나고 점수가 올라간다.

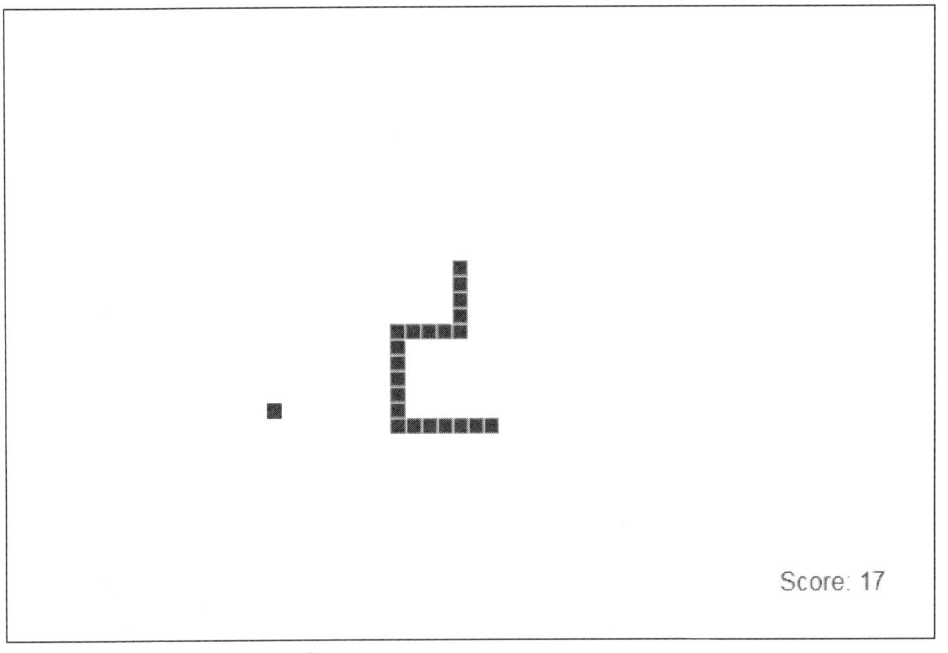

이 게임은 게임 자체는 간단하지만 일반적으로 게임이 갖추어야 할 요소들을 모두 갖고 있기 때문에 본 게임의 로직과 개발 과정을 이해하면 보다 복잡한 게임으로도 쉽게 확장할 수 있다.

이 게임에 필요한 주요 기능들을 정리해보면 아래와 같다.

- 주기적인 화면 그리기
- 주기적 화면 업데이트를 위한 타이밍 이벤트 설정
- 방향키로 뱀의 진행 방향을 조정할 키보드 이벤트 처리
- 뱀의 마디들의 정보를 관리할 자료구조
- 먹이의 랜덤 생성
- 뱀이 먹이를 먹으면 뱀의 마디를 추가하고 점수를 표시

03 개발 환경 준비

본격적인 프로그래밍에 앞서 먼저 프로그램 개발 환경을 준비해보자.

HTML 문서 편집이나 코드 작성은 어디서 할까? 답은 어떤 편집기든 사용할 수 있다. 가장 간단한 방법인 윈도우 운영체제에 들어있는 메모장 프로그램에서부터 JetBrain의 Webstrom과 같은 코딩 전문 개발 도구까지 다양하다. 최근에는 이와 같은 설치형 개발 도구가 아닌 웹 기반 개발도구도 많이 사용된다. 대표적인 예로 코드펜[43], 플렁커[44], W3schools[45] 등이 있다. 여기서는 플렁커 사용을 권장한다.

플렁커 홈페이지에서 비로 편집 모드로 들어가면 아래와 같은 화면을 볼 수 있다.

왼쪽에서 첫 번째 영역은 파일 탐색기 역할로써 파일을 새로 만들거나 편집할 파일을 선택할 수 있다. 두 번째 영역은 편집기이다. HTML 문서나 자바스크립트 코드를 편집할 수 있다. 센 번째 영역은 실행 화면이다. 창을 별도로 띄울 수도 있지만 개발 단계에서는 아래 그림처럼 코드와 실행 화면을 같이 볼 수 있어 편리하다.

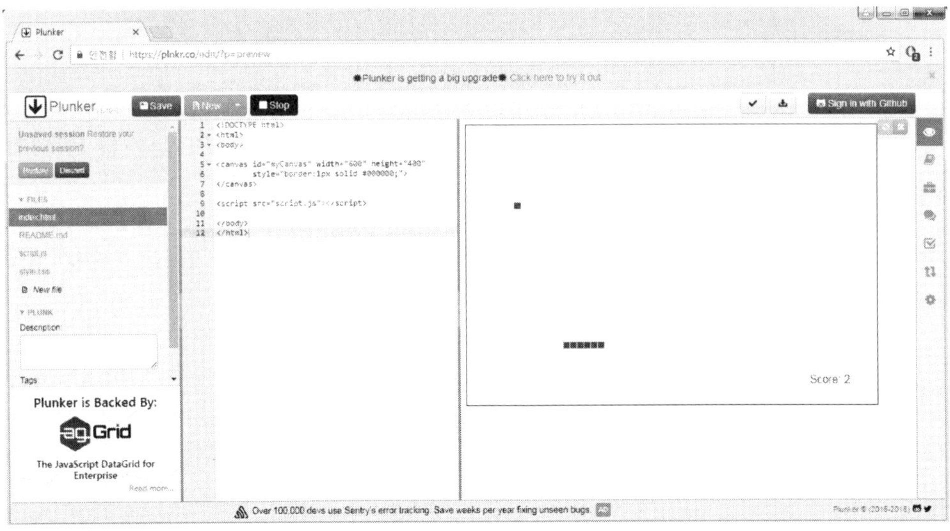

43) http://codepen.io

44) http://plnkr.co

45) http://w3schools.com

index.html 작성

게임 개발 자체는 자바스크립트로 프로그래밍하지만 HTML 캔버스가 웹의 엘리먼트이므로 당연히 HTML 파일도 필요하다. 이번 장에서는 HTML 문서와 자바스크립트 프로그램을 분리하여 별도의 파일로 만들 것이다.

플렁커에서 index.html 파일을 선택하여 아래와 같이 작성하자.

```
<!DOCTYPE html>
<html>
<body>

<h3>Snake Game</h3>

<canvas id="myCanvas" width="600" height="400" style="border:1px solid #000000;"></canvas>

<script src="snake.js"></script>

</body>
</html>
```

HTML에서 하는 일은 게임 제목을 표시하고 <canvas> 엘리먼트를 준비하는 것이 전부다. <canvas> 엘리먼트의 width와 height 애트리뷰트로 캔버스의 크기를 설정하였고 style 애트리뷰트로 테두리를 만들었다.

자바스크립트 코드는 "snake.js"라는 별도의 파일로 작성할 예정이므로 <script> 태그로 해당 파일을 포함시켰다.

snake.js 준비

다음으로 플렁커 제일 왼쪽 영역에서 새로운 파일을 만들자. 파일명은 "snake.js"이다. 캔버스에 그림을 그리기 위해 필요한 기초 작업은 아래와 같이 두 문장이다.

```
var canvas = window.document.getElementById("myCanvas");

var ctx = canvas.getContext("2d");
```

document.getElementById() 메소드로 아이디가 "myCanvas"인 <canvas> 엘리먼트를 찾고, canvas.getContext() 메소드로 그리기 객체를 생성하여 변수 ctx에 저장하였다.

04 게임 개발

프로그램을 어디서 시작해서 어떤 순서로 개발할지에 대한 정답은 없지만 크게 두 가지 접근 방식으로 나누어볼 수 있다. 위에서 아래로(top-down, 이하 탑다운) 방식과 아래에서 위로(bottom-up, 이하 바텀업) 방식이다. 탑다운 방식은 전체적인 윤곽을 먼저 만들고 세부 내용을 채워가는 방식이고 바텀업 방식은 그 반대이다. 여기서는 탑다운 방식으로 개발해보자.

앞 절에서 살펴본 게임의 주요 기능들을 다시 한 번 보자.

- 주기적인 화면 그리기
- 주기적 화면 업데이트를 위한 타이밍 이벤트 설정
- 방향키로 뱀의 진행 방향을 조정할 키보드 이벤트 처리
- 뱀의 마디들의 정보를 관리할 자료구조
- 먹이의 랜덤 생성
- 뱀이 먹이를 먹으면 뱀의 마디를 추가하고 점수를 표시

위의 기능들을 참고하여 탑다운 방식의 개발 순서를 정해보면 대략 아래와 같다.

1) 주기적 화면 업데이트를 위한 타이밍 이벤트 설정
2) 방향키 키보드 이벤트 처리
3) 게임 로직 상세 구현

1단계: 타이밍 이벤트 설정

첫 번째 단계로 타이밍 이벤트를 준비하자. 아래와 같이 window.setInterval() 함수를 사용하여 game이라는 함수를 100밀리 초마다 반복 수행하도록 하였다.

```
var canvas = window.document.getElementById("myCanvas");
var ctx = canvas.getContext("2d");

window.setInterval(game, 100);

function game() {

}
```

game() 함수는 뱀과 먹이 등 게임 구성 요소들을 그리기 위한 함수이다. 아직 내용은 없다. 이러한 접근 방식이 바로 탑다운 방식이다.

2단계: 키보드 이벤트 윤곽 설정

이 게임에서 필요한 키는 상하좌우 방향키이다. 키보드 이벤트에 대해서는 4장의 자바스크립트에서 살펴본 것처럼 document 객체에 addEventListener() 함수로 등록하면 된다. 1단계 코드에 2단계 코드를 추가하면 아래와 같다.

```
var canvas = window.document.getElementById("myCanvas");
var ctx = canvas.getContext("2d");

window.setInterval(game, 100);
document.addEventListener("keydown", keyEvent);

function game() {

}

function keyEvent(e) {
    if (e.keyCode === 37) {              // 왼쪽 방향키

    } else if (e.keyCode === 38) {       // 위쪽 방향키

    } else if (e.keyCode === 39) {       // 오른쪽 방향키

    } else if (e.keyCode === 40) {       // 아래쪽 방향키

    }
}
```

키보드 이벤트를 처리할 keyEvent 함수의 세부 내용은 아직 비어있다. 4개 방향키에 해당하는 각각의 if 문장에는 뱀의 좌표에 해당하는 변수들을 조정할 것이다.

3-1단계: 뱀 자료구조

화면에 사각형으로 나타나는 뱀의 각 마디 정보는 그 사각형 마디가 그려질 위치의 좌표이다. 또한 뱀은 여러 마디로 구성되므로 뱀 전체의 자료구조는 마디들의 배열이다.

따라서 뱀을 나타내는 변수를 snake라 하면 변수 선언은 아래와 같다.

```
var snake = [];
```

각 마디의 자료구조는 2차원 좌표이므로 x 좌표와 y 좌표, 두 개의 속성으로 구성된 객체로 표현할 수 있다. 예를 들어 첫 번째 마디의 좌표가 (20, 30)이라면 아래와 같이 쓸 수 있다.

```
snake[0] = {
    x: 20,
    y: 30
};
```

3-2단계: 좌표 스케일

그림 그리는 코드를 만들기에 앞서 먼저 뱀이 움직이는 방식을 상상해보자. 우선 한 마디의 크기는 가로, 세로 각각 10픽셀이라 하자. 당연히 먹이의 크기도 마디 크기와 같다. 이제 뱀이 움직일 때마다 먹이를 먹었는지, 즉 뱀의 머리 좌표가 먹이 좌표와 겹치는지 비교하여야 한다. 만약 뱀이 1픽셀 단위로 움직인다면 뱀의 머리 좌표와 먹이가 차지하는 영역의 좌표, 즉 100개의 픽셀(10픽셀 x 10픽셀)을 일일이 비교해야 한다.

이 문제를 간단히 해결하는 한 가지 방법은 캔버스 자체를 포함한 모든 그림의 크기를 1/10로 축소하여 생각하는 것이다. 즉 이렇게 하면 뱀의 각 마디의 가로, 세로 크기가 1픽셀이 되고 먹이도 당연히 1픽셀이 되므로 뱀이 먹이를 먹었는지 확인하기 위해 한 픽셀의 좌표만 비교하면 된다. 물론 실제 그림을 그릴 때는 다시 10배로 확대하면 된다.

한편 뱀이 움직인다는 것은 뱀의 모든 마디들이 첫 번째 마디가 지나간 자리를 따라가는 것이므로 우리가 필요한 정보는 뱀의 첫 번째 마디, 즉 뱀의 머리 좌표뿐이다. 이 좌표의 변수를 headX와 headY라 하고 초기값은 각각 5로 하자. 즉 대략 왼쪽 위에 위치하게 된다. 끝으로 초기 뱀의 마디는 4개, 진행방향은 오른쪽이라 한다면 이에 대한 코드는 아래와 같다.

```
var headX = 5;
var headY = 5;

snake[0] = {x: headX, y: headY};
snake[1] = {x: headX - 1, y: headY};
snake[2] = {x: headX - 2, y: headY};
snake[3] = {x: headX - 3, y: headY};
```

snake[0] 객체가 뱀의 머리이다. 각 마디 객체의 y 값은 모두 같고 x 값은 1씩 줄었기 때문에 진행방향은 수평으로 오른쪽이 된다.

위 코드를 추가하여 정리하면 아래와 같다.

```
var canvas = window.document.getElementById("myCanvas");
var ctx = canvas.getContext("2d");

var snake = [];
var headX = 5;
var headY = 5;

snake[0] = {x: headX, y: headY};
snake[1] = {x: headX - 1, y: headY};
snake[2] = {x: headX - 2, y: headY};
snake[3] = {x: headX - 3, y: headY};

window.setInterval(game, 100);
document.addEventListener("keydown", keyEvent);

function game() {

}

function keyEvent(e) {
    if (e.keyCode === 37) {                    // 왼쪽 방향키
```

```
    } else if (e.keyCode === 38) {          // 위쪽 방향키

    } else if (e.keyCode === 39) {          // 오른쪽 방향키

    } else if (e.keyCode === 40) {          // 아래쪽 방향키

    }
}
```

3-3단계: 뱀 그리기

이제 뱀을 그려보자. 마디를 채우는 색은 빨간색으로 하고 마디와 마디를 구분하기 위해 각 마디의 둘레는 흰색으로 하자. 뱀 자료구조의 좌표값은 1/10 규모이므로 실제 그릴 때는 이를 다시 10배로 확대하기 위해 SIZE라는 상수 변수를 선언하여 사용하자. 상수의 선언도 일반 변수처럼 var 키워드를 사용해도 되지만 상수 전용 키워드인 const를 사용한다.

뱀을 마디별로 그리는 코드를 game() 함수에 추가하면 아래와 같다.

```
const SIZE = 10;

var width = canvas.width;
var height = canvas.height;

ctx.fillStyle = "red";
ctx.strokeStyle = "white";

function game() {
    ctx.clearRect(0, 0, width, height);

    ctx.beginPath();

    for (let i = 0; i < snake.length; i++) {
        ctx.fillRect(snake[i].x * SIZE, snake[i].y * SIZE, SIZE, SIZE);
        ctx.strokeRect(snake[i].x * SIZE, snake[i].y * SIZE, SIZE, SIZE);
    }
}
```

위의 둘째 줄과 셋째 줄의 변수 width와 height는 <canvas> 엘리먼트의 가로, 세로 길이이다. game() 함수의 첫 문장, ctx.clearRect() 메소드는 매 주기마다 그림을 새로 그리기 위해 <canvas> 엘리먼트 영역 전체를 모두 지우는 코드이다.

뱀의 마디는 계속 늘어날 것이므로 for 문은 snake.length 속성으로 현재 뱀의 마디 수만큼 반복한다.

for 문 내부를 보자. 사각형을 그릴 때 snake[] 배열에 있는 x 좌표와 y 좌표 정보는 1/10 스케일이므로 이를 원래 크기로 복원하기 위해 SIZE, 즉 10을 곱한 것이다.

3-4단계: 먹이 생성

먹이는 하나의 사각형이므로 별도의 자료구조 없이 개별 좌표 변수로 충분하다. 변수 이름은 foodX와 foodY로 하자. 뱀이 먹이를 먹으면 새로운 위치에 먹이를 만들어야 한다. 새 좌표는 자바스크립트 랜덤 함수인 Math.random() 함수로 구한다. 먹이를 생성하는 함수, newFood() 함수는 아래와 같다.

```
function newFood() {
    foodX = Math.floor(Math.random() * width/SIZE);
    foodY = Math.floor(Math.random() * height/SIZE);
}
```

먹이 좌표의 범위도 뱀 자료구조의 정보처럼 1/10 스케일로 만들기 위해 변수 foodX의 경우 Math.random() 함수에 width(<canvas> 엘리먼트의 가로 길이인 600픽셀) 대신에 1/10로 축소한 width/SIZE를 곱했다. foodY도 마찬가지이다.

newFood() 함수는 프로그램 시작 시점에 한번 수행되어야 하고 이후에는 뱀이 먹이를 먹으면 수행된다.

3-5단계: 뱀 움직이기

뱀을 움직인다는 것은 곧 snake[] 배열에 들어있는 각 마디 객체의 좌표를 변경하는 것이다. 각 마디의 다음 좌표는 바로 자기 앞 마디의 좌표이다. 이해를 돕기 위해 뱀의 마디가 4개라 할 때 각 마디의 다음 좌표를 코드로 표현하면 아래와 같이 될 것이다.

```
snake[3].x = snake[2].x;
snake[3].y = snake[2].y;

snake[2].x = snake[1].x;
snake[2].y = snake[1].y;

snake[1].x = snake[0].x;
snake[1].y = snake[0].y;

snake[0].x = headX;
snake[0].y = headY;
```

문제는 뱀의 머리 마디인 snake[0]의 새로운 좌표, 즉 headX와 headY를 어떻게 바꾸는가이다. 이는 뱀의 현재 진행방향에 따라 다르다. 예를 들어 진행방향이 오른쪽이라면 y 좌표인 headY는 변동 없이 x 좌표인 headX만 증가해야 한다. 반대로 왼쪽이라면 headX만 감소한다. 마찬가지로 아래로 움직일 때는 headX는 변동 없이 headY만 증가하고 위로 움직일 때는 headY만 감소한다.

한편 진행 방향은 키보드 이벤트에 따라 바뀌기 때문에 방향 자체를 변수로 설정할 필요가 있다. x축 방향과 y축 방향에 대한 변수를 각각 stepX와 stepY라 하자. 이제 새로운 머리 좌표가 될 headX와 headY를 코드로 표현하면 아래와 같다.

```
headX += stepX;
headY += stepY;
```

stepX와 stepY의 값은 1 또는 -1이다. 즉 움직이는 방향이 오른쪽 또는 아래쪽인 경우는 1, 반대로 왼쪽 또는 위쪽인 경우는 -1이다.

한편 자바스크립트에서는 배열의 값들을 한 칸씩 뒤로 옮기는 메소드를 제공한다. 바로 unshift() 메소드이다. 즉 unshift() 메소드를 사용하면 바로 앞에서 예로 든 것처럼 값을 일일이 옮기지 않아도 된다. 이때 배열의 첫 번째 값은 옮겨올 곳이 없으므로 unshift()에 파라미터로 준다. unshift() 메소드를 실행하면 결과적으로 배열의 길이가 하나 늘어나게 되므로 뱀의 경우에는 새로 늘어난 마디를 빼주어야 한다. 이 메소드는 바로 pop()이다.

자 이제 뱀을 이동시키는 코드를 정리하면 아래와 같다.

```
headX += stepX;
headY += stepY;

snake.unshift({x: headX, y: headY});

snake.pop();
```

snake.unshift() 메소드의 파라미터로 새로운 머리 좌표 객체인 {x: headX, y: headY}를 넣어주었다.

3-6단계: 먹이 확인

끝으로 뱀이 먹이를 먹었는지 여부를 확인하자. 먹이를 먹었을 경우에는 뱀의 마디를 한 칸 늘리고 점수 변수인 score를 증가시킨다. 이 코드를 위의 뱀 이동 코드와 결합하면 아래와 같다.

앞의 세 줄은 뱀의 머리, 즉 변수 headX와 headY를 현재 진행방향인 변수 stepX와 stepY 만큼 변경하고 snake.unshit() 메소드로 뱀의 각 마디를 한 칸씩 이동시킨 것이다. 뱀의 마디가 하나 늘어났다는 점을 기억하자.

if 문에서는 변경된 뱀의 머리 좌표와 먹이 좌표를 비교하여 같으면 점수를 증가시키고 먹이 좌표를 새로 생성한다. 같지 않으면 먹이를 먹은 것이 아니므로 snake.pop() 메소드로 잠시 늘어난 뱀의 꼬리를 다시 제거한다.

```
headX += stepX;
headY += stepY;
snake.unshift({x: headX, y: headY});

if ((headX === foodX) && (headY === foodY)) {
    score++;
    newFood();
} else {
    snake.pop();
}
```

완성 코드

완성된 코드는 아래와 같다.

```
var canvas = window.document.getElementById("myCanvas");
var ctx = canvas.getContext("2d");

// 뱀 마디의 가로, 세로 길이(단위는 픽셀)
const SIZE = 10;

var headX = 5;
var headY = 5;

var snake = [];

// 뱀 초기 마디는 4개
snake[0] = {x: headX, y: headY};
snake[1] = {x: headX - 1, y: headY};
snake[2] = {x: headX - 2, y: headY};
snake[3] = {x: headX - 3, y: headY};

var stepX = 1;                  // 초기 진행방향은 오른쪽
var stepY = 0;

var foodX = 0;
var foodY = 0;

var width = canvas.width;
var height = canvas.height;

var score = 0;

ctx.fillStyle = "red";
ctx.strokeStyle = "white";

document.addEventListener("keydown", keyEvent);
window.setInterval(game, 100);
newFood();
```

```
function game() {
    ctx.clearRect(0, 0, width, height);

// 뱀 전진
    headX += stepX;
    headY += stepY;
    snake.unshift({x: headX, y: headY});

// 먹이 먹었는지 여부 확인
    if ((headX === foodX) && (headY === foodY)) {
        ctx.clearRect(foodX * SIZE, foodY * SIZE, SIZE, SIZE);
        score++;
        newFood();
    } else {
        snake.pop();
    }

// 뱀 표시
    ctx.beginPath();
    for (var i = 0; i < snake.length; i++) {
        ctx.fillRect(snake[i].x * SIZE, snake[i].y * SIZE, SIZE, SIZE);
        ctx.strokeRect(snake[i].x * SIZE, snake[i].y * SIZE, SIZE, SIZE);
    }

// 먹이 표시
    ctx.fillRect(foodX * SIZE, foodY * SIZE, SIZE, SIZE);

// 점수 표시
    ctx.font = "16px Arial";
    ctx.fillText("Score: " + score, width - 100, height - 30);
}

// 키보드 방향키 이벤트 리스너 함수
function keyEvent(e) {
    if (e.keyCode === 37) {
        stepX = -1;
        stepY = 0;
```

```
    } else if (e.keyCode === 38) {
        stepY = -1;
        stepX = 0;
    } else if (e.keyCode === 39) {
        stepX = 1;
        stepY = 0;
    } else if (e.keyCode === 40) {
        stepY = 1;
        stepX = 0;
    }
}

// 먹이 좌표 생성
function newFood() {
    foodX = Math.floor(Math.random() * width/SIZE);
    foodY = Math.floor(Math.random() * height/SIZE);
}
```

전반적인 코드의 배치는 1) 먼저 변수들을 선언하고, 2) 이어서 window.setInterval() 메소드와 같은 코드 문장들을 쓰고, 3) 끝으로 함수들을 배치하였다.

나머지

뱀이 벽에 부딪히면 게임이 종료되게 하거나 뱀의 머리나 마디를 단순히 색 채우기가 아닌 이미지로 채운다거나 또는 뱀의 머리가 뱀의 몸에 닿아도 게임이 종료되게 하는 코드 등을 추가한다면 게임의 완성도를 보다 높일 수 있을 것이다.

제9장

jQuery

01 개요

jQuery[46]는 "HTML 엘리먼트 접근과 동적인 작업 부여"라는 웹에 대한 자바스크립트 본연의 역할에 최적화된 자바스크립트 라이브러리이다. 이러한 "접근과 부여"는 앞에서도 언급한 바와 같이 곧 "무엇을 어떻게"이다. jQuery는 "무엇을" 찾기 위해 CSS 셀렉터 방식을 취하고 jQuery 객체를 통해 "어떻게"에 해당하는 다양한 메소드들을 제공한다.

jQuery로 할 수 있는 일들은 아래와 같다.

- CSS 셀렉터 기반 DOM 엘리먼트 선택
- CSS 속성 기반 DOM 엘리먼트 제어
- 다양한 효과와 애니메이션
- Ajax
- JSON 파싱

위의 기능들은 jQuery의 특별한 객체, 즉 jQuery 객체를 통해 제공된다. 그리고 이 객체를 생성하는 함수가 바로 $() 함수이다.[47]

$() 함수는 CSS 셀렉터를 파라미터로 받아서 해당하는 HTML 엘리먼트를 찾고 그 엘리먼트를 jQuery 객체로 포장해서 반환한다.

아래 예를 보자. $("p") 함수의 파라미터 "p"는 CSS의 태그 셀렉터로써 모든 <p> 엘리먼트를 선택하는 것이다. 따라서 $("p")의 결과는 모든 <p> 엘리먼트들을 jQuery로 포장한, 즉 jQuery 객체이다. hide() 메소드는 jQuery 객체가 제공하는 여러 유용한 메소드들 중의 하나이다. 결론적으로 jQuery의 문법은 "무엇을 어떻게"를 "jQuery 객체 점 메소드"로 제공하는 것이라 할 수 있다.

```
$("p").hide();
```

46) "제이쿼리"라고 부른다.

47) 자바스크립트에서 변수나 함수의 명칭을 지을 때 첫 글자로 쓸 수 있는 문자는 알파벳 외에 "_"와 "$"가 있다. 따라서 $() 함수 또한 명칭이 한 글자인 일반적인 함수이다. 한편 $() 함수의 또 다른 명칭은 바로 jQuery()이다.

02 jQuery 준비

jQuery를 사용하기 위해서는 jQuery 라이브러리가 있어야 한다. jQuery 라이브러리는 하나의 자바스크립트 파일이며 jquery.com에서 다운로드할 수 있다.

다운로드한 jQuery 라이브러리 파일은 아래와 같이 <script> 태그를 사용하여 불러온다. src 애트리뷰트를 포함한 <script> 태그는 반드시 <head> 태그 안에 있어야 한다.

```
<head>
<script src="jquery-3.3.1.min.js"></script>
</head>
```

jQuery 파일을 불러오는 다른 방법은 CDN(Content Delivery Network)을 이용하는 것이다. 대표적인 CDN은 구글, 마이크로소프트 등이 있는데 예를 들어 구글 CDN으로부터 jQuery 파일을 가져오는 방법은 아래와 같다.

```
<head>
<script src="https://ajax.googleapis.com/ajax/libs/jquery/3.3.1/jquery.min.js"></script>
</head>
```

03 jQuery 문법

jQuery 문법은 아래와 같다.48)

```
$(selector).action()
```

바로 "객체 점 메소드" 형식이다. 점 앞의 객체는 $() 함수의 결과, 즉 jQuery 객체이고 action()은 그 jQuery 객체가 제공하는 메소드이다.

jQuery 셀렉터

$() 함수의 파라미터는 바로 CSS 셀렉터이고 따옴표로 묶는다. 기본적인 세 가지 셀렉터는 태그 셀렉터, 아이디 셀렉터, 클래스 셀렉터이다.

첫째는 태그 셀렉터이다. 아래는 모든 <p> 엘리먼트를 선택하여 jQuery 객체로 만든다.

```
$("p")
```

둘째는 아이디 셀렉터이다. 아래는 아이디가 "mobile"인 엘리먼트를 선택하여 jQuery 객체로 만든다.

```
$("#mobile")
```

셋째는 클래스 셀렉터이다. 아래는 클래스가 "first"인 모든 엘리먼트를 선택하여 jQuery 객체로 만든다.

```
$(".first")
```

jQuery 메소드

jQuery 객체의 메소드는 크게 두 가지 종류로 구분할 수 있다. 즉 일반 메소드와 이벤트 메소드이다.

48) jQuery 자체도 자바스크립트 코드이기 때문에 jQuery 문법이 따로 있는 것은 아니지만 굳이 jQuery 문법이라고 한 것은 $() 함수가 파라미터로 특별히 CSS 셀렉터 형식을 취하기 때문이기도 하다.

첫째, 일반 메소드는 엘리먼트에 동적 작업을 부여하는 메소드이다. 예를 들어 엘리먼트를 숨기는 hide() 메소드를 들 수 있다. 아래 예는 모든 <p> 엘리먼트를 숨기는 것이다.

```
$("p").hide();
```

둘째, 이벤트 메소드는 엘리먼트에 이벤트를 설정하는 메소드이다. 원래 자바스크립트의 이벤트 리스너 등록 함수인 addEventListener()에 해당한다.

이벤트 메소드는 click()과 같이 메소드 이름 자체가 이벤트 종류를 나타낸다. 이벤트 메소드의 파라미터는 이벤트를 처리할 함수, 즉 이벤트 리스너 함수이다.

아래 예를 보자. 첫 줄의 문장은 <p> 엘리먼트가 클릭되었을 때 파라미터로 준 listener() 함수를 수행하라는 것이다. listener() 함수가 하는 일은 해당 객체를 hide(), 즉 숨긴다.

```
$("p").click(listener);

function listener() {
    $(this).hide();
}
```

위에서 $(this)를 보자 $() 함수의 파라미터로 따옴표가 없는 명칭은 키워드 또는 브라우저가 이미 가지고 있는 DOM 객체를 나타낸다. this는 키워드로써 현재 이벤트가 발생한 객체 자신을 지칭한다.

아래를 보자. document는 HTML DOM 표준 객체이기 때문에 따옴표가 없다. ready() 메소드는 이벤트 메소드로써 웹 문서 적재가 완료되었다는 이벤트를 뜻한다. 아래는 document 객체, 즉 웹 문서의 적재가 완료되면 something() 함수를 수행하라는 코드이다.

```
$(document).ready(something)
```

jQuery 코드

아래는 전형적인 jQuery 코드이다. 먼저 HTML 문서의 내용인 <body> 엘리먼트를 보자. 3개의 <p> 엘리먼트가 있다. <head> 엘리먼트에는 2개의 <script> 태그가 있다. 첫 번째는 jQuery 라이브러리를 불러오는 것이고 두 번째 스크립트가 바로 jQuery 코드이다.

세 줄의 jQuery 코드를 일단 해석해보자. 첫째 줄은 document 객체, 즉 웹 문서 객체에 적재 완료 이벤트가 발생하면 함수로 작성된 어떤 작업을 수행하라는 것이다. 둘째 줄은 <p> 엘리먼트 객체에 클릭 이벤트가 발생하면 역시 함수로 작성된 어떤 작업을 수행하라는 것이다. 셋째 줄은 클릭된 그 객체(this)를 hide(), 즉 숨기라는 것이다.

```
<!DOCTYPE html>
<html>
<head>
<script src="https://ajax.googleapis.com/ajax/libs/jquery/3.3.1/jquery.min.js"></script>

<script>
$(document).ready(function() {
    $("p").click(function() {
        $(this).hide();
    });
});
</script>
</head>

<body>
<p>클릭하면 사라집니다.</p>
<p>여기도 사라집니다.</p>
<p>여기도 사라집니다.</p>
</body>
</html>
```

실행하면 아래와 같이 <p> 엘리먼트를 클릭하면 사라진다.

위 세 줄의 jQuery 코드 형식은 지금까지 보았던 자바스크립트 형식과 다소 다르지 않은가. 자바스크립트에서는 함수의 파라미터로 들어간 함수를 콜백 함수(callback function)라 한다. 콜백 함수는 위의 이벤트 메소드와 같이 특정 시점에 수행되어야 할 작업을 파라미터를 통해 예약해 놓는 것으로 볼 수 있다.

한편 파라미터 위치에 함수 몸통을 바로 작성하였는데 자세히 보면 function 키워드 다음에 바로 괄호가 있다. 즉 명칭이 없다. 이러한 함수를 익명 함수라 한다. 익명 함수는 현재 위치에서 수행될 뿐 밖에서 호출할 필요가 없을 때 사용된다.

그렇다면 위 세 줄의 jQuery 코드를 원래 자바스크립트 스타일로 풀어쓰면 아래와 같다.

```
$(document).ready(firstFunction);

function firstFunction() {
    $("p").click(secondFunction);
}

function secondFunction() {
    $(this).hide();
}
```

firstFunction()은 $(document).ready() 함수의 파라미터로, secondFunction()은 $(“p”).click() 함수의 파라미터로 사용될 뿐이기 때문에 파라미터가 들어갈 위치에 함수 몸통 자체를 넣고 함수 이름을 생략함으로써 코드를 단순화할 수 있다.

04 동적 작업 메소드

jQuery 객체는 엘리먼트 숨기기, 나타내기, 펼치기, 사라지기 및 애니메이션을 위한 메소드들을 제공한다.

hide() 메소드와 show() 메소드

hide() 메소드는 엘리먼트를 숨기고 show() 메소드는 다시 나타낸다.

```
<!DOCTYPE html>
<html>
<head>
<script src="https://ajax.googleapis.com/ajax/libs/jquery/3.3.1/jquery.min.js"></script>

<script>
$(document).ready(function() {
    $("#hide").click(function() {
        $("p").hide();
    });

    $("#show").click(function() {
        $("p").show();
    });
});
</script>
</head>

<body>
<p>Hide 버튼을 클릭하면 사라집니다.</p>
<button id="hide">Hide</button>
<button id="show">Show</button>
</body>
</html>
```

<script> 태그 안에 jQuery 코드를 보자. 첫 줄은 웹 문서 적재 완료 시점에 함수를 실행하라는 것이다. 함수는 두 문장으로 구성되어 있다. 첫 번째 문장은 아이디가 “hide”인 엘리먼트가 클릭되면 <p> 엘리먼트를 숨기라는 것이고 두 번째 문장은 아이디가

"show"인 엘리먼트가 클릭되면 <p> 엘리먼트를 다시 나타낸다. 실행 화면은 아래와 같다.

hide() 메소드와 show() 메소드 문법은 아래와 같다. 첫 번째 파라미터로 숨기는 시간과 나타내는 시간을 선택할 수 있다. 단위는 밀리초이고 시간 대신 "slow" 또는 "fast"를 값으로 줄 수 있다. 두 번째 파라미터는 콜백 함수이다. 숨기기 또는 나타내기 작업이 끝나는 시점에 특정 작업을 시키고 싶을 때 콜백 함수로 이 작업을 예약할 수 있다. 두 파라미터 모두 생략 가능하다.

```
$(selector).hide(speed, callback);

$(selector).show(speed, callback);
```

toggle() 메소드는 hide() 메소드 기능과 show() 메소드 기능을 번갈아가며 수행한다.

```
$(selector).toggle(speed, callback);
```

fadeIn() 메소드와 fadeOut() 메소드

fadeIn() 메소드는 엘리먼트를 서서히 사라지게 하고 fadeOut() 메소드는 다시 서서히 나타나게 한다.

fadeToggle() 메소드는 fadeIn() 기능과 fadeOut() 기능을 번갈아가며 수행하고, fadeTo() 메소드는 사라지는 정도를 투명도로 지정할 수 있다.

- fadeIn()
- fadeOut()
- fadeToggle()
- fadeTo()

fadeIn() 메소드, fadeOut() 메소드, fadeToggle() 메소드의 문법은 아래와 같다. 파라미터는 앞 절의 hide()나 show() 메소드의 기능과 동일하다.

```
$(selector).fadeIn(speed, callback);
$(selector).fadeOut(speed, callback);
$(selector).fadeToggle(speed, callback);
```

fadeTo() 메소드의 두 번째 파라미터는 사라지는 정도, 즉 투명도를 나타내며 0과 1사이의 값으로 지정한다.

```
$(selector).fadeIn(speed, opacity, callback);
```

slideDown() 메소드와 slideUp() 메소드

slideDown() 메소드는 엘리먼트를 아래로 펼칠 때, slideUp() 메소드는 위로 접을 때 사용한다.

slideToggle() 메소드는 slideDown() 기능과 slideUp() 기능을 번갈아가며 수행한다.

- slideDown()
- slideUp()
- slideToggle()

slideDown() 메소드, slideUp() 메소드, slideToggle() 메소드의 문법은 아래와 같다. 파라미터는 앞 절의 hide()나 show() 메소드의 기능과 동일하다.

```
$(selector).slideDown(speed, callback);
$(selector).slideUp(speed, callback);
$(selector).slideToggle(speed, callback);
```

animate() 메소드

animate() 메소드는 엘리먼트에 애니메이션 효과를 줄 수 있다. 문법은 아래와 같다. 첫 번째 파라미터는 애니메이션 시나리오로써 CSS 문법을 그대로 사용한다. 두 번째와 세 번째 파라미터는 위의 hide()나 show() 메소드와 같다.

```
$(selector).animate({CSS_descriptions}, speed, callback);
```

아래 예를 보자. <button> 엘리먼트가 클릭되면 <div> 엘리먼트 위치를 왼쪽에서 200픽셀 떨어진 곳으로 이동한다. 결국 왼쪽에서 오른쪽으로 200픽셀만큼 움직인다.

```
$(document).ready(function() {
    $("button").click(function() {
        $("div").animate({left: '200px'});
    });
});
```

여러 동작을 순차적으로 애니메이션할 수도 있다. 아래 예는 버튼이 클릭되면 <div> 엘리먼트를 왼쪽으로부터 200픽셀 이동하고 위로부터 100픽셀 이동하고 폰트 크기를 3배로 키운다.

```
<!DOCTYPE html>
<html>
<head>
<script src="https://ajax.googleapis.com/ajax/libs/jquery/3.3.1/jquery.min.js"></script>

<script>
$(document).ready(function() {
    $("button").click(function() {
        var div = $("div");
        div.animate({left: '200px'}, "slow");
        div.animate({top: '100px'}, "slow");
        div.animate({fontSize: "300%"}, "slow");
    });
});
</script>
</head>

<body>
<button>시작</button>
<div style="background: yellow; height: 100px; width:300px; position: absolute;">애니메이션</div>
</body>
</html>
```

처음 실행화면은 아래와 같다.

아래는 시작 버튼을 클릭하여 위와 같이 3단계 애니메이션을 마친 화면이다.

메소드 이어쓰기

위의 코드를 보면 3개의 animate() 메소드 문장의 주체, 즉 객체 변수는 모두 같다. 이러한 경우에는 아래와 같이 한꺼번에 이어서 쓸 수 있다.

```
$("div").animate({left: '200px'}, "slow").animate({top: '100px'}, "slow").animate({fontSize:
"300%"}, "slow");
```

위 코드를 다시 보기 좋게 줄바꾸기를 하면 아래와 같다.

```
$("div").animate({left: '200px'}, "slow")
    .animate({top: '100px'}, "slow")
    .animate({fontSize: "300%"}, "slow");
```

05 이벤트 메소드

앞에서 잠시 살펴본 바와 같이 jQuery 이벤트 메소드의 형식은 아래와 같다.

```
$(selector).event(fucntion() {
    // 이벤트 리스너 코드
});
```

jQuery 객체가 제공하는 주요 이벤트 메소드들은 다음과 같다.

마우스 이벤트	키보드 이벤트	폼 이벤트	윈도우 이벤트
click() dbclick() mouseenter() mouseleave() hover()	keypress() keydown() keyup()	submit() change() focus() blur()	load() unload() resize() scroll()

$(document).ready() 메소드

$(document).ready() 메소드는 브라우저가 웹 문서 적재를 완료했을 때 발생하는 이벤트이다. 일반적으로 대부분의 jQuery 코드는 이 메소드 안에 넣는다. 그 이유는 브라우저로 하여금 실행 시간이 상대적으로 긴 자바스크립트 코드를 웹 문서 적재 이후에 실행하도록 함으로써 웹페이지가 사용자에게 보일 때까지 걸리는 시간을 줄일 수 있기 때문이다.

on() 메소드

on() 메소드는 이벤트 종류와 이벤트 리스너를 등록하는 메소드이다. 자바스크립트의 addEventListener() 메소드처럼 on() 메소드를 사용하면 한 객체에 두 개 이상의 이벤트 리스너를 등록할 수 있다.

아래는 on() 메소드로 마우스 클릭 이벤트에 이벤트 리스너를 등록하는 예이다.

```
$("p").on("click", function() {
    $(this).hide();
});
```

06 HTML DOM 처리

jQuery는 HTML DOM 객체, 즉 HTML 엘리먼트의 내용을 읽고 쓸 수 있는, 아주 간단하면서도 강력한 메소드들을 제공한다.

- text()
- html()
- val()

text() 메소드는 HTML 엘리먼트의 내용을, html() 메소드는 태그까지 포함한 내용 전체를, val() 메소드는 입력 엘리먼트의 value 값을 읽고 쓸 수 있다.

같은 이름의 메소드로 어떻게 읽기도 하고 쓰기도 할 수 있을까. 방법은 바로 파라미터의 개수이다. 파라미터가 없으면 읽는 것이고 파라미터가 있으면 쓰는 것이다.

아래 예는 버튼이 클릭되었을 때 아이디가 “second”인 엘리먼트의 내용을 읽어서 아이디가 “first”인 엘리먼트의 내용으로 쓴다. 두 text() 메소드에 파라미터가 있고 없음에 주목하자.

```
<!DOCTYPE html>
<html>
<head>
<script src="https://ajax.googleapis.com/ajax/libs/jquery/3.3.1/jquery.min.js"></script>

<script>
$(document).ready(function() {
    $("button").click(function() {
        $("#first").text($("#second").text());
    });
});
</script>
</head>

<body>
<button>text() 메소드</button>
```

```
<p id="first"></p>
<p id="second">아이디가 second인 엘리먼트의 내용입니다.</p>
</body>
</html>
```

attr() 메소드

attr() 메소드는 HTML 엘리먼트의 애트리뷰트 값을 읽고 쓰는 메소드이다. 앞의 text() 메소드나 html() 메소드처럼 파라미터의 개수로 읽는지 쓰는지를 구분한다.

attr() 메소드의 기본 파라미터는 애트리뷰트 이름이다. 따라서 파라미터가 한 개이면 그 애트리뷰트 값을 읽는 것이고 파라미터가 두 개이면 그 애트리뷰트에 새로운 값(두 번째 파라미터)을 쓰는 것이다.

아래 코드는 버튼이 클릭되었을 때 아이디가 "hongpub"인 <a> 엘리먼트의 href 애트리뷰트 값을 변경하는 예이다.

```
<!DOCTYPE html>
<html>
<head>
<script src="https://ajax.googleapis.com/ajax/libs/jquery/3.3.1/jquery.min.js"></script>

<script>
$(document).ready(function() {
    $("button").click(function() {
        $("#hongpub").attr("href", "http://www.hongpub.com");
    });
});
</script>
</head>

<body>
<button>attr() 메소드</button>
<a href="http://www.hongpub.co.kr" id="hongpub">홍릉과학출판사</a>
</body>
</html>
```

css() 메소드

css() 메소드 또한 위의 attr() 메소드와 형식은 동일하다. css() 메소드의 첫 번째 파라미터는 CSS 속성이다. 따라서 css() 메소드의 파라미터가 한 개이면 해당 CSS 속성값을 읽는 것이고 파라미터가 두 개이면 새로운 속성값(두 번째 파라미터 값)을 쓰는 것이다.

07 jQuery AJAX

AJAX(Asynchronous JavaScript and XML)[49]는 웹페이지를 새로 열지 않고 웹페이지의 일부를 변경하는 기법이다. Gmail이나 페이스북과 같은 대부분의 웹 사이트를 보면 메뉴나 기본 틀은 변하지 않으면서 메일 내용이나 게시글만 업데이트되는 것을 흔히 볼 수 있다. 메일 내용이 바뀔 때마다 전체 웹페이지를 새로 고치는 것보다 바뀐 내용만 업데이트하는 것이 성능이나 속도 측면에서 훨씬 더 효율적이다. 이와 같이 웹페이지 일부만 업데이트하는 기술을 통칭하여 AJAX라 한다.

초기 AJAX 기법은 다소 복잡했지만 jQuery는 이를 간단히 처리할 수 있는 메소드를 제공한다. 바로 load() 메소드이다.

```
$(selector).load(URL, data, callback);
```

첫 번째 파라미터인 URL은 필수 사항으로써 데이터를 가져올 주소이다. 두 번째 파라미터는 해당 URL로 데이터를 요청할 때 보내는 내용이고 세 번째 파라미터는 load() 메소드 수행이 완료되었을 때 호출되는 콜백 함수이다.

아래 예를 보자. 버튼이 클릭되면 서버로부터 "mobile_web.txt" 파일을 가져와서 아이디가 mobile인 엘리먼트의 내용으로 채운다.

```
$(document).ready(function() {
    $("button").click(function() {
        $("#mobile").load("mobile_web.txt");
    });
});
```

아래 예는 load() 메소드에 콜백 함수 파라미터를 추가한 것이다. load() 메소드의 콜백 함수는 3개의 파라미터가 있다. 첫 번째는 load() 메소드가 성공했을 경우 요청한 파일의 내용, 두 번째는 load() 메소드 실행 결과 정보, 세 번째는 XMLHttpRequest 객체이다.

아래 예와 같이 콜백 함수를 통해 load() 메소드의 실행 결과에 대해 상세히 파악할 수 있다.

49) 에이작스라고 읽는다.

```
<!DOCTYPE html>
<html>
<head>
<script src="https://ajax.googleapis.com/ajax/libs/jquery/3.3.1/jquery.min.js"></script>

<script>
$(document).ready(function() {
    $("button").click(function() {
        $("#mobile").load("mobile_web.txt", function(responseTxt, statusTxt, xhr) {
            if (statusTxt == "success")
                window.alert("외부 데이터를 성공적으로 가져왔습니다.");
            if (statusTxt == "error")
                window.alert("실패: " + xhr.status + ": " + xhr.statusText);
        });
    });
});
</script>
</head>

<body>
<button>AJAX</button>
<p id="mobile"></p>
</body>
</html>
```

제10장

NodeJS

01 동적 웹페이지

지금까지 웹페이지를 만드는데 필요한 HTML, CSS, 자바스크립트에 대하여 알아보았다. CSS와 자바스크립트 코드가 포함된 HTML 문서를 만들어 index.html로 저장하고 웹 서버를 실행시키면 누구든 이 웹페이지를 볼 수 있을 것이다. 이것이 전부인가?

아래는 구글에서 "mobile web"을 검색한 결과이다. 검색결과 약 44억 1천만 개의 문서가 검색되었다. 페이지 아래쪽에 "다음"을 클릭하면 검색된 웹페이지가 끊임없이 나올 것이다. 그렇다면 아래와 같은 이 웹페이지는 언제 만들어졌을까? "mobile web"이라는 검색어에 대해 미리 준비했을까? 답은, 당연히 그렇지 않다. 세상의 모든 가능한 검색어에 대해 미리 HTML 파일을 준비한다는 것은 말도 안 되는 일이다.

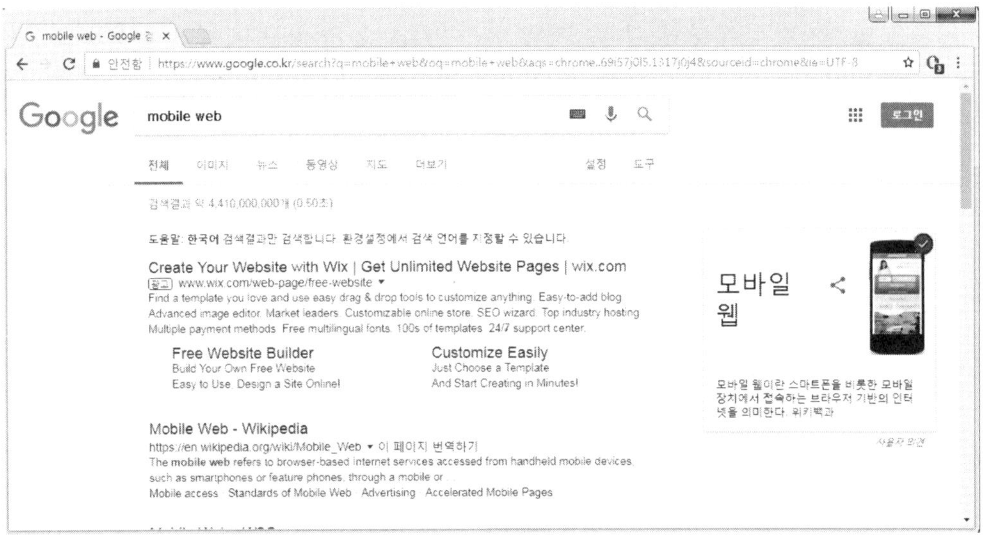

다른 예를 하나 더 보자. 아래는 페이스북 홈페이지다. 상단 메뉴의 홈 버튼이나 키보드의 F5 키(새로 고침)를 누를 때마다, 페이스북 친구가 많다면, 페이지가 바뀔 것이다. 하지만 주소창의 주소는 여전히 "https://www.facebook.com/"일뿐 변화가 없다. 그런데 웹페이지는 F5 키를 누를 때마다 계속 바뀐다. 어떻게 된 것일까? 적어도 새로 바뀐 웹페이지마다 URL(주소창의 주소)이 따로 있지 않다는 것은 분명해 보인다.

결론을 말하자면 대부분의 웹페이지는 미리 만들어놓지 않는다. 주소창에 URL 주소가 새로 바뀌었을 때는 물론, 웹페이지에 포함된 링크나 버튼을 클릭했을 때, 폼이나 입력창의 내용이 변했을 때 웹 서버는 수정된 데이터와 웹페이지를 즉석에서 만들어낸다. 이 또한 동적인 작업이다.

앞에서 살펴본 HTML 캔버스 게임처럼 웹페이지에 동적인 작업을 부여하는 일은 자바스크립트의 몫이었다. 하지만 위의 구글 검색이나 페이스북 페이지의 동적인 데이터는 서버로부터 온다. 이와 같이 서버에서의 동적인 작업은 어떻게 만들어낼까.

02 서버사이드 스크립트, 클라이언트사이드 스크립트

HTML 파일에 포함된 자바스크립트 코드는 브라우저가 수행되고 있는 컴퓨터, 즉 로컬 컴퓨터에서 실행된다. 이와 같이 로컬 컴퓨터에서 실행되는 웹페이지 코드를 클라이언트사이드 스크립트(client-side script)라 한다.

웹 서버를 만들고 운영하는 입장에서는 한정된 컴퓨터 용량으로 이왕이면 더 많은 사용자가 방문할 수 있도록 시간이 걸리는 스크립트 코드의 수행을 가능하면 로컬 컴퓨터의 브라우저에게 맡기고 싶을 수 있다. 예를 들어 현재 시각을 표시한다거나 HTML 캔버스 게임처럼 키보드 방향키에 따라 그림을 새로 그린다거나 하는 일은 당연히 그렇게 할 수 있다.

하지만 서버에서만 할 수 있는 일도 있다. 구글 검색의 검색 결과, 페이스북 친구들의 게시글, 인터넷 뱅킹의 잔액 조회, 채팅 메시지 등 로컬 컴퓨터에서는 해결할 수 없는, 그러면서도 매 순간 동적으로 처리되어야 하는 일들이 그러하다. 이와 같이 웹 서버에서 동적으로 페이지를 만들 때 사용되는 코드를 서버사이드 스크립트(server-side script)라 한다.

클라이언트사이트 스크립트를 위한 표준 언어는 일찍이 자바스크립트로 표준화되었지만 서버사이드 스크립트 언어는 최근까지도 수십여 개의 서로 다른 언어들이 사용되고 있다. 왜 그럴까?

웹 사용자의 로컬 컴퓨터는 윈도우, 맥, 리눅스 등으로 다양하고 사용하는 브라우저 또한 익스플로러, 크롬, 사파리 등 다양하다. 만약에 클라이언트사이드 스크립트 언어가 제각각이라면 컴퓨터들은, 또는 브라우저들은 그 모든 스크립트 언어를 다 해석할 수 있어야 한다. 따라서 컴퓨터 회사나 브라우저 회사들 입장에서는 가능하면 하나의 스크립트 언어만 책임지는 것이 훨씬 부담이 덜 할 것이다. 이러한 이해관계에 따라 클라이언트사이트 스크립트 언어는 자연스럽게 한 가지 언어로 표준화될 수 있었다.

반면에 서버사이드 스크립트는 해당 웹 서버에서만 수행되는 코드이기 때문에 개발 회사의 편의에 따라 어떤 언어를 사용한다하더라도 다른 회사나 사용자에게 아무런 영향이 없다. 실제로 위키피디아의 서버사이드 스크립트 언어에 대한 설명만 보더라도 그 예가 20개가 넘는다.

- ASP (*.asp)
- ActiveVFP (*.avfp)
- ASP.NET (*.aspx)
- ASP.NET MVC (*.cshtml)
- ColdFusion Markup Language (*.cfm)
- Go (*.go)
- Google Apps Script (*.gs)
- Hack (*.php)
- 하스켈 (*.hs) (예: Yesod)
- 자바 (*.jsp) via JavaServer Pages
- 서버사이드 자바스크립트 (*.ssjs, *.js) (예: Node.js)
- Lasso (*.lasso)
- Lua (*.lp *.op *.lua)
- Parser (*.p)
- Perl via the CGI.pm module (*.cgi, *.ipl, *.pl)
- PHP (*.php, *.php3, *.php4, *.phtml)
- 파이선 (*.py) (예: Pyramid, Flask, Django)
- R (*.rhtml) (예: rApache)
- 루비 (*.rb, *.rbw) (예: Ruby on Rails)
- SMX (*.smx)
- Tcl (*.tcl)
- WebDNA (*.dna,*.tpl)
- Progress WebSpeed (*.r,*.w)
- Bigwig (*.wig)

출처: 위키피디아, https://en.wikipedia.org/wiki/Server-side_scripting

이 장에서는 대표적인 웹 서버 프로그램의 하나인 NodeJS를 통해 서버사이드 스크립트란 무엇인지, 또 오늘날의 웹 서비스는 어떻게 만들어지는지 살펴본다.

03 NodeJS 개요

1990년대의 대표적인 웹 서버 프로그램은 아파치 HTTP 서버이다. 서버쪽에서의 웹페이지의 동적 작업 부여와 같은 서버사이드 스크립트와 아파치 프로그램과는 직접적인 관련이 없기 때문에 앞에서 지적한 것처럼 다양한 서버사이드 스크립트 언어가 사용되기 시작했다. 따라서 그 당시에는 웹 개발자를 두 부류로 분류했다. 소위 프론트 엔드(front end) 개발자와 백엔드(back end) 개발자이다. 프론트 엔드는 자바스크립트 언어를 사용한 클라이언트사이드 스크립트 개발을 뜻하고, 백엔드는 PHP, JSP, ASP 등을 사용한 서버사이드 스크립트 개발을 의미한다. 따라서 프론트 엔드 개발은 자바스크립트 전문가가, 백엔드 개발은 서버사이드 스크립트 언어 전문가가 담당했다.

NodeJS[50)]는 비교적 최근인 2009년에 라이언 달(Ryan Dahl)이 발표한 자바스크립트 실행환경이다. NodeJS는 아파치를 대체할 웹 서버 프로그램으로도 각광받고 있는데 가장 두드러진 특징은 자바스크립트를 서버사이드 스크립트 언어로 사용한다는 점이다. 따라서 NodeJS를 웹 서버로 사용하면 기존 아파치 서버보다 성능이 더 좋은지 나쁜지를 차치하더라도 자바스크립트 언어만 알면 프론트 엔드 개발은 물론 백엔드 개발까지, 즉 클라이언트 스크립트는 물론 서버사이드 스크립트까지 동시에 만들 수 있다는 장점이 있다.

NodeJS와 자바스크립트가 어떤 관계인지 알아보기 위해 NodeJS의 내부를 잠깐 들여다보자. NodeJS의 핵심 구성요소는 아래 그림에 있는 것처럼 V8 엔진이다. V8 엔진은 자바스크립트 실행환경으로 크롬 브라우저에 들어있던 것이다.

50) 노드제이에스라고 읽는다.

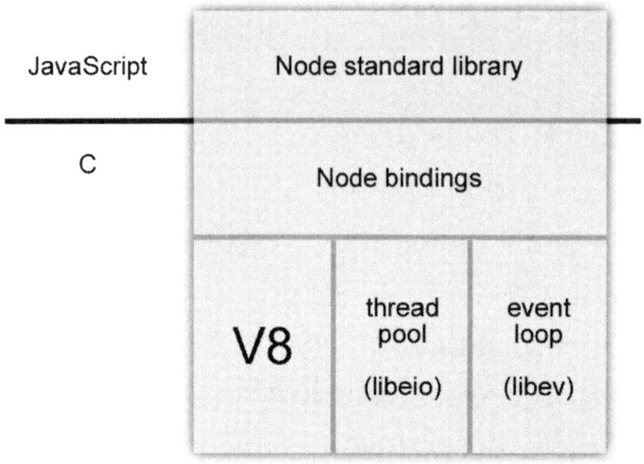

출처: 팩트허브, https://hub.packtpub.com/nodejs-fundamentals/

즉 NodeJS란 크롬 브라우저의 여러 기능 중 자바스크립트 코드를 해석하고 실행하는 모듈인 V8 엔진을 가져다가 위 그림처럼 다양한 자바스크립트 라이브러리 코드들을 올려놓은 것이라 할 수 있다. 그 라이브러리 중에 HTTP 서버 모듈을 사용하면 웹 서버 역할을 할 수 있다.

04 NodeJS 웹 사이트 개발

본격적으로 NodeJS를 이용하여 웹 서버와 웹 사이트를 만들어보자. 만들어볼 웹 사이트는 온라인 카페이다. 메뉴는 커피, 비록 결제나 배송까지는 아니지만 브라우저 주소창에 메뉴를 입력하면 실제 커피 대신 커피 그림을 웹페이지로 만들어 배달하는 웹 사이트이다.

이 예를 통해 웹이 어떻게 온라인 비즈니스의 대표 플랫폼이 될 수 있었는지, 웹 서버 입장에서 바라본 웹페이지란 무엇인지, 사용자는 웹 서버와 어떻게 소통하는지에 대하여 개략적인 윤곽을 파악할 수 있을 것이다.

단계별 개발 과정

웹 서버의 역할을, 브라우저의 요청, 즉 URL 주소에 따라 미리 준비된 HTML 문서를 보내주는 정적인 서비스가 아니라 즉석에서 HTML 문서를 만들어 보내주는 동적인 서비스의 관점에서 바라보자. 물론 일부 HTML 문서는 미리 준비할 수도 있으므로 동적인 서비스 관점이 정적인 서비스까지 포괄한다고 볼 수 있다.

따라서 우리가 만들려고 하는 NodeJS 웹 서비스는 입력이 URL이고 출력이 HTML 문서인 동적인 서비스 프로그램이라 할 수 있다. 입력으로부터 출력을 만들어내기까지의 과정을 단계별로 나누어보면 아래와 같이 네 가지 역할, 즉 모듈들로 구분할 수 있다.

1) HTTP 서버
2) 라우터
3) 요청 핸들러
4) 뷰 로직

첫째, HTTP 서버는 브라우저 요청에 응답하는 모듈, 그야말로 웹 서버이다. 둘째, 라우터는 브라우저의 요청, 즉 URL을 해석하여 해당 요청을 처리할 요청 핸들러를 호출한다. 셋째, 요청 핸들러는 요청의 처리, 즉 HTML 문서를 만들어낸다. 끝으로 뷰 로직은 요청 핸들러에게 HTML 문서 템플릿을 제공한다.

만들려고 하는 온라인 카페 웹 서비스와 실제 카페의 구성원을 비교해보자. 신기할 정도로 비슷하다. 아래를 보자.

1) HTTP 서버 ==> 점장
2) 라우터 ==> 서빙 아르바이트
3) 요청 핸들러 ==> 주방장
4) 뷰 로직 ==> 요리법

웹 서비스 사용자는 곧 실제 카페의 손님에 비교할 수 있다. 사용자가 브라우저에서 우리의 온라인 카페 웹 사이트를 방문하는 것은 곧 실제 카페에서 손님이 오는 것과 같다. 그렇다면 브라우저 요청에 반응하는 HTTP 서버는 손님을 맞이하는 점장으로, URL 주소를 해석하는 라우터는 주문을 받는 서빙 아르바이트 직원으로, URL 경로별로 서로 다는 HTML 문서를 만들어내는 요청 핸들러는 주문 음료를 제조하는 주방장으로 비유할 수 있다.

온라인 카페 웹 사이트와 실제 미네르바 카페의 담당자와 업무를 비교하면 아래와 같다.

미네르바 웹 사이트		미네르바 카페	
담당 모듈	작업	담당자	업무
사용자	브라우저로부터 웹 접속	손님	손님 입장
HTTP 서버	주소창의 URL 주소 접수	점장	주문 접수
HTTP 서버	URL 주소 해석	서빙 알바	주문 확인
라우터	해석된 주소를 요청 핸들러에 전달	서빙 알바	주문을 주방장에게 전달
요청 핸들러	뷰 로직을 이용하여 웹페이지 작성	주방장	주방을 이용하여 음료 제조
요청 핸들러	브라우저에게 웹페이지로 응답	서빙 알바	완성된 음료 서빙

개발 환경 준비

NodeJS 소프트웨어는 아래와 같이 NodeJS 공식 홈페이지인 nodejs.org에서 설치한다.

제대로 설치되었는지 확인하는 방법은 아래와 같이 터미널 프로그램(윈도우 운영체제의 경우 “명령 프롬프트” 프로그램)에서 “node -v”를 입력했을 때 설치된 NodeJS 프로그램의 버전이 출력되는지를 확인하면 된다.[51)]

HTML 문서와 자바스크립트 코드의 편집은 메모장 프로그램이나 Jetbrain사의 Webstorm과 같은 전문 개발도구는 물론 웹 기반 개발도구인 코드펜이나 플렁커를 사용해도 된다.

51) node는 NodeJS 프로그램을 실행시키는 것이고 “-v”는 version의 약자로써 프로그램의 버전을 뜻한다.

1단계: HTTP 서버 만들기

편집기를 열어 아래의 자바스크립트 코드를 작성하여 server.js로 저장하자.

```
// server.js
var http = require("http");

http.createServer(function (request, response) {
    response.writeHead(200, {"Content-Type" : "text/plain"});
    response.write("Hello World!");
    response.end();
}).listen(8888);
```

앞으로 server.js 파일 이외에도 모듈별로 각각 새로운 파일을 만들 것이다. 이 파일들을 모두 같은 폴더에 두는 것이 편리할 것이므로 미리 작업용 폴더를 만들어두는 것이 좋겠다. 예를 들면 "C:\nodejs\server.js"처럼.

이제 코드의 내용을 살펴보자. 당연히 자바스크립트 코드이지만 이 코드가 실행되는 플랫폼은 NodeJS이기 때문에 NodeJS에서 제공하는 여러 함수들을 사용할 수 있다.[52) 바로 첫째 줄의 require() 함수가 대표적인 예다. require() 함수는 NodeJS에게 특정 객체의 사용을 요청하는 함수이다. 여기서는 NodeJS에 들어있는 http 객체를 사용한다는 것이며 그 객체를 가리키는 변수 이름도 편의상 같은 이름인 http로 선언하였다.

둘째 줄은 http 객체가 제공하는 createServer() 메소드로 웹 서버를 만드는 코드이다. createServer() 메소드의 파라미터는 웹 서비스를 처리할 콜백 함수이다. 그 콜백 함수의 파라미터는 2개이다. 첫 번째 파라미터는 브라우저의 요청 정보를 담은 객체이고 두 번째 파리미터는 그 요청에 대한 응답, 즉 HTML 문서를 담을 객체이다.

콜백 함수의 두 번째 파라미터인 response 객체의 writeHead() 메소드로 HTML 문서의 head 영역을 작성하고 write() 메소드로 HTML 문서의 본문을 작성한다. end() 메소드는 작성된 HTML 문서를 브라우저에게 전송한다.

http.createServer() 메소드로 만들어진 웹 서버 객체는 listen() 메소드로 실행된다. listen() 메소드의 파라미터는 포트 번호이다.

52) 마치 jQuery 라이브러리를 사용하면 $() 함수를 사용할 수 있는 것과 같다.

자 이제 server.js 코드를 실행해보자. 먼저 터미널에서 server.js가 저장된 폴더로 이동한다.[53] 다음으로 아래와 같이 "node server.js"를 입력하여 NodeJS를 실행시킨다. 이때 NodeJS가 처리할 파일은 "server.js"가 된다.

```
<< 터미널에서 >>
$ node server.js

<< 브라우저에서 >>
http://localhost:8888
```

NodeJS로 server.js를 실행한 후 위와 같이 브라우저 주소창에 "http://localhost:8888"을 넣으면 우리의 첫 웹 서버가 동작되는 것을 확인할 수 있다. 즉 server.js에서 reponse.write() 메소드로 만든 HTML 본문, 즉 "Hello World!"가 브라우저에 나타나는 것을 볼 수 있다.[54]

2단계: 모듈 만들기

1단계에서 만든 server.js는 실제 카페의 점장에 해당한다. 점장도 직원의 한 사람일뿐 카페를 창업하고 모든 운영을 책임지는 사람은 사장일 것이다. 사장이 점장은 물론 서빙 아르바이트 직원과 주방장도 채용하듯이 웹 사이트도 마찬가지다. 카페의 사장처럼

53) 터미널 프로그램에서 사용하는 명령어는 리눅스 쉘 명령어와 유사하다. 예를 들어 폴더 변경 명령어는 "cd"이고 현재 폴더에 저장된 파일을 나열하는 명령어는 "dir"이다.

54) 정상적인 HTML 본문은 <html> 태그, <body> 태그, "Hello World!" 내용을 담을 <p> 태그 등이 포함되어야 하지만 여기서는 생략했다. 브라우저는 이러한 태그들이 생략되더라도 처리할 수 있다.

웹 사이트를 총괄할 프로그램으로 index.js를 만들 것이다. 그러면 server.js나 앞으로 만들 라우터나 요청 핸들러는 마치 카페의 직원처럼 index.js가 사용하는 직원 같은 무엇, 즉 모듈이다.

NodeJS에서 모듈은 특정한 서비스를 제공하는 코드의 집합, 즉 함수이다. 즉 NodeJS 라이브러리는 곧 모듈들의 집합이다. 위 1단계의 http 객체처럼 NodeJS에 내장된 모듈들도 있지만 우리가 만든 코드도 모듈로 변환할 수 있다. 코드를 모듈로 만들면 외부에서 그 모듈을 호출하여 사용할 수 있다. 그러면 1단계의 server.js 코드를 모듈로 만들어보면 아래와 같다.

```
// server.js
var http = require("http");

function start() {
    function onRequest(request, response) {
        console.log("Request Received");
        response.writeHead(200, {"Content-Type" : "text/plain"});
        response.write("Hello World!");
        response.end();
    }
    http.createServer(onRequest).listen(8888);
    console.log("Server has started.");
}

exports.start = start;
```

위 코드의 마지막 줄을 보자. NodeJS의 exports 객체가 바로 모듈을 만드는 서비스를 제공한다. exports.start는 start라는 이름으로 메소드 혹은 속성을 모듈로 만들라는 것이고 그 값은 등호 뒤에 나오는 start, 즉 start() 함수이다. start() 함수의 내용은 바로 앞의 1단계 코드의 내용이다. 다른 점은 http.createServer() 메소드의 파라미터인 콜백 함수를 앞에서는 익명 함수로 사용했지만 여기서는 보기 좋게 onRequest()라는 함수로 분리했다.

결과적으로 이제 외부에서 require() 함수로 server.js 모듈을 사용할 수 있고 따라서 start() 함수를 호출할 수 있다. 이 start() 함수를 호출하는, 즉 실제 카페의 사장 역할을 할 index.js를 만들어보자. 코드는 아래와 같다.

```
// index.js
var server = require("./server");
server.start();
```

위 코드의 첫째 줄, require() 함수의 파라미터는 현재 폴더("./")에 있는 server 모듈[55]을 사용하겠다는 선언이며 그 모듈을 같은 이름의 server 변수로 지정한 것이다. 따라서 둘째 줄의 의미는 server 모듈의 start() 함수를 호출한 것이다.

이제 터미널에서 "node server.js" 대신에 아래와 같이 "node index.js"로 코드를 실행하고 브라우저로 확인해보자.

```
// 터미널에서
$ node index.js

// 브라우저에서
http://localhost:8888
```

3단계: 라우터 만들기

실제 카페에서 사장이 채용한 점장이 손님을 맞이하듯이 위 2단계에서는 사장의 역할을 하는 index.js와 점장의 역할인 server.js를 만들었다. 다음 단계는 주문을 받는 일이다. 웹 사이트에서 주문은 브라우저의 요청, 즉 URL의 경로(path)이다. 아래 그림과 같이 URL에서 도메인 이름 다음에 나오는 것이 경로이다.

경로 다음은 선택 사항으로써 브라우저가 웹 서버에게 전달할 데이터가 있을 때 사용되며 아래와 같이 "명칭 = 값" 형태로 기술된다.

55) server.js 파일을 지칭함. 파일 확장자인 ".js"는 생략할 수 있음

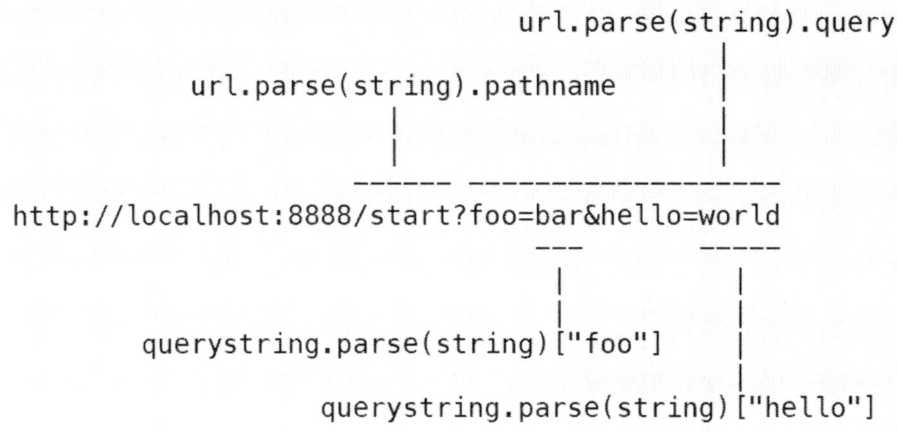

출처: 김우진, https://www.slideshare.net/WooGenius/nodejs-40451587

NodeJS는 URL 처리 서비스를 제공하는 모듈을 제공한다. 바로 url 모듈이다. url 모듈의 parse() 메소드를 사용하면 전체 URL 문자열을 각 부분별로 분석할 수 있다. 위의 그림처럼 url.parse()의 결과로 만들어진 객체에는 pathname 속성, query 속성 등이 포함되어 있다.

경로, 즉 pathname 속성이 곧 실제 카페의 주문에 해당한다. URL로부터 경로를 추출하는 일을 누가 하더라도 상관은 없지만 여기서는 server.js가 하도록 하자.

server.js 코드에 경로, 즉 pathname 속성을 추출하여 이를 라우터에게 전달하는 코드를 추가하면 아래와 같다.

```
// server.js
var http = require("http");
var url = require("url");

function start(route) {
    function onRequest(request, response) {
        var pathname = url.parse(request.url).pathname;
        route(pathname, response);
    }
    http.createServer(onRequest).listen(8888);
    console.log("Server has started.");
}

exports.start = start;
```

두 번째 줄에서 NodeJS가 제공하는 url 모듈을 사용할 것임을 선언하였다. 다섯 번째 줄은 url 모듈의 url.parse() 메소드를 호출하여 pathname 속성을 pathname 변수에 저장한 것이다. 바로 밑에 여섯 번째 줄에서 앞으로 만들 route() 함수에 pathname 속성을 전달했다.

한편, 이제부터는 response 객체, 즉 브라우저에게 응답할 HTML 문서의 작성까지도 다음 단계로 넘기자. 따라서 위 코드처럼 response 객체를 만드는 코드 세 줄을 삭제하고 대신에 route() 함수를 호출할 때 response 객체를 파라미터로 전달하였다.

끝으로 route() 함수는 어디서 왔을까? 바로 start() 함수에 파라미터를 추가했다. 그 의미는 start() 함수를 호출하는 index.js가 route() 함수의 정보도 전달해주어야 한다는 것이다. 수정된 index.js는 아래와 같다.

```
// index.js
var server = require("./server");
var router = require("./router");

server.start(router.route);
```

3단계에서 새로 추가할 라우터 모듈, 즉 router.js의 윤곽은 아래와 같다. 아직 response 객체에 대한 처리는 안했기 때문에 브라우저로 결과를 확인할 수는 없다.

```
// router.js
function route(pathname, response) {
    console.log(pathname + " 경로를 접수했습니다");
}

exports.route = route;
```

4단계: 요청 핸들러와 메뉴 만들기

요청 핸들러는 실제 카페의 주방장에 해당한다. 요청 핸들러는 브라우저 요청별로, 즉 메뉴별로 각각 함수로 만들 것이다. 브라우저 요청이란 아래와 같이 경로로 표현된다.

```
// 브라우저의 요청 예

http://minervacafe.com/espresso
http://minervacafe.com/cappuccino
http://minervacafe.com/latte
```

웹 서버는 브라우저가 요청한 경로에 따라 해당하는 HTML 문서를 브라우저에게 보내준다. 예를 들어 위와 같은 브라우저의 세 가지 요청에 대한 요청 핸들러 함수들의 윤곽을 만들어 보면 아래와 같다. 파일명은 requestHandlers.js로 하자.

```
// requestHandlers.js

function espresso(response) {
    console.log("에스프레소를 만들어 드리겠습니다!");
}

function latte(response) {
    console.log("라떼를 만들어 드리겠습니다!");
}

function cappuccino(response) {
    console.log("카푸치노를 만들어 드리겠습니다!");
}

exports.espresso = espresso;
exports.latte = latte;
exports.cappuccino = cappuccino;
```

3개의 요청 핸들러 함수들이 실제 HTML 문서를 만들어낼 것이기 때문에 response 객체를 파라미터로 받았다.

이제 남은 일은 브라우저 요청, 즉 경로에 따라 3개의 요청 핸들러 함수 중 어느 함수를 호출할지를 정해주어야 한다. 즉 경로가 "/espresso"이면 espresso() 함수를, 경로가 "/latte"이면 latte() 함수를 호출해야 한다. 자바스크립트 코드로 만들자면 if 문을 사용하여 비교할 수 있을 것이다. 하지만 위의 예에서는 경로가 3개뿐이지만 실제 웹 사이트는 훨씬 더 많을 수 있다. 이 많은 경로를 일일이 비교하는 대신에 보다 깔끔하게 처리할 방법은 없을까? 바로 경로(즉 메뉴)와 요청 핸들러 함수(즉 담당 주방장)를 짝지어

놓는 메뉴판을 준비하는 방법이다. 메뉴의 결정은 실제 카페에서도 사장의 몫이니 여기서도 사장 역할을 하는 index.js에게 맡겨보자.

아래는 메뉴판, 즉 메뉴 자료구조를 추가한 index.js 코드이다. 먼저 네 번째 줄에서 menu 변수를 객체로 선언했다. 그 다음 세 줄은 각각 "속성 명칭 = 값"의 짝으로 menu 객체에 데이터를 넣었다. menu 객체의 속성 명칭은 경로이고, 값은 각 경로별로 해당 HTML 문서를 만들어낼 요청 핸들러 함수이다.

마지막 줄에서 서버 모듈을 호출할 때 menu 객체를 파라미터에 추가하였다.

```
// index.js
var server = require("./server");
var router = require("./router");
var requestHandlers = require("./requestHandlers");

// 경로별 요청 핸들러를 저장하는 메뉴판
var menu = { };
menu["/espresso"] = requestHandlers.espresso;
menu["/latte"] = requestHandlers.latte;
menu["/cappuccino"] = requestHandlers.cappuccino;

server.start(router.route, menu);
```

아래는 수정된 server.js 모듈이다. start() 함수에 menu 객체 파라미터를 추가하였고 route() 함수를 호출할 때도 menu 객체 파라미터를 추가하였다.

```
// server.js
var http = require("http");
var url = require("url");

function start(route, menu) {
    function onRequest(request, response) {
        var pathname = url.parse(request.url).pathname;
        route(menu, pathname, response);
    }
    http.createServer(onRequest).listen(8888);
    console.log("Server has started.");
}

exports.start = start;
```

다음은 수정된 router.js 모듈이다. route() 함수에 menu 파라미터를 추가하였다. if 문에서는 경로, 즉 pathname이 메뉴 객체의 속성 명칭으로 있는지를 비교하여[56] 있다면 해당 속성의 값인 요청 핸들러 함수를 호출한다. 즉 if 문장 안에 있는 menu[pathname]()이 menu 객체에 들어있는 요청 핸들러 함수들 중 하나이다.

else 구문은 pathname이 menu 객체에 등록된 속성 명칭이 아닌 경우, 예를 들어 pathname이 "/americano"이거나 혹은 "/"처럼 경로 자체가 없거나 아니면 전혀 다른 경로인 경우를 나타낸다. 아래 코드에서는 이런 경우의 HTTP 응답 코드인 "404 Not Found"를 출력되도록 reponse 객체를 작성했다.

```
// router.js
function route(menu, pathname, response) {
    if (typeof menu[pathname] === 'function') {
        menu[pathname](response);
    } else {
        console.log("No request handler found for " + pathname);
        response.writeHead(404, {"Content-Type": "text/plain"});
        response.write("404 Not found");
        response.end();
    }
}

exports.route = route;
```

5단계: 뷰 로직 만들기

뷰 로직은 웹 사이트가 제공하는 HTML 문서의 템플릿이다. 여기서는 전문적으로 뷰 로직을 제공하는 별도의 라이브러리 사용 없이 간단히 요청 핸들러 함수에서 직접 처리하도록 하자. 요청 핸들러 가운데 경로가 "/espresso"인 요청을 처리할 espresso() 함수만 일단 만들어 볼 것이다. 만들 웹페이지는 아래와 같이 메뉴 제목과 해당 커피 사진이 전부이다. 에스프레소 커피 사진은 "espresso.jpg"로 저장하자.

56) typeof는 자바스크립트 연산자로써 변수의 자료형을 찾아준다. 위 if 문에서는 menu 객체에 들어있는 값들은 모두 요청 핸들러 함수들이므로 pathname이 menu 객체의 속성 명칭의 하나로 있다면 그 값의 자료형은 함수, 즉 'function'이 된다.

이제 requestHandler.js에서 espresso() 함수를 만들어보자. 완성된 코드는 아래와 같다.

```
// requestHandlers.js

function espresso(response) {
    console.log("에스프레소를 만들어 드리겠습니다!");

    var body = '<html>' + '<head>' +
        '<meta http-equiv="Content-Type" content="text/html; charset=UTF-8" />' +
        '</head>' +  '<body>' +
        '<h1> Espresso </h1>' +
        '<img src="espresso.jpg" alt="espresso" width="400" height="200">' +
        '</body>' + '</html>';

    response.writeHead(200, {"Content-Type": "text/html"});
    response.write(body);
    response.end();
}

var fs = require("fs");
function espressoImage(response) {
    fs.readFile("espresso.jpg", function(error, data) {
        response.writeHead(200, {"Content-Type": "text/html"});
        response.end(data);
    })
}
```

```
function latte(response) {
    console.log("라떼를 만들어 드리겠습니다!");
}

function cappuccino(response) {
    console.log("카푸치노를 만들어 드리겠습니다!");
}

exports.espresso = espresso;
exports.espressoImage = espressoImage;
exports.latte = latte;
exports.cappuccino = cappuccino;
```

위 코드에서 먼저 espresso() 함수를 보자. body 변수의 내용이 복잡해보이기는 하지만 HTML 문서를 문자열로 저장한 것이다. 본문의 태그는 앞에서 언급한 바와 같이 <h1> 태그와 <img> 태그이다. <img> 태그의 src 애트리뷰트에 사진 파일인 espresso.jpg를 지정했다.

하지만 espresso.jpg는 또 다른 하나의 파일이기 때문에 브라우저로 "/espresso" 경로를 요청하면 브라우저는 다시 이미지 파일을 가져오기 위해 "/espresso.jpg" 경로를 요청하게 된다. 따라서 이 경로를 위한 요청 핸들러도 필요한데 바로 espresso() 함수 다음에 추가한 espressoImage() 함수이다.

espressoImage() 함수는 파일을 읽어오기 때문에 NodeJS의 파일처리 모듈인 fs 모듈을 사용할 것임을 require() 함수로 선언했다. 이미지 파일은 fs.readFile() 메소드로 읽어온다.

끝으로 espressoImage() 함수도 메뉴에 추가해주어야 한다. 즉 아래와 같이 index.js 코드에 "/espresso.jpg" 경로를 menu 객체에 추가하면 된다.

```
menu["/espresso.jpg"] = requestHandlers.espressoImage;
```

요약

이 장에서는 웹 서버 입장에서 웹 서비스가 어떻게 만들어지는지, 웹 서버 관점에서 바라보는 웹 서비스는 어떠한 것인지 간단한 예를 통해 알아보았다.

요청 핸들러 함수를 통해 필요한 HTML 문서를 동적으로 만들어 낼 수 있으며 브라우저의 요청, 즉 경로를 menu 객체에 저장하여 관리함으로써 어떠한 요청이든 필요할 때마다 만들어 낼 수 있다.

또한 브라우저의 방문을 처음 맞이하는 HTTP 서버 모듈(server.js)은 브라우저 요청의 응답인 reponse 객체를 바로 다음 단계인 라우터 모듈(router.js)에 넘겨줌으로써 서버 모듈은 즉각 또 다른 브라우저 요청을 받아들일 수 있다. 라우터 모듈 또한 마찬가지로 reponse 객체를 바로 다음 단계인 요청 핸들러 모듈(requestHandlers.js)로 넘김으로써 역시 다음 작업을 바로 받아들일 수 있다. 마치 자동차 공장에서 컨베이어 벨트를 통해 단계별로 작업이 이루어져 마지막에 완성차가 나오는 것처럼 NodeJS에서는 response 객체를 다음 단계로 바로 넘겨줌으로써 웹 서비스 처리 효율을 향상시킬 수 있다.

제11장

AngularJS

01 웹 애플리케이션

웹 애플리케이션이란 무엇인가. 당연히 웹에서 동작하는 애플리케이션이다. 좀 더 들어가 보자. 첫째, 웹에서 동작한다는 것은 웹 표준 프로토콜인 HTTP를 통해 서버와 통신한다는 것이다. 또한 브라우저에서 수행되든 브라우저 없이 수행되든 사용자 인터페이스는 웹 표준 언어인 HTML로 표현된다는 의미이기도 하다. 둘째, 애플리케이션이라 함은 곧 컴퓨터 프로그램이다.

컴퓨터 프로그램의 핵심은 데이터를 처리하는 일이다. 데이터 처리란 데이터를 생성, 변경 또는 삭제하는 일, 이러한 작업을 지시할 수 있는 사용자 입력, 처리 결과를 적절할 형태로 보여주는 출력으로 구성된다.

따라서 웹 애플리케이션의 핵심 또한 데이터를 처리하는 일이고, 단지 웹 애플리케이션에서는 데이터를 생성, 변경 또는 삭제하는 일은 자바스크립트로, 입력은 HTML 입력 엘리먼트로, 출력은 HTML 웹페이지를 사용한다는 점이 일반 애플리케이션과 구별되는 특징이다.

이번 장에서는 웹 애플리케이션이 어떻게 만들어지는지, 보다 매력적인 웹 애플리케이션을 개발하기 위해서는 어떻게 해야 하는지, 구글이나 페이스북 같은 웹 애플리케이션들이 사용하는 최신 기법들은 무엇인지 살펴보고 대표적인 웹 애플리케이션 개발 도구라 할 수 있는 AngularJS를 사용하여 간단한 웹 애플리케이션을 만들어본다.

02 자바스크립트 라이브러리

자바스크립트 라이브러리란 자바스크립트 애플리케이션 개발에 도움을 주는 자바스크립트 코드이다. 1990년대 이후 웹의 확산과 함께 웹 애플리케이션 개발에 필요한 자바스크립트 라이브러리의 활용 또한 빠르게 증가하고 있다. 널리 활용되는 대표적인 자바스크립트 라이브러리들을 분류해보면 AJAX[57], 2차원 및 3차원 그래픽, 웹 애플리케이션 프레임워크 등이 있다.

그래픽 관련 자바스크립트 라이브러리

HTML 캔버스나 SVG를 이용한 그래픽 처리 관련 자바스크립트 라이브러리들을 보면 아래와 같다.[58]

- D3.js
- FusionCharts
- Highcharts
- EaselJS, part of CreateJS
- JavaScript InfoVis Toolkit
- p5.js
- Pixi.js
- Plotly
- Processing.js
- Raphael
- SWFObject
- Teechart
- Three.js
- Velocity.js

57) 9장, jQuery AJAX 참고

58) 출처: 위키피디아, https://en.wikipedia.org/wiki/List_of_JavaScript_libraries

- Verge3D
- WhitestormJS

한 예로 아래의 Three.js는 3차원 그래픽 애니메이션을 위한 자바스크립트 라이브러리이다. 일반적으로 3차원 그래픽 애니메이션을 실시간으로 처리하기 위해서는 엄청난 양의 계산이 필요하다. Three.js는 WebGL[59]을 이용하여 3차원 애니메이션에 필요한 대량의 행렬 계산을 GPU[60]에서 수행함으로써 처리 속도를 향상시킬 수 있다.

출처: Three.js, https://threejs.org

웹 애플리케이션 관련 자바스크립트 라이브러리

웹 애플리케이션이란 웹을 기반으로 동작하는 모든 응용 프로그램들을 뜻한다. 웹으로 만든 스마트폰 앱은 물론 인터넷 뱅킹, 웹메일, 페이스북과 같이 브라우저에서 동작하는 웹 사이트도 웹 애플리케이션이다.

대부분의 웹 애플리케이션들은 전반적으로 유사한 구조를 갖고 있다. 크게 3가지 구성요소, 즉 1) 서비스의 대상인 데이터, 2) 데이터를 보여주는 웹페이지, 3) 사용자 입력에 대한 처리로 구성된다.

59) WebGL(Web Graphics Library)은 2D 및 3D 그래픽스를 위한 자바스크립트 라이브러리로써 웹의 그래픽스 표준 라이브러리이다.

60) GPU(Graphics Processing Unit)는 컴퓨터의 그래픽 처리를 전담하는 일종의 CPU로써 특히 대규모 병렬처리에 특화되어 있다.

웹 애플리케이션 개발을 위한 자바스크립트 라이브러리들을 보면 아래와 같다.[61]

- AngularJS
- Backbone.js
- Cappuccino
- Chaplin.js
- CxJS
- Echo
- Ember.js
- Enyo
- Ext JS
- Google Web Toolkit
- JavaScriptMVC
- Knockout
- Meteor
- Mojito
- MooTools
- Node.js
- OpenUI5 of SAP
- Prototype JavaScript Framework
- React
- Rialto Toolkit
- SproutCore
- Vue.js
- Wakanda Framework

61) 출처: 위키피디아, https://en.wikipedia.org/wiki/List_of_JavaScript_libraries

자바스크립트 프레임워크

자바스크립트 라이브러리 중 일부는 프레임워크로 분류하기도 한다. 라이브러리에서는 개발자가 필요시 라이브러리 코드에 들어있는 함수들을 호출하여 사용하는 반면 프레임워크에서는 애플리케이션의 기본 틀 자체를 제공함으로써 개발자는 그 틀의 세부 사항을 구현하는 코드만 작성하면 된다.

웹 애플리케이션 개발을 위한 대표적인 자바스크립트 프레임워크는 AngularJS이다.[62] 이 장에서는 AngularJS를 사용한 웹 애플리케이션 개발 과정을 자세히 알아볼 것이다.

62) "앵귤라제이에스"라고 읽음.

03 MVC

앞 절에서도 언급한 것처럼 데스크탑 애플리케이션과 달리 웹 애플리케이션은 일반적으로 전형적인 구조를 갖고 있다. 데스크탑 애플리케이션이란 컴퓨터에 프로그램을 설치하여 실행하는 애플리케이션을 말하며 애플리케이션에 따라 구조나 형태가 다양하다. 예를 들어 대표적인 편집 프로그램인 아래한글은 서버와의 통신은 거의 없고 프로그램이 설치된 로컬 컴퓨터에서 문서를 편집하는데 사용한다. 아웃룩이나 모질라 썬더버드같은 메일 클라이언트 프로그램은 메일 서버로부터 주기적으로 메일을 받아 로컬 컴퓨터에서 보여준다.

반면에 웹 애플리케이션은 웹을 기반으로 실행되기 때문에 대부분의 웹 애플리케이션들의 구조는 비슷하다. 즉 애플리케이션이 다루는 데이터는 서버에 있고 로컬 컴퓨터는 웹 표준 통신 프로토콜인 HTTP를 통해 서버와 데이터를 주고받는다. 데이터를 사용자에게 보여주는 방법 역시 웹 표준 언어인 HTML이며 사용자는 HTML의 입력 요소들을 통해 데이터를 요청하고 변경한다.

이와 같은 웹 애플리케이션의 전형적인 구조를 MVC(Model-View-Controller) 구조라고 한다. MVC 구조의 세 요소는 용어 자체가 의미하는 것처럼 모델, 뷰, 컨트롤러이다. 모델은 데이터, 뷰는 데이터의 표현, 컨트롤러는 모델과 뷰를 제어하고 변경하는 방법이다. MVC 구조의 출발점은 데스크탑 애플리케이션이지만 최근에는 웹 애플리케이션의 전형적인 패턴으로 받아들여지고 있다.

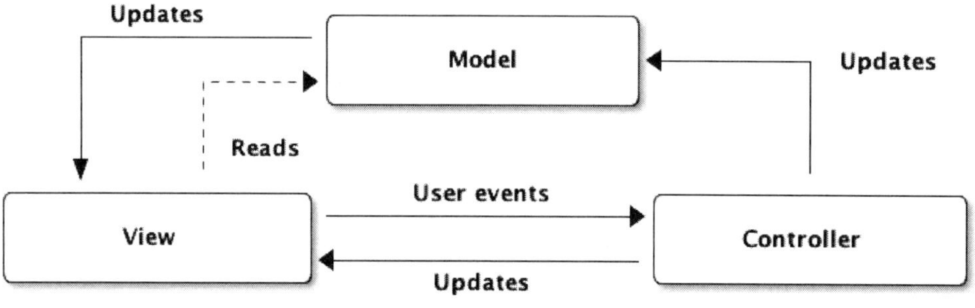

출처: Aalmiray, http://aalmiray.github.io/griffon-patterns/

예를 들어 다음 메일(mail.daum.net)이나 지메일(gmail.com) 같은 웹메일 사이트를 보자. 모델, 즉 데이터는 메일 서버에 저장된 메일이고 뷰는 메일이 브라우저에 표시되는 형식이다. 컨트롤러는 메일 읽기, 쓰기, 전달, 삭제 등 사용자의 요구를 처리하는 방법이다.

앞 절에서 살펴본 수많은 자바스크립트 라이브러리나 웹 애플리케이션 프레임워크는 웹 애플리케이션을 개발할 때 이러한 MVC 모델을 어떻게 효율적으로 구성하고 적용할 것인가에 대한 나름대로의 해결책을 제시한 것이라 볼 수 있다.

04 SFA 대 MFA

스마트폰 사용이 일상적인 일이 되면서 스마트폰 앱의 대부분을 차지하는 웹 애플리케이션에 대한 관심 또한 커지고 있다. 불과 10년 전만 해도 스마트폰에서 인터넷 뱅킹이나 소셜 네트워크 같은 서비스는 흔한 일이 아니었지만 이제는 PC에서 인터넷 뱅킹이나 소셜 네트워크를 하는 일이 오히려 드문 세상이 되었다.

이처럼 스마트폰 웹 애플리케이션이 거의 모든 온라인 서비스나 비스니스의 중심이 되면서 어떻게 하면 좀 더 효율적이고 매력적인 웹 애플리케이션을 개발할 수 있을까에 대한 고민도 크게 늘어났다. SFA(Single-page application)와 MFA(Multiple-page application)도 그 중 하나이다.

SFA는 명칭 그대로 단일 웹페이지 애플리케이션을 뜻하고 MFA는 다중 웹페이지 애플리케이션을 뜻한다.

먼저 MFA의 예를 들면 일반적인 회사 홈페이지들을 생각하면 된다. 첫 화면은 index.html, 회사 소개 메뉴를 선택하면 company.html, 제품 소개를 클릭하면 products.html, 찾아오는 길을 클릭하면 location.html 문서가 브라우저에 나타난다.

반면에 SFA에서는 index.html처럼 오직 하나의 웹페이지만 존재한다. 회사 소개나 제품 소개, 찾아오는 길을 클릭해도 HTML 문서는 바뀌지 않고 필요한 내용만 수정된다. 구글 메일(gmail.com), 구글 지도(google.com/maps), 페이스북(facebook.com), 깃허브(github.com) 등이 대표적인 SFA의 예이다. 페이스북 홈페이지를 방문하여 웹페이지를 스크롤하면 새로운 글과 동영상들이 계속 나타나지만 주소창의 “facebook.com”은 변하지 않는다.

최근 들어 전통적인 웹 사이트 형식인 MFA 방식이 아닌 SFA 방식의 웹 애플리케이션이 각광을 받고 있는 이유는 효율성 때문이라 할 수 있다. 웹페이지를 새로 고치는 일, 즉 서버로부터 새로운 HTML 문서를 받아서 웹페이지를 표시하는 일은 한 웹페이지에 머물러 있는 일보다 상대적으로 시간이 많이 걸리는 작업이다. HTML 문서 변동 없이 수시로 웹페이지의 내용을 변경하는 대표적인 기법이 바로 AJAX이다.

물론 SFA도 단점이 있다. 검색 엔진은 주로 웹 서버에 저장된 웹 문서, 즉 HTML 파일을 검색하는데 SFA를 사용하면 브라우저의 내용이 바뀌어도 웹 서버에 저장된 HTML 문서는 변동이 없기 때문에 웹 검색에 노출될 기회가 상대적으로 줄어든다.

05 AngularJS 기초

이 절에서는 AngularJS의 기초적인 개념을 설명한다. AngularJS가 제공하는 모든 기능들을 제대로 파악하려면 상당한 시간이 필요하지만 여기서는 다음 절에서 만들어 볼 AngularJS 웹 애플리케이션에서 사용되는 내용 위주로 알아본다.

AngularJS는 프론트 엔드 웹 애플리케이션 개발을 위한 자바스크립트 프레임워크이다. 특히 SFA에 최적화되어있다는 평가를 받고 있다. 2012년에 처음 발표되었으며 구글, wix.com, weather.com 등에서 사용되고 있다.

AngularJS의 가장 큰 특징은 HTML 애트리뷰트를 새로 추가하고 이를 통해 HTML 엘리먼트를 관리하고 제어한다는 점이다. 이 추가된 애트리뷰트를 디렉티브(directive)[63]라고 한다.

AngularJS 디렉티브

AngularJS 디렉티브 명칭은 "ng-"로 시작한다.

ng-app 디렉티브는 AngularJS 애플리케이션을 선언한다. 어떤 태그에도 ng-app 디렉티브를 선언할 수 있으며 ng-app 디렉티브가 선언된 그 엘리먼트는 AngularJS에 의해 제어된다.

ng-model 디렉티브는 <input> 태그나 <textarea> 태그와 같은 HTML 입력 태그에 선언하고 그 태그의 입력값을 애플리케이션 데이터에 연결한다.

ng-bind 디렉티브는 임의의 태그에 선언할 수 있고 애플리케이션 데이터를 뷰로 연결한다.

아래 예를 보자. 아래 코드는 단순하지만 전형적인 AngularJS 애플리케이션의 예이다. AngularJS를 사용하기 위해서는 먼저 AngularJS 자바스크립트 파일을 추가해야 한다. <head> 엘리먼트에 <script> 태그로 추가했다.

<div> 태그에 선언한 ng-app 디렉티브는 이 엘리먼트가 AngularJS에 의해 제어될 것임을 나타낸다.

---

63) "지시자"(directive)란 뜻의 일반명사가 아니라 AngularJS라는 특정 프레임워크 안에서 통용되는 고유명사에 가깝기 때문에 원어 그대로 쓴다. 뒤에 나오는 익스프레션도 마찬가지.

<input> 태그에 선언한 ng-model 디렉티브는 이 입력 엘리먼트의 값을 애플리케이션 데이터(즉 MVC의 모델)와 연결한다. 데이터가 저장될 위치, 즉 변수는 “title”로 지정했다.

<p> 태그에 선언한 ng-bind 디렉티브는 “title” 데이터를 이 <p> 엘리먼트(MVC의 뷰)로 연결한다.

```
<!DOCTYPE html>
<html>
<head>
<script src="https://ajax.googleapis.com/ajax/libs/angularjs/1.6.9/angular.min.js"></script>
</head>

<body>
<div ng-app="">
    <h3>가장 좋아하는 노래는?</h3>
    제목: <input type="text" ng-model="title">
    <p ng-bind="title"></p>
</div>
</body>
</html>
```

위 HTML 문서를 index.html로 저장하고 브라우저에서 열어 보자.

아래와 같이 입력창에 임의의 글자들을 넣으면 비어 있던 바로 밑의 <p> 엘리먼트에 동일한 글자들이 표시된다. 그 이유는 입력창의 값이 (ng-model 디렉티브를 통해) “title” 데이터에 연결되었고, “title” 데이터는 (ng-bind 디렉티브를 통해) <p> 엘리먼트에 연결되었기 때문이다.

ng-model 디렉티브를 통한 입력 엘리먼트와 데이터의 연결, ng-bind 디렉티브를 통한 데이터와 뷰의 연결을 양방향 바인딩(two-way binding)이라 한다. 원래의 HTML은 입력 엘리먼트를 데이터로 연결하는 단방향 바인딩(onw-way binding)이며 데이터를 뷰로 보여주기 위해서는 별도의 지시가 필요하다.

결과적으로 AngularJS의 양방향 바인딩 특성 때문에 AngularJS를 사용한 웹 애플리케이션은 코드가 단순하고 개발이 쉽다.

AngularJS 익스프레션

AngularJS 익스프레션(expression)은 ng-bind 디렉티브처럼 데이터를 뷰로 연결한다. 디렉티브는 곧 애트리뷰트이기 때문에 ng-bind 디렉티브가 뷰를 태그 단위로, 즉 엘리먼트 단위로 지정할 수 있는 반면, 익스프레션은 HTML 본문 어디에서나 사용할 수 있다.

AngularJS 익스프레션의 문법은 아래와 같이 대괄호 2개로 묶는다.

```
{{ expression }}
```

위 익스프레션을 동일한 효과의 ng-bind 디렉티브로 변환하면 아래와 같다.

```
ng-bind="expression"
```

AngularJS 익스프레션은 자바스크립트 코드와 형식은 동일하지만 모든 자바스크립트 코드를 익스프레션으로 사용할 수 있는 것은 아니다. 아래와 같이 변수 접근, 문자열 연산, 산술 연산 등이 주로 사용된다.

```
<!DOCTYPE html>
<html>
<head>
<script src="https://ajax.googleapis.com/ajax/libs/angularjs/1.6.9/angular.min.js"></script>
</head>

<body>
<div ng-app="">
    <h3>가장 좋아하는 노래는?</h3>
    제목: <input type="text" ng-model="title">
    <p> 내가 가장 좋아하는 노래는 {{ title }}입니다.</p>
    <p> 두 번째로 좋아하는 노래는 {{ title + "와 페이크 러브" }}입니다.</p>
    <p> 4 곱하기 7은 {{ 4 * 7 }}입니다.</p>
</div>
</body>
</html>
```

위 코드의 결과는 아래와 같다.

가장 좋아하는 노래는?

제목: 아름다운 사람

내가 가장 좋아하는 노래는 아름다운 사람입니다.

두 번째로 좋아하는 노래는 아름다운 사람과 페이크 러브입니다.

4 곱하기 7은 28입니다.

AngularJS 모듈

앞에서 살펴본 예제는 AngularJS로 만든 웹 애플리케이션의 겉모습, 즉 MVC의 뷰라 할 수 있다. 그렇다면 MVC의 모델인 데이터는 어떻게 만들까, 또한 MVC의 컨트롤러는? 바로 AngularJS 모듈로 모델과 컨트롤러를 정의한다.

AngularJS 모듈은 angular.module() 함수로 만들어지는 객체로써 애플리케이션 그 자체이다. 파라미터는 2개이다. 첫 번째는 애플리케이션 이름이고 두 번째는 이 애플리케이션에 관련된 다른 모듈들의 목록이다. 아래 예를 보자.

```
<!DOCTYPE html>
<html>
<head>
<script src="https://ajax.googleapis.com/ajax/libs/angularjs/1.6.9/angular.min.js"></script>
</head>

<body>
<div ng-app="myApp" ng-controller="myCtrl">
   <p> 내가 가장 좋아하는 노래는 {{ singer }}의 {{ title }}입니다.</p>
</div>

<script>
var app = angular.module("myApp", []);
app.controller("myCtrl", function($scope) {
     $scope.title = "페이크 러브";
     $scope.singer = "방탄소년단";
```

```
});
</script>
</body>
</html>
```

<script> 태그의 첫 번째 줄에서 모듈 객체를 만들었다. 애플리케이션의 이름은 “myApp”이다. 즉 HTML 입장에서 보면 <div> 엘리먼트에 이름이 “myApp”인 ng-app 디렉티브를 선언한 것은 이 엘리먼트가 “myApp”이라는 이름으로 생성되는 AngularJS 모듈에 의해 동작될 것임을 의미한다.

<script> 태그의 두 번째 줄은 모듈 객체(변수명은 app)의 controller() 메소드로 컨트롤러를 등록한 것이다. 컨트롤러에 대해서는 다음 절에서 설명한다.

AngularJS 컨트롤러

AngularJS 컨트롤러는 말 그대로 애플리케이션 데이터의 생성과 제어를 담당하며 모듈 객체의 contrller() 메소드로 만든다.

controller() 메소드의 파라미터는 2개이다. 첫 번째는 컨트롤러 이름이고 두 번째는 자바스크립트 객체 생성자 함수이다. 객체 생성자 함수 안에 모델에 해당하는 데이터들과 데이터들을 제어할 메소드들을 정의한다.

위 <script> 태그의 두 번째 줄이 컨트롤러를 만드는 코드이다. 컨트롤러의 이름은 “myCtrl”이다. 즉 HTML 입장에서 보면 <div> 엘리먼트에 이름이 “myCtrl”인 ng-controller 디렉티브를 선언한 것은 이 엘리먼트가 “myCtrl”이라는 이름으로 생성되는 AngularJS 컨트롤러에 의해 제어될 것임을 의미한다.

app.controller() 메소드의 두 번째 파라미터인 컨트롤러 객체 생성자 함수를 보자. 객체 생성자 함수의 파라미터는 $scope이다. $scope는 AngularJS 안에 미리 정의되어 있는 객체로써 애플리케이션 데이터를 가리킨다. 바로 MVC 구조의 모델에 해당된다.

컨트롤러 객체 생성자 함수 안에서는 $scope 객체에 2개의 변수, 즉 title과 singer라는 데이터를 선언했다.

끝으로 뷰에 해당하는 HTML 본문의 <p> 엘리먼트를 보자. 여기에 포함된 {{ singer }} 익스프레션과 {{ title }} 익스프레션을 통해 title 변수와 singer 변수에 저장된 데이터가 출력된다. 결과는 아래와 같다.

```
내가 가장 좋아하는 노래는 방탄소년단의 페이크 러브입니다.
```

AngularJS 컨트롤러 메소드

컨트롤러가 객체이기 때문에 title이나 singer 같은 변수뿐만 아니라 당연히 메소드도 선언할 수 있다. 아래 예는 위와 동일한 결과를 출력하는 코드로써 차이점은 HTML 본문의 <p> 엘리먼트에 titleNsinger() 메소드를 호출하는 {{ titleNsinger() }} 익스프레션을 사용했다. title 변수나 singer 변수가 컨트롤러 객체의 변수인 것처럼 titleNsinger() 메소드도 컨트롤러 객체의 메소드로 선언되어야 한다.

따라서 아래 <script> 코드의 5번째 줄과 같이 $scope.titleNsinger() 메소드를 선언했다.

```
<!DOCTYPE html>
<html>
<head>
<script src="https://ajax.googleapis.com/ajax/libs/angularjs/1.6.9/angular.min.js"></script>
</head>

<body>
<div ng-app="myApp" ng-controller="myCtrl">
   <p> 내가 가장 좋아하는 노래는 {{ titleNsinger() }}입니다.</p>
</div>

<script>
var app = angular.module("myApp", []);
app.controller("myCtrl", function($scope) {
    $scope.title = "페이크 러브";
    $scope.singer = "방탄소년단";
    $scope.titleNsinger = function() {
        return $scope.singer + "의 " + $scope.title;
    }
});
</script>
</body>
</html>
```

AngularJS ng-repeat 디렉티브

AngularJS 디렉티브는 그 종류만 해도 수백여 개에 달한다. 또한 사용자가 직접 디렉티브를 정의할 수도 있다. AngularJS 디렉티브 중에 ng-repeat 디렉티브는 HTML 엘리먼트를 반복시킨다. 반복에 사용할 데이터는 다수의 데이터를 저장하는 배열이나 객체에 저장되어 있어야 한다.

배열에 저장된 데이터를 반복하는 ng-repeat 디렉티브 사용법은 아래와 같다. "in" 키워드 뒤에는 배열 변수명을 쓰고 앞에는 배열의 원소를 저장할 변수명이다.

```
ng-repeat="item in myArray"
```

아래 예를 보자. $scope.songs라는 배열에 3개의 객체를 저장하였다. 객체의 속성은 title과 singer이다. HTML 본문의 <li> 태그를 보자. ng-repeat 디렉티브를 선언했다. 반복할 데이터는 songs라는 배열이고 한 번씩 반복할 때마다 배열의 원소가 저장되는 변수는 song이다.

```
<!DOCTYPE html>
<html>
<head>
<script src="https://ajax.googleapis.com/ajax/libs/angularjs/1.6.9/angular.min.js"></script>
</head>

<body>
<div ng-app="myApp" ng-controller="myCtrl">
    <ul>
        <li ng-repeat="song in songs">
            {{ song.singer }}의 {{ song.title }}
        </li>
    </ul>
</div>

<script>
var app = angular.module("myApp", []);
app.controller("myCtrl", function($scope) {
    $scope.songs = [{
            title: "페이크 러브",
```

```
                singer: "방탄소년단"
            }, {
                title: "자물쇠 굴렁쇠",
                singer: "김한라"
            }, {
                title: "헤어짐",
                singer: "줄라이"
    }];
});
</script>
</body>
</html>
```

결과는 아래와 같이 <li> 태그가 배열의 원소 개수만큼 3번 반복된 것을 볼 수 있다.

- 방탄소년단의 페이크 러브
- 김한라의 자물쇠 굴렁쇠
- 줄라이의 헤어짐

AngularJS 스코프

AngularJS의 스코프(scope)는 뷰(즉 HTML)와 컨트롤러(즉 자바스크립트 코드)를 이어주는 객체로써 명칭은 $scope이다. 컨트롤러 함수에서 $scope 객체에 데이터(속성 변수)들과 메소드들을 추가할 수 있고, HTML에서는 $scope 객체의 데이터와 메소드들을 호출할 수 있다.

AngularJS의 구성요소를 MVC 구조에 따라 정리해보면 아래와 같다.

- 모델: AngularJS 스코프
- 뷰: HTML
- 컨트롤러: 자바스크립트 컨트롤러 함수

또한 위 요소들을 서로 연결(binding)하는 디렉티브는 아래와 같다.

- ng-model: HTML 입력 엘리먼트를 AngularJS 스코프와 연결
- ng-bind: AngularJS 스코프를 HTML 엘리먼트와 연결

- ng-app: AngularJS 애플리케이션을 HTML 엘리먼트와 연결
- ng-controller: AngularJS 컨트롤러를 HTML 엘리먼트와 연결

AngularJS 필터

AngularJS 필터(filter)는 데이터를 선택적으로 걸러 내거나 또는 원하는 형태로 출력할 때 사용한다. 사용법은 아래와 같이 원래의 데이터인 data_expression 뒤에 "|"를 쓰고 필터 명칭을 쓴다. 필터 뒤에는 콜론 다음에 조건들을 기술할 수 있다.

```
{{ data_expression | filter : expression }}
```

필터의 종류는 아래와 같다.

- filter: 배열에서 조건에 따라 데이터를 거름
- currency: 화폐 형식 표시(예: $1,234.56)
- number: 숫자를 텍스트 형식으로 표시
- date: 날짜를 조건에 따라 표시
- json: 자바스크립트 객체를 JSON 문자열로 변환
- lowercase: 문자열을 소문자로 변환
- uppercase: 문자열을 대문자로 변환
- limitTo: 배열이나 문자열의 크기를 제한
- orderBy: 주어진 조건에 따라 배열의 데이터를 정렬

예를 들어 앞 절의 <li> 태그의 ng-repeat 디렉티브에 필터를 적용해보자. 아래는 orderBy 필터를 적용하고 정렬 기준을 singer 속성값으로 지정한 것이다.

```
<div ng-app="myApp" ng-controller="myCtrl">
    <ul>
        <li ng-repeat="song in songs | orderBy: 'singer' ">
            {{ song.singer }}의 {{ song.title }}
        </li>
    </ul>
</div>
```

결과는 아래와 같이 가수 이름 순서로 정렬되어 표시된다.

- 김한라의 자물쇠 굴렁쇠
- 방탄소년단의 페이크 러브
- 줄라이의 헤어짐

filter 필터는 특정 문자 또는 문자열이 포함된 데이터만 표시한다. 아래는 filter 필터의 문자열을 “한라” 설정했다.

```
<div ng-app="myApp" ng-controller="myCtrl">
    <ul>
        <li ng-repeat="song in songs | filter: '한라' ">
            {{ song.singer }}의 {{ song.title }}
        </li>
    </ul>
</div>
```

결과는 아래와 같이 filter 필터의 조건으로 설정한 “한라”라는 문자열이 포함된 데이터만 표시된다.

- 김한라의 자물쇠 굴렁쇠

filter 필터의 조건을 변수로 줄 수도 있다. 아래는 <input> 태그 하나를 추가하고 ng-model 디렉티브를 선언했다. filter 필터의 조건으로 <input> 엘리먼트에서 ng-model 디렉티브로 선언한 filteringText 변수를 지정했다.

```
<div ng-app="myApp" ng-controller="myCtrl">
    <input type="text" ng-model="filteringText">

    <ul>
        <li ng-repeat="song in songs | filter: filteringText">
            {{ song.singer }}의 {{ song.title }}
        </li>
    </ul>
</div>
```

결과는 아래와 같이 <input> 엘리먼트 입력창에 입력한 글자가 필터로 적용된다.

AngularJS 이벤트

AngularJS는 이벤트 처리를 위한 디렉티브들을 제공한다. 이벤트 처리 디렉티브의 값은 해당 이벤트를 처리할 리스너 코드이다. AngularJS의 이벤트 관련 디렉티브들은 아래와 같다.

- ng-blur
- ng-change
- ng-click
- ng-copy
- ng-cut
- ng-dblclick
- ng-focus
- ng-keydown
- ng-keypress
- ng-keyup
- ng-mousedown
- ng-mouseenter
- ng-mouseleave
- ng-mousemove
- ng-mouseover
- ng-mouseup
- ng-paste

대표적인 예로 클릭 이벤트인 ng-click 디렉티브를 보자. 아래 예는 <button> 엘리먼트에 ng-click 디렉티브를 선언하였고 이벤트 리스너 코드의 내용은 클릭될 때마다 count 변수를 1씩 증가시키는 것이다.

```
<!DOCTYPE html>
<html>
<head>
<script src="https://ajax.googleapis.com/ajax/libs/angularjs/1.6.9/angular.min.js"></script>
</head>

<body>
<div ng-app="myApp" ng-controller="myCtrl">
    <button ng-click="count = count + 1">클릭하면 클릭 횟수가 표시됩니다.</button>
    <p>{{ count }}</p>
</div>

<script>
    var app = angular.module('myApp', []);
    app.controller('myCtrl', function($scope) {
        $scope.count = 0;
    });
</script>
</body>
</html>
```

결과는 아래와 같이 버튼을 클릭할 때마다 count 변수가 1씩 증가하고 <p> 엘리먼트의 익스프레션을 통해 count 변수의 값이 출력된다.

▌더 알아보기

AngularJS에 대한 모든 설명은 AngularJS 홈페이지(angularjs.org)에서 찾을 수 있다. 튜토리얼 예제는 물론 홈페이지에서 제공하는 API 문서를 통해 디렉티브와 함수들의 사용법에 대해서도 찾아볼 수 있다.

06 AngularJS 웹 애플리케이션 만들기

AngularJS를 이용하여 간단한 ToDo 웹 애플리케이션(이하 ToDo 앱[64])을 만들어보자. 이 예제를 통해 AngularJS가 웹 애플리케이션 개발에 어떻게 활용되는지 살펴보고 또한 부트스트랩 CSS 라이브러리를 활용하여 화면 디자인도 보기 좋게 꾸밀 것이다.

ToDo 앱 소개

ToDo 앱은 할 일 목록을 관리하는 앱이다. 먼저 완성된 ToDo 앱을 보면 아래와 같다. 각각의 할 일 항목은 4개의 요소로 구성되어 있다. 할 일의 종료 여부를 나타내는 체크박스, 할 일의 제목, 삭제 버튼, 항목을 처음 생성한 날짜이다. 마지막 줄에서 새로운 할 일을 추가할 수 있다.

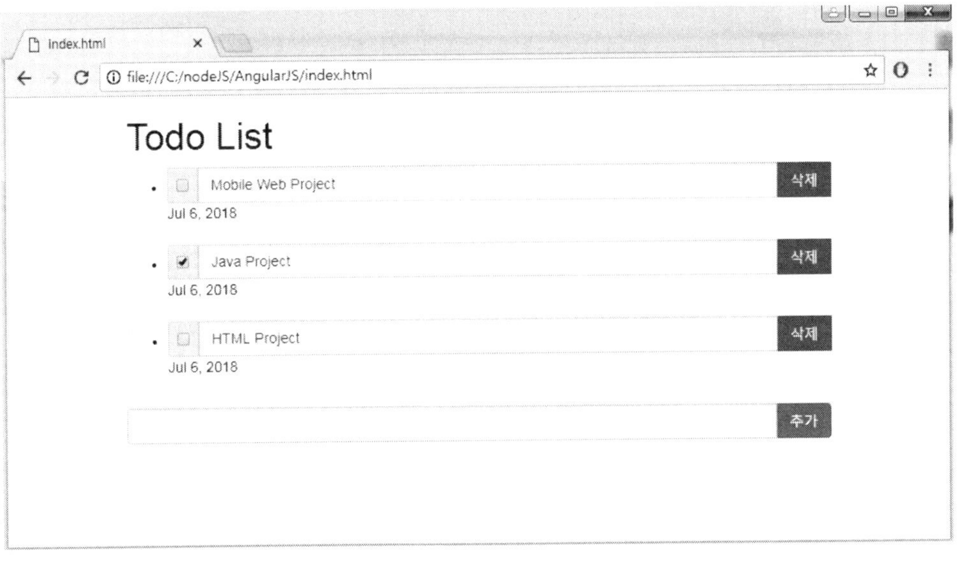

개발환경 준비

앞 절의 예제들에서는 HTML과 자바스크립트 코드를 하나의 파일(예를 들어 index.html)로 작성하였다. 이번 예제에서는 HTML과 자바스크립트 코드를 분리하여 별도의 파일로 만들어보자. HTML 파일명은 index.html로, 자바스크립트 코드는 script.js로 저장하자.

64) 참고: 양재동 코드랩, https://youtu.be/EklH54kysps

편집기는 앞에서도 사용했던 플렁커(plnkr.co)를 추천한다. 플렁커의 편집 메뉴로 들어가면 아래와 같이 index.html 파일과 script.js 파일이 자동적으로 준비된다. 또한 플렁커 편집 화면에서 바로바로 실행 결과를 확인할 수 있어 편리하다.

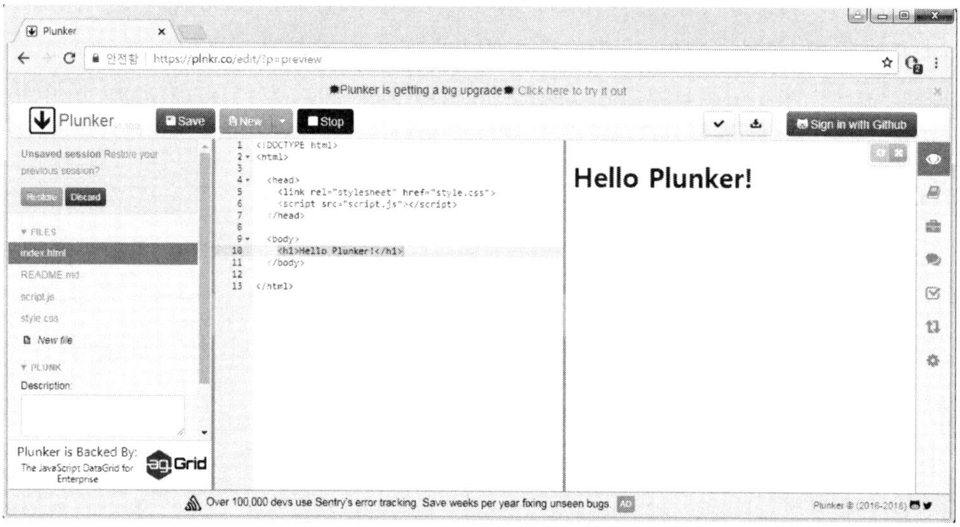

⟨head⟩ 엘리먼트

먼저 앱에서 사용할 AngularJS 자바스크립트 라이브러리와 부트스트랩 CSS 라이브러리들을 준비하자. 아래 코드는 플렁커의 자동 삽입 기능을 이용하여 index.html의 <head> 엘리먼트에 필요한 라이브러리들을 CDN으로 추가한 결과이다.

```
<!DOCTYPE html>
<html>
<head>
    <link rel="stylesheet"
          href="https://stackpath.bootstrapcdn.com/bootstrap/4.1.1/css/bootstrap.min.css"/>
    <link rel="stylesheet"
          href="https://maxcdn.bootstrapcdn.com/bootstrap/3.3.7/css/bootstrap.min.css"/>
    <script src="https://ajax.googleapis.com/ajax/libs/jquery/3.3.1/jquery.min.js"></script>
    <script src="https://maxcdn.bootstrapcdn.com/bootstrap/3.3.7/js/bootstrap.min.js"></script>
    <script src="https://ajax.googleapis.com/ajax/libs/angularjs/1.7.2/angular.min.js"></script>
    <script src="script.js"></script>
</head>
</html>
```

1단계: $scope 준비

먼저 ToDo 앱에서 사용할 기본 데이터를 준비해보자. 앞에서 설명한 바와 같이 각각의 할 일 항목에 필요한 데이터는 할 일 제목, 종료 여부, 생성 일자이다. 따라서 하나의 할 일 항목은 3개의 속성으로 구성된 객체이고 전체 할 일 목록은 이 객체들의 배열이다.

아래는 샘플로 3개의 항목을 미리 만들어 본 1단계 script.js 코드이다. 할 일 목록 배열의 변수 이름은 todos, 각 항목 객체의 3개 속성 이름은 각각 title, competed, startDate로 정했다. title은 할 일 제목을 나타내는 문자열이고 completed 종료 여부를 구분하기 위한 논리값으로써 종료되었으면 true 아니면 false이다. startDate 속성에 저장할 날짜는 자바스크립트 Date.now() 함수를 호출하여 생성한다.

```
// script.js
var app = angular.module("todoApp", []);

app.controller("todoCtrl", function($scope) {
    $scope.todos = [{
                title: "Mobile Web Project",
                completed: false,
                startDate: Date.now()
        },
        {
                title: "Java Project",
                completed: true,
                startDate: Date.now()
        },
        {
                title: "HTML Project",
                completed: false,
                startDate: Date.now()
    }];
});
```

첫째 줄에서 AngularJS 앱 객체의 명칭은 todoApp으로, 다음 줄의 컨트롤러 객체의 명칭은 todoCtrl로 설정하였다. HTML에서는 ng-app 디렉티브와 ng-controller 디렉티브 선언 시 이 명칭을 지정하여야 한다.

2단계: HTML 작성

다음 단계로 $scope에 저장된 할 일 목록을 표시하는 HTML 본문을 작성해보자. 앞으로의 예제 코드에서는 편의상 HTML 문서의 본문인 <body> 태그 내용만 표시하기로 한다. 전체 index.html은 아래 코드와 앞의 <head> 태그의 코드를 합치면 된다. 이제 코드를 보자.

<body> 엘리먼트에 ng-app 디렉티브와 ng-controller 디렉티브를 선언했다. 두 디렉티브의 값은 script.js에서 정한 todoApp과 todoCtrl이다.

```
<body ng-app="todoApp" ng-controller="todoCtrl">
    <h1>Todo List</h1>

    <ul>
      <li ng-repeat="todo in todos">
          <input type="checkbox" ng-model="todo.completed" />
          <input type="text" ng-model="todo.title" />
          <p ng-bind="todo.startDate | date"></p>
      </li>
    </ul>
</body>
```

할 일 목록 데이터는 배열이므로 ng-repeat 디렉티브를 사용하여 반복 표시할 수 있다. 즉 반복할 데이터는 todos 배열이고 각 반복에서 가져온 배열의 원소, 즉 할 일 항목 객체를 지정하는 변수는 todo이다.

<li> 엘리먼트의 들어있는 3개 엘리먼트 중 2개의 <input> 엘리먼트는 ng-model 디렉티브로 선언하였고 <p> 엘리먼트는 ng-bind 디렉티브로 선언하였다. ng-model은 $scope 객체의 현재 데이터 표시는 물론 변경도 가능하지만 ng-bind는 $scope 객체의 데이터를 HTML로 보여주는, 즉 표시만 할 수 있다. 생성 시각 속성인 startDate 변수에는 date 필터를 적용하였다.

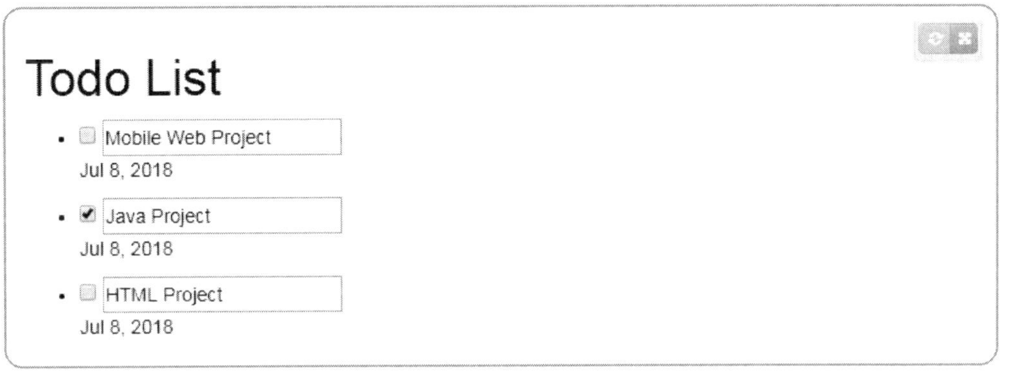

3단계: 부트스트랩 CSS 적용

앞의 결과는 순수한 HTML 코드로만 작성된, 전혀 장식이 없는 기본 모양이다. CSS 라이브러리들을 활용하면 쉽게 웹페이지의 디자인을 변경할 수 있다. 여기서는 부트스트랩 라이브러리를 사용한다.

부트스트랩(Bootstrap)은 웹 사이트와 웹 애플리케이션 디자인을 위한 오픈소스 프론트엔드 라이브러리이다.[65] 다양한 HTML 및 CSS 라이브러리들과 자바스크립트 코드로 구성되어 있다. 코드는 아래와 같이 부트스트랩 홈페이지(getbootstrap.com)에서 다운로드하거나 앞 절의 개발환경 준비에서 설명한 바와 같이 CDN 사이트를 이용하여 불러올 수 있다.

출처: bootstrap, https://getbootstrap.com/

65) 출처: 위키피디어, https://en.wikipedia.org/wiki/Bootstrap_(front-end_framework)

부트스트랩 사용 경험이 전혀 없더라도 부트스트랩 홈페이지에서 제공하는 설명 문서를 활용하면 원하는 작업을 쉽게 찾을 수 있다.

그러면 여기서는 어떤 디자인을 적용할지부터 생각해보자. 앞 단계에서 작성한 HTML은 <ul> 태그에 들어있는 3개의 <li> 태그가 전부이다. 즉 목록을 보여주는 것이므로 목록(list)에 대한 디자인은 어떻게 할 수 있는지 찾아보면 될 것이다.

부트스트랩 홈페이지에서 Documentation 메뉴에 들어가면 아래와 같이 부트스트랩이 제공하는 모든 디자인 요소들을 검색할 수 있다. 아래 화면은 검색어를 “list”로 주었을 때의 검색 결과 중 하나인 List Group에 대한 설명이다.

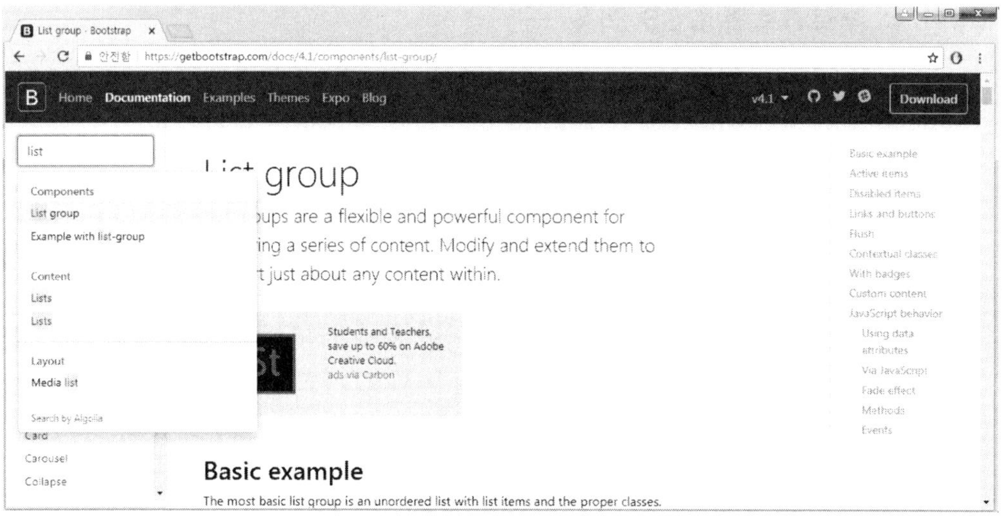

출처: bootstrap, https://getbootstrap.com/docs/4.1/components/list-group/

하지만 내용을 보면 List Group은 우리가 찾던 디자인이 아니다. 우리의 HTML 본문의 <li> 태그 안에는 2개의 <input> 태그가 있으므로 <input> 태그 관련 디자인을 다시 찾아보자. 왼쪽 목차 메뉴에서 Components 메뉴 밑에 있는 Input Group을 클릭하자. Input Group 페이지를 내려가다 보면 아래와 같이 체크박스와 입력창이 같이 있는 디자인이 보인다.

부트스트랩은 아래와 같이 디자인과 그 코드를 같이 보여주기 때문에 코드를 복사해서 바로 사용할 수 있다.

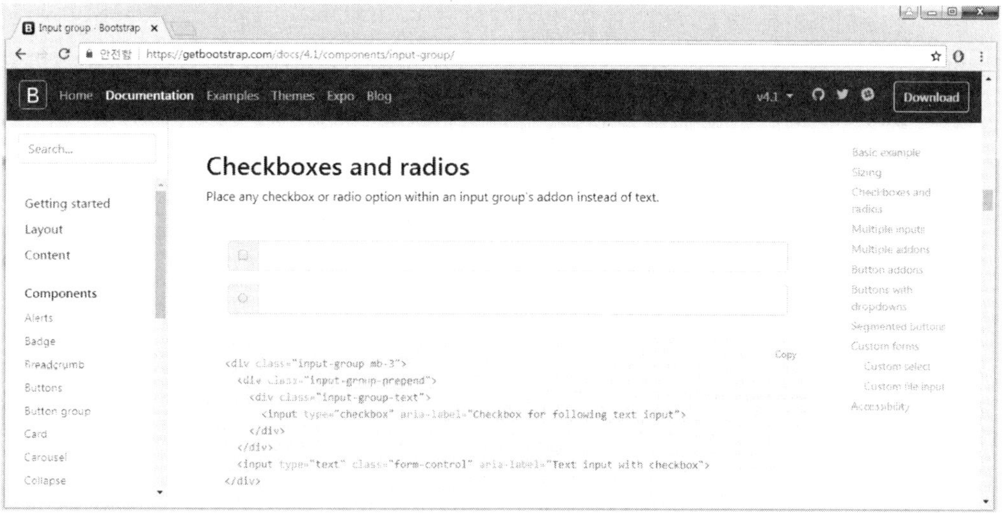

출처: bootstrap, https://getbootstrap.com/docs/4.1/components/input-group/

위 2개 디자인 중 체크박스의 내부 버튼이 네모인 첫 번째 디자인의 코드를 가져다가 2단계의 index.html에 적용하면 아래와 같다.

```
<body ng-app="todoApp" ng-controller="todoCtrl">
    <h1>Todo List</h1>


        <ul>
            <li ng-repeat="todo in todos">
<div class="input-group mb-3">
  <div class="input-group-prepend">
    <div class="input-group-text">
                <input type="checkbox" ng-model="todo.completed" />
    </div>
                <input type="text" class="form-control" ng-model="todo.title"/>
  </div>
</div>
                <p ng-bind="todo.startDate | date"></p>
            </li>
        </ul>
</body>
```

위에서 들여쓰기를 별로 하지 않은 빨간색의 코드가 부트스트랩 코드이다. 여기에 적용한 부트스트랩 코드는 입력 그룹 한 개를 디자인하는 코드이므로 코드가 놓일 위치는 원래 index.html에서 항목에 해당하는 <li> 태그 밑이다.

적용 결과는 아래와 같다.

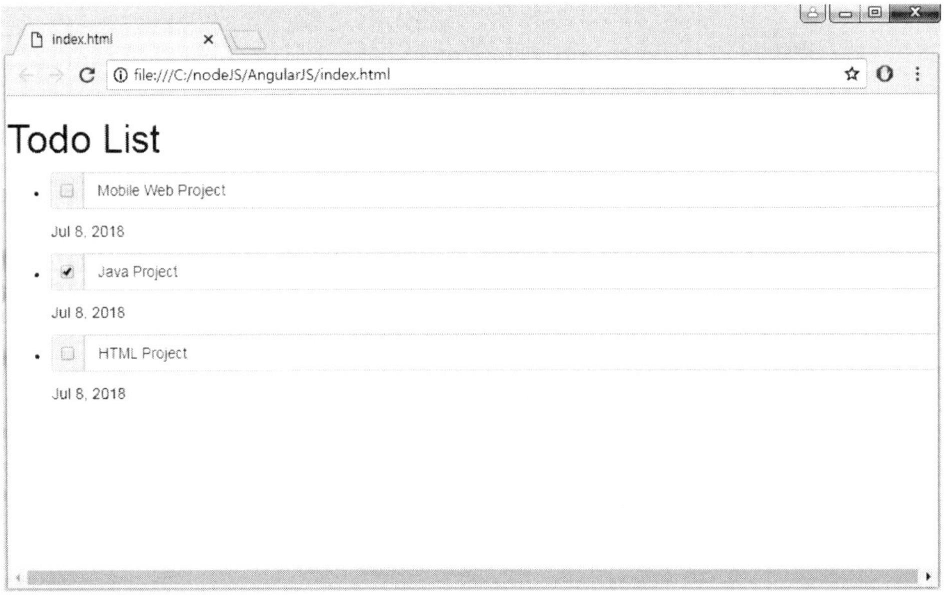

4단계: 삭제 버튼 추가

항목을 삭제할 수 있는 삭제 버튼을 만들어보자. index.html에 추가할 내용은 아래와 같이 "삭제"라고 표시되는 <button> 태그이다. 버튼이 클릭되었을 때 삭제 작업을 처리하기 위해 ng-click 디렉티브를 넣었다. ng-click 디렉티브의 리스너 함수 이름은 delete()로 정했다. 삭제 대상은 삭제 버튼이 클릭된 현재 항목이므로 현재 항목을 가리키는 toto 변수를 파라미터로 추가하였다.

```
<button type="button" ng-click="delete(todo)">삭제</button>
```

이 버튼에도 부트스트랩 디자인을 적용해보자. 역시 부트스트랩 Documentation 화면에서 "button"을 검색하면 첫 번째 결과인 Buttons 화면을 볼 수 있다. 아래와 같이 다양한 색상의 버튼 디자인이 있다.

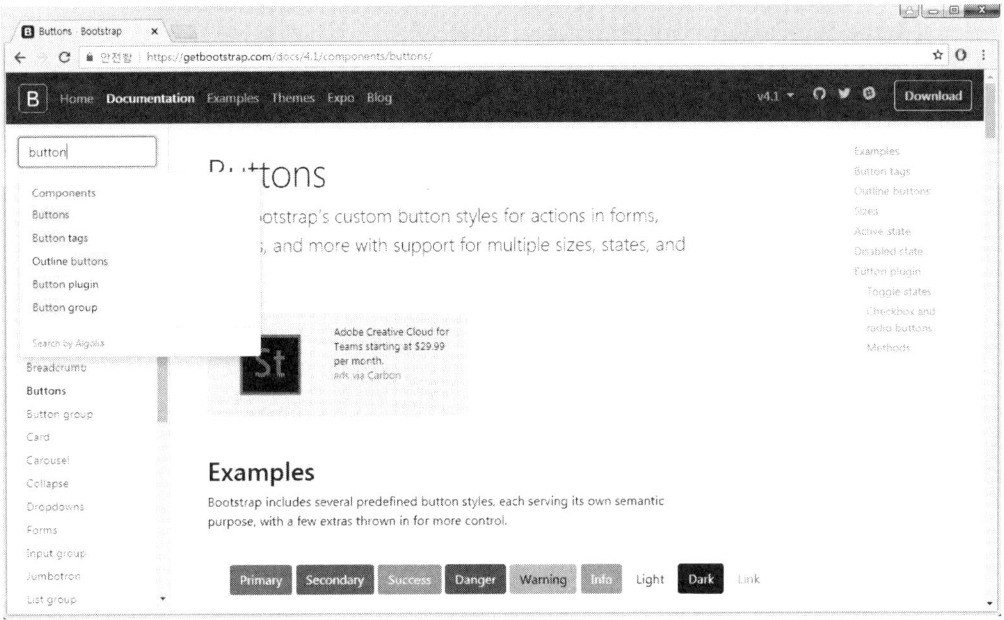

삭제를 실행하기 전에 한 번 더 생각해보라는 의미로 빨간색 경고 버튼 디자인을 선택해보자. 빨간색 버튼에 대한 부트스트랩 코드는 아래와 같다.

```
<button type="button" class="btn btn-danger">Danger</button>
```

위 코드에서 우리에게 필요한 것은 class 애트리뷰트 설정이다. 따라서 class 애트리뷰트 부분만 앞의 삭제 버튼 태그에 넣자. 삭제 버튼 태그를 추가한 index.html은 아래와 같다.

```
<body ng-app="todoApp" ng-controller="todoCtrl">
    <h1>Todo List</h1>

    <ul class="input-group">
      <li ng-repeat="todo in todos">
        <div class="input-group mb-3">
          <div class="input-group-prepend">
            <div class="input-group-text">
              <input type="checkbox" ng-model="todo.completed" />
            </div>
            <input type="text" class="form-control" ng-model="todo.title" />
            <button type="button" class="btn btn-danger" ng-click="delete(todo)">삭제</button>
          </div>
          <p ng-bind="todo.startDate | date"></p>
        </div>
      </li>
    </ul>
</body>
```

결과를 보면 아래와 같다.

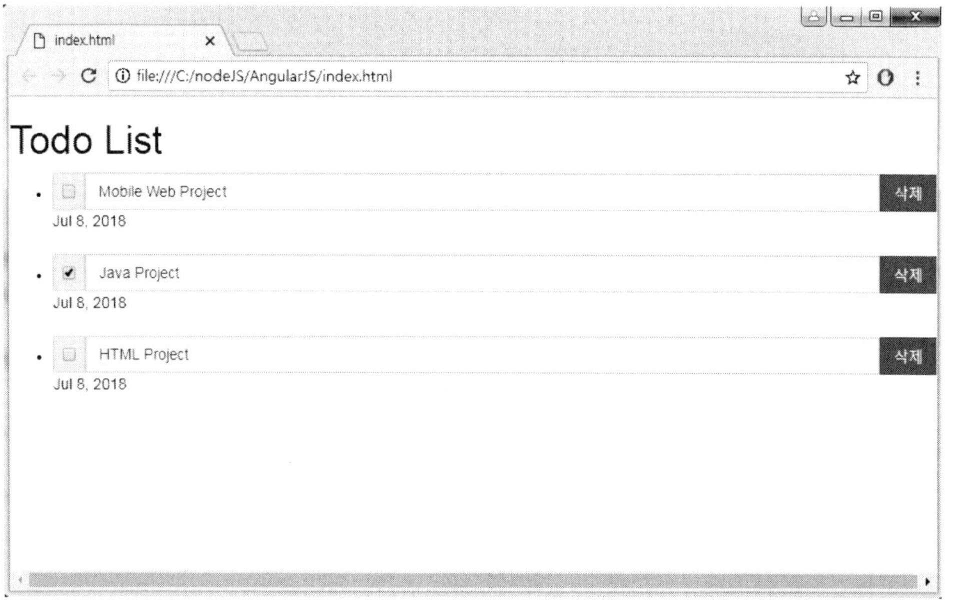

이제 삭제 버튼을 클릭했을 때 수행할 작업, 즉 ng-click 디렉티브에서 설정한 delete() 함수를 만들어보자.

delete() 함수도 AngularJS 스코프에 속하는 것이므로 $scope 객체의 메소드로 추가하면 된다. 기본적인 윤곽은 아래의 수정된 script.js 코드와 같이 $scope.delete 속성은 메소드임을 나타내기 위해 function(todo)로 선언한다.

코드의 내용은 $scope.todos 배열에서 파라미터로 받은 todo 객체 항목을 찾아 삭제하는 것이다. 자바스크립트에서 기본적으로 제공하는 배열에 대한 메소드의 하나인 findIndex() 메소드를 이용하여 삭제하고자 하는 todo 객체의 인덱스를 찾아서 역시 배열 메소드인 splice() 메소드로 해당 인덱스의 객체를 삭제했다.

```
// script.js
var app = angular.module("todoApp", []);

app.controller("todoCtrl", function($scope) {
    $scope.todos = [{
            title: "Mobile Web Project",
            completed: false,
            startDate: Date.now()
        }, {
            title: "Java Project",
            completed: true,
            startDate: Date.now()
        }, {
            title: "HTML Project",
            completed: false,
            startDate: Date.now()
    }];

    $scope.delete = function(todo) {
        var index = -1;

        index = $scope.todos.findIndex(function (item) {
            return item.id === todo.id;
        });
        if (index > -1) {
            $scope.todos.splice(index, 1);
        }
    };
});
```

5단계: 항목 추가

할 일 항목을 추가하는 기능을 만들어보자. 먼저 수정된 index.html을 보면 아래와 같다. 할 일의 제목을 입력할 <input> 태그와 추가 버튼인 <button> 태그로 구성하였다. 생성 시각은 자바스크립트 코드에서 자동적으로 만들 것이고 일의 종료 여부는 당연히 false이니 별도의 입력은 필요 없다. 역시 적절한 부트스트랩 디자인을 적용하였다.

```
<body ng-app="todoApp" ng-controller="todoCtrl">
  <div class="container">
    <h1>Todo List</h1>
    <ul class="input-group">
      <li ng-repeat="todo in todos">
        <div class="input-group mb-3">
          <div class="input-group-prepend">
            <div class="input-group-text">
              <input type="checkbox" ng-model="todo.completed" />
            </div>
            <input type="text" class="form-control" ng-model="todo.title" />
            <button type="button" class="btn btn-danger" ng-click="delete(todo)">삭제</button>
          </div>
          <p ng-bind="todo.startDate | date"></p>
        </div>
      </li>
    </ul>

    <div class="input-group mb-3">
      <div class="input-group-append">
        <input type="text" class="form-control" ng-model="newTitle" />
        <button class="btn btn-primary" type="button" ng-click="add(newTitle)">추가</button>
      </div>
    </div>
  </div>
</body>
```

추가 버튼이 클릭되었을 때 수행할 작업을 지정하기 위해 <button> 태그에 ng-click 디렉티브를 넣었고 이벤트 리스너 함수 이름은 add()로 정했다.

이제 add() 함수를 위한 자바스크립트 코드를 작성해보자. 앞 단계의 delete() 메소드와 마찬가지로 add() 함수도 $scope 객체의 메소드로 등록되어야 하므로 $scope.add 속성에 function()을 지정하여 이것이 메소드임을 선언했다.

코드 내용은 간단하다. 새로 추가할 항목 객체를 newTodo 변수로 선언하고 항목 객체의 3개의 속성값을 지정했다. 특히 title 속성의 값은 HTML에서 할 일 제목을 입력하는 <input> 엘리먼트의 내용을 newTitle이라는 파라미터로 받아서 저장했다. newTodo 객체를 $scope.todos 배열에 추가하는 메소드는 자바스크립트 배열 메소드인 push()이다. 완성된 코드는 아래와 같다.

```
// script.js
var app = angular.module("todoApp", []);

app.controller("todoCtrl", function($scope) {
    $scope.todos = [{
            title: "Mobile Web Project",
            completed: false,
            startDate: Date.now()
        }, {
            title: "Java Project",
            completed: true,
            startDate: Date.now()
        }, {
            title: "HTML Project",
            completed: false,
            startDate: Date.now()
    }];

    $scope.delete = function(todo) {
        var index = -1;

        index = $scope.todos.findIndex(function (item) {
            return item.id === todo.id;
        });
        if (index > -1) {
            $scope.todos.splice(index, 1);
        }
    };
```

```
    $scope.add = function(newTitle) {
        var newTodo = {
            title: newTitle,
            completed: false,
            startDate: Date.now()
        };
        $scope.todos.push(newTodo);
    };
});
```

실행 결과는 아래와 같다. “AngularJS Project”를 입력하고 추가 버튼을 클릭하면 목록에 새 항목이 추가된다.

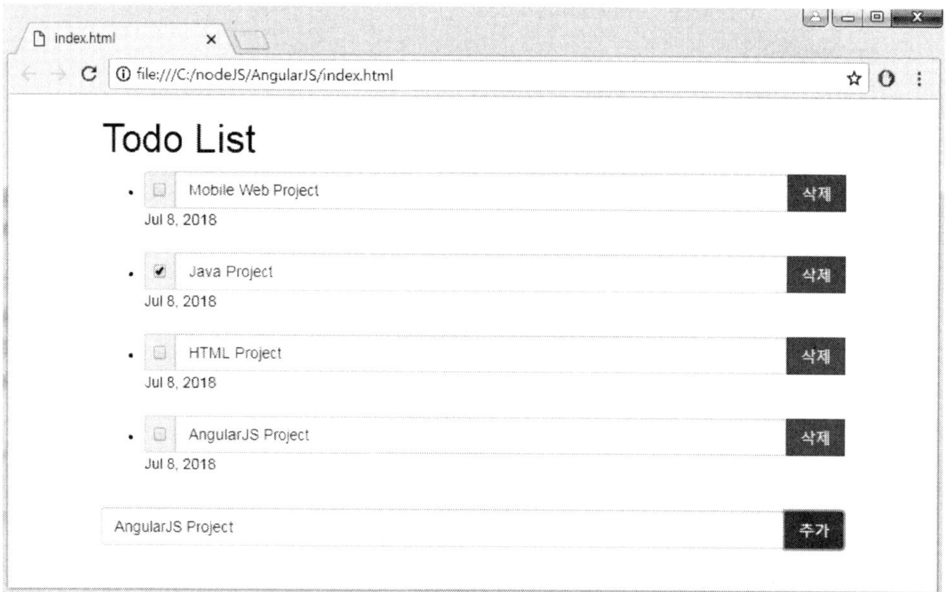

나머지

지금까지 다섯 단계에 걸쳐 할 일 목록을 삭제하고 추가하는 ToDo 앱을 만들어보았다. 물론 온전히 쓸모 있는 앱이 되려면 아직도 할 일이 많다. 예를 들어 삭제한 결과나 추가한 항목을 나중에 다시 볼 수 있으려면 변경된 결과를 어딘가에 저장해야 하는데 ToDo 앱에는 그런 기능이 없다.

데이터는 보통 웹 서버에 저장한다. 따라서 저장 기능을 추가하려면 여기서 만든 ToDo 앱과 서버 간의 데이터를 주고받을 수 있는 통신 기능이 필요하고 서버에서는 데이터베이스가 필요하다.

현재까지 만든 ToDo 앱을 보면 서버에서 수행되는 작업은 없다. 오직 로컬 컴퓨터의 브라우저에서 모든 작업이 처리된다. 이와 같이 로컬 컴퓨터의 브라우저에서 수행되는 작업을 개발하는 것을 프론트 엔드 개발이라 하고 AngularJS는 대표적인 프론트 엔드 개발 프레임워크이다.

서버 작업은 차치하더라도 항목을 쉽게 찾기 위한 검색 기능이나 필터를 이용하여 종료된 항목만 또는 진행중인 항목만 표시하는 기능 등은 여러분이 직접 추가해볼 수 있을 것이다.

찾아보기

저자약력

김병호 : 경성대학교 교수

연세대학교 전산과학과를 졸업하고 KAIST 전산학과에서 석박사 학위를 취득했다. 현재 경성대학교 소프트웨어학과 교수이다. 주요 역서로는 SIP 커뮤니케이션(홍릉과학출판사, 2009), 자바 프로그래밍 입문(홍릉과학출판사, 2011), 이산수학 및 응용(한티미디어, 2013년), 확률과 통계(한티미디어, 2014), 전세계 온라인 공개강좌의 충격 MOOC(홍릉과학출판사, 2015) 등이 있다.

정가 19,000원

모바일 웹 HTML, CSS, 자바스크립트에서
HTML 캔버스 게임, NodeJS, AngularJS까지

2018년 7월 20일 초판 인쇄
2018년 7월 30일 초판 발행
저 자 : 김병호
발행자 : 송 준
발행처 : 홍릉과학출판사
주 소 : 서울시 강북구 인수봉로 50길 10
01093
등 록 : 1976년 10월 21일 제5-66호
전 화 : (02) 999-2274~5, 903-7037
팩 스 : (02) 905-6729
e-mail: hongpub@hongpub.co.kr
http://www.hongpub.co.kr
ISBN: 979-11-5600-598-8

저자와의 협의하에 인지생략